云南师范大学学术精品文库

国家社科基金高校思政课研究专项项目（项目批准号：19VSZ051）成果

SIGEZIXIN JIAOYU YU
GAOXIAO SIZHENGKE JIAOXUE
GAIGE CHUANGXIN YANJIU

# "四个自信"教育与高校思政课教学
## 改革创新研究

刘丽琼 等 著

人民出版社

# 目　录

# 前　言

2019年3月18日，习近平总书记主持召开学校思想政治理论课教师座谈会，并在座谈会上发表重要讲话，强调思想政治理论课是落实立德树人根本任务的关键课程。青少年阶段是人生的"拔节孕穗期"，最需要精心引导和栽培。我们办中国特色社会主义教育，就是要理直气壮开好思政课。办好思政课就是要开展马克思主义理论教育，用新时代中国特色社会主义思想铸魂育人，引导学生增强中国特色社会主义道路自信、理论自信、制度自信、文化自信，厚植爱国主义情怀，把爱国情、强国志、报国行自觉融入坚持和发展中国特色社会主义事业、建设社会主义现代化强国、实现中华民族伟大复兴的奋斗之中。思政课作用不可替代，思政课教师队伍责任重大。如何把"四个自信"融入大学生的思想和心灵深处，化为胸怀理想、坚定信念的崇高精神，化为顽强奋斗、艰苦奋斗、不懈奋斗的伟大意志，是当前亟须探讨和解决的重大课题，是思政课教育教学的重大任务。在这样的背景下，笔者以《"四个自信"教育与高校思政课教学改革创新研究》为题，申报2019年度国家社科基金高校思政课研究专项并获准立项。经过两年多的潜心研究，该项目于2022年6月顺利结项，本书就是该项目研究取得的最终成果，全书共有八章。

第一章　"四个自信"的理论分析。本章主要是对"四个自信"的科学内涵、主要依据和重大意义进行理论分析。第一部分，结合习近平总书记关于"四个自信"的重要论述，较为深入全面地阐释了"四个自信"的科学内涵，并分析了"四个自信"的内在逻辑。第二部分，阐述了"四个自信"的理论依据、历史依据、文化依据和现实依据，深刻揭示了坚定"四个自信"的强大底气和硬核理由。第三部分，从理论和实践两个层面分析了"四个自信"的重大意义。

第二章 "四个自信"的育人价值及其与思政课教学的内在关联。本章主要分析"四个自信"所蕴含的思想政治教育价值，探究"四个自信"教育与思政课教学的内在关联。第一部分，深入分析了"四个自信"所具有的政治理论教育、理想信念教育、历史和国情教育、核心价值观教育、中国精神教育等方面的重要价值。第二部分，主要分析"四个自信"教育与思政课教学的内在关联性。具体分析了"四个自信"教育与思政课教学的高度契合性、内在统一性和协同互补性。

第三章 高校大学生坚定"四个自信"现状调查分析。本章主要以云南省主要高校大学生为对象，深入调查大学生坚定"四个自信"的现状。第一部分，对边疆民族地区大学生对"四个自信"的认知情况、自信程度，以及高校"四个自信"教育的主要路径等方面进行调查。第二部分，根据调查结果和数据，对边疆民族地区大学生坚定"四个自信"现状进行综合分析。边疆民族地区大学生坚定"四个自信"状况总体上说是好的，但也存在一些问题，并对存在问题的原因进行了深入分析。

第四章 大学生"四个自信"的生成机制和规律。本章也主要结合云南高校大学生的实际情况来分析。第一部分，分析边疆民族地区大学生"四个自信"的生成机制。大学生"四个自信"的生成必然遵循着知、情、意、信、行等环节互动推进。第二部分，揭示边疆民族地区大学生"四个自信"的生成规律，具体阐述了知识内化与价值建构相统一、"三进"互动与协同生效相统一、核心引领与多层互动相统一、渐进生成与内驱推动相统一等规律。

第五章 "四个自信"教育对思政课改革创新提出的新要求。本章主要结合习近平总书记提出的"八个统一"来分析思政课教学改革创新的问题。第一部分，对"八个统一"的科学内涵和基本要求作深入的分析和阐释。第二部分，从总体上分析"八个统一"的规律性特征、系统性特征、辩证性特征。第三部分，从"八个统一"视域思考思政课改革创新问题，"八个统一"为高校思政课教学改革创新指明了方向，为高校推进"四个自信"教育指明了方向。

第六章　"四个自信"教育对思政课教师提出的新要求。本章主要结合习近平总书记提出的"六个要"要求，从"四个自信"教育的视域分析新时代思政课教师必备的素质。第一部分，新时代、新形势、新任务对思政课教师提出新要求，主要分析百年未有之大变局下的世界形势、中华民族伟大复兴处于关键时期、高校思政课教师队伍存在的问题、党和国家对思政课教师提出的新要求等。第二部分，分析"四个自信"教育视域下高校思政课教师必备的素质，主要结合习近平总书记提出的"政治要强""情怀要深""思维要新""视野要广""自律要严""人格要正"的六个要求，分析探讨高校思政课教师的素质要求。

第七章　"四个自信"教育与思政课教学内容的整合创新。本章主要结合四门思政课教学内容，从"四个自信"教育的角度，分析探讨"四个自信"教育与思政课教学内容的整合创新问题。第一部分，主要分析"四个自信"教育与"马克思主义基本原理"课教学内容的整合创新。第二部分，主要分析"四个自信"教育与"毛泽东思想和中国特色社会主义理论体系概论"课教学内容的整合创新。第三部分，主要分析"四个自信"教育与"中国近现代史纲要"课教学内容的整合创新。第四部分，主要分析"四个自信"教育与"思想道德与法治"课教学内容的整合创新。

第八章　"四个自信"融入思政课教学的原则和方法。在思政课教学中贯穿"四个自信"教育，本身就是思政课教学的必然要求和题中应有之义。本章主要结合思政课教育教学实际，分析探讨"四个自信"融入思政课教学的基本原则和具体方法。第一部分，主要阐述"四个自信"融入思政课教学的基本原则，具体阐述了方向性原则、整体性原则、求实性原则、主体性原则、渗透性原则等五个原则。第二部分，主要阐述"四个自信"融入思政课教学的主要方法，具体阐述了专题讲授法、内容贯穿法、榜样示范法、影视感染法、国际比较法、实践感悟法、自主教育法等七种主要方法。

上述八章的内容构成一个有机统一的体系，既有理论研究，也有实证调研；既有规律探讨，又立足教学改革创新。第一章和第二章是理论研究板块，主要是对"四个自信"科学内涵的阐释、对"四个自信"多维依据的揭示、对"四个自信"的育人价值的分析等。第三章是实证调研板块，主要以云南省主要高校大学生为对象，对大学生坚定"四个自信"的现状进行调查分析，主要调查大学生对"四个自信"的认知情况、自信程度、高校"四个自信"教育的路径等问题，深入分析存在的问题及其原因，体现了强烈的针对性和问题意识。第四章是规律探讨板块，综合运用马克思主义理论、哲学、教育学、心理学、接受学等相关学科的理论知识，探究大学生"四个自信"的生成机制和生成规律。第五、六、七、八章是教学改革创新板块，主要结合习近平总书记 2019 年 3 月 18 日在学校思想政治理论课教师座谈会上提出的"六个要"和"八个统一"新要求，思考"四个自信"教育对思政课教学改革创新、思政课教师素质提高、思政课教学内容整合、"四个自信"融入思政课的原则和方法等方面提出的新要求。

由于作者能力和水平有限，书中难免存在一些疏漏和不足，真诚地希望得到广大读者特别是同行专家学者的批判指正。

刘丽琼

2023 年 5 月 15 日

# 第一章 "四个自信"的理论分析

"四个自信"是习近平新时代中国特色社会主义思想的重要内容，是中国共产党深刻总结历史经验和社会发展规律得出的宝贵结晶。从世界社会主义曲折而漫长的发展过程和中国社会主义艰难而辉煌的历史征程中，我们获得的极为珍贵的主要经验集中起来就是要坚定中国特色社会主义的"四个自信"。本章主要对"四个自信"的科学内涵、主要依据和重大意义进行深入分析。

## 一、"四个自信"的科学内涵和内在逻辑

党的十九大报告指出："全党要更加自觉地增强道路自信、理论自信、制度自信、文化自信，既不走封闭僵化的老路，也不走改旗易帜的邪路，保持政治定力，坚持实干兴邦，始终坚持和发展中国特色社会主义。"[1] 强调坚持和发展中国特色社会主义必须坚定"四个自信"，用"四个自信"指引中国特色社会主义发展道路。准确把握和深刻理解"四个自信"的科学内涵及其内在逻辑，是我们研究"四个自信"教育的前提和基础。

---

① 习近平：《决胜全面建成小康社会 夺取新时代中国特色社会主义伟大胜利——在中国共产党第十九次全国代表大会上的报告》，人民出版社 2017 年版，第 17 页。

## （一）"四个自信"的科学内涵

### 1."四个自信"的提出

"四个自信"即中国特色社会主义的道路自信、理论自信、制度自信和文化自信。"四个自信"的提出经历了一个逐步发展、不断深化拓展的过程。党的十六大报告指出："十一届三中全会以来，我们党找到建设中国特色社会主义的正确道路，赋予民族复兴新的强大生机。中华民族的伟大复兴展现出灿烂的前景。"[1] 这是我们党对中国特色社会主义道路自信的最初的表述。党的十七大报告指出："改革开放以来我们取得一切成绩和进步的根本原因，归结起来就是：开辟了中国特色社会主义道路，形成了中国特色社会主义理论体系。"[2] 并强调："全党同志要倍加珍惜、长期坚持和不断发展党历经艰辛开创的中国特色社会主义道路和中国特色社会主义理论体系"[3]，"始终保持对马克思主义、对中国特色社会主义、对实现中华民族伟大复兴的坚定信念"[4]。这可以说是我们党对中国特色社会主义道路自信、理论自信的最初表达。党的十八大报告指出："中国特色社会主义道路，中国特色社会主义理论体系，中国特色社会主义制度，是党和人民九十多年奋斗、创造、积累的根本成就，必须倍加珍惜、始终坚持、

---

① 江泽民：《全面建设小康社会　开创中国特色社会主义事业新局面——在中国共产党第十六次全国代表大会上的报告》，人民出版社 2002 年版，第 57 页。

② 胡锦涛：《高举中国特色社会主义伟大旗帜　为夺取全面建设小康社会新胜利而奋斗——在中国共产党第十七次全国代表大会上的报告》，人民出版社 2007 年版，第 11 页。

③ 胡锦涛：《高举中国特色社会主义伟大旗帜　为夺取全面建设小康社会新胜利而奋斗——在中国共产党第十七次全国代表大会上的报告》，人民出版社 2007 年版，第 12 页。

④ 胡锦涛：《高举中国特色社会主义伟大旗帜　为夺取全面建设小康社会新胜利而奋斗——在中国共产党第十七次全国代表大会上的报告》，人民出版社 2007 年版，第 56 页。

不断发展。"①"全党要坚定这样的道路自信、理论自信、制度自信!"② 这是我们党对道路自信、理论自信、制度自信"三个自信"的首次明确表述。此后,习近平总书记曾在不同场合多次提到了"文化自信"的问题。在文艺工作座谈会上,习近平总书记指出:"中华优秀传统文化是中华民族的精神命脉,是涵养社会主义核心价值观的重要源泉,也是我们在世界文化激荡中站稳脚跟的坚实根基。增强文化自觉和文化自信,是坚定道路自信、理论自信、制度自信的题中应有之义。"③ 在哲学社会科学工作座谈会上,习近平总书记又强调指出:"我们说要坚定中国特色社会主义道路自信、理论自信、制度自信,说到底是要坚定文化自信。文化自信是更基本、更深沉、更持久的力量。历史和现实都表明,一个抛弃了或者背叛了自己历史文化的民族,不仅不可能发展起来,而且很可能上演一场历史悲剧。"④ 在建党95周年庆祝大会上,习近平总书记再次指出:"坚持不忘初心、继续前进,就要坚持中国特色社会主义道路自信、理论自信、制度自信、文化自信,坚持党的基本路线不动摇,不断把中国特色社会主义伟大事业推向前进。……全党要坚定道路自信、理论自信、制度自信、文化自信。"⑤ 这是我们党第一次把"四个自信"作为一个整体提出来。

### 2."四个自信"的科学内涵

在纪念红军长征胜利80周年大会上,习近平总书记对"四个自信"科学内涵作出高度概括。他指出:"我们要坚信,中国特色社会主义道路是实现社会主义现代化的必由之路,是指引中国人民创造自己美好生活的

---

① 《十八大以来重要文献选编》(上),中央文献出版社2014年版,第9页。
② 《十八大以来重要文献选编》(上),中央文献出版社2014年版,第13页。
③ 习近平:《在文艺工作座谈会上的讲话》,人民出版社2015年版,第25页。
④ 《习近平谈治国理政》第二卷,外文出版社2017年版,第339页。
⑤ 《习近平谈治国理政》第二卷,外文出版社2017年版,第36页。

必由之路。中国特色社会主义理论体系是指导党和人民沿着中国特色社会主义道路实现中华民族伟大复兴的正确理论，是立于时代前沿、与时俱进的科学理论。中国特色社会主义制度是当代中国发展进步的根本制度保障，是具有鲜明中国特色、明显制度优势、强大自我完善能力的先进制度。中国特色社会主义文化积淀着中华民族最深层的精神追求，代表着中华民族独特的精神标识，是中国人民胜利前行的强大精神力量。"① 在党的十九大报告中，习近平总书记进一步强调指出："中国特色社会主义道路是实现社会主义现代化、创造人民美好生活的必由之路，中国特色社会主义理论体系是指导党和人民实现中华民族伟大复兴的正确理论，中国特色社会主义制度是当代中国发展进步的根本制度保障，中国特色社会主义文化是激励全党全国各族人民奋勇前进的强大精神力量。全党要更加自觉地增强道路自信、理论自信、制度自信、文化自信，既不走封闭僵化的老路，也不走改旗易帜的邪路，保持政治定力，坚持实干兴邦，始终坚持和发展中国特色社会主义。"②

综上可见，习近平总书记关于"四个自信"的论述，包含着丰富的内涵。道路自信就是对中国特色社会主义道路正确性的高度自信。这条道路是当代中国发展进步的根本政治方向，我们不能封闭僵化走老路，更不能改旗易帜走邪路。改革开放以来党和人民的事业之所以能够取得巨大的成就，就是因为我们始终坚持走中国特色社会主义道路。理论自信就是对中国特色社会主义理论体系科学性的高度自信。这个理论体系是坚持马克思主义基本原理，又从中国具体实际出发进行理论创新所取得的重大成果，党的创新理论开辟了马克思主义中国化的新境界，是指导中国特色社

---

① 《习近平谈治国理政》第二卷，外文出版社 2017 年版，第 51 页。

② 习近平：《决胜全面建成小康社会　夺取新时代中国特色社会主义伟大胜利——在中国共产党第十九次全国代表大会上的报告》，人民出版社 2017 年版，第 16—17 页。

会主义伟大事业的理论基础和行动指南。制度自信就是对中国特色社会主义制度优越性的高度自信。中国制度集中体现了中国特色社会主义在政治建设、经济建设、文化建设、社会治理等各方面的明显优势，是中国特色社会主义稳步发展的根本制度保障。文化自信就是对中国特色社会主义文化先进性及其显示的强大精神力量的高度自信。文化自信明确了当代中国的独特精神标识，是激励中华民族奋勇前行的强大的精神动力。习近平总书记指出："今天，我们比历史上任何时期都更接近、更有信心和能力实现中华民族伟大复兴的目标。"①表现了我们党对中国的发展前途、对中华民族伟大复兴充满无比的自信。在各方面建设取得巨大成就的基础上，习近平总书记豪迈宣告：中国特色社会主义进入新时代，中华民族迎来了从站起来到富起来再到强起来的伟大飞跃，中国将在更多的方面实现高速度发展和高质量发展，中华民族将迈向更加美好的明天。习近平总书记总结道："改革开放40年的实践启示我们：中国共产党领导是中国特色社会主义最本质的特征，是中国特色社会主义制度的最大优势。党政军民学，东西南北中，党是领导一切的。正是因为始终坚持党的集中统一领导，我们才能实现伟大历史转折、开启改革开放新时期和中华民族伟大复兴新征程，才能成功应对一系列重大风险挑战、克服无数艰难险阻，才能有力应变局、平风波、战洪水、防非典、抗地震、化危机，才能既不走封闭僵化的老路也不走改旗易帜的邪路，而是坚定不移走中国特色社会主义道路。"②可见，"四个自信"的实质就是中国共产党和中国人民对中国特色社会主义的全面的高度的自信，是对中华民族伟大复兴的伟大梦想一定能够实现的全面的高度的自信，也是中国共产党对自己治国理政能力的全面的高度的自信。

①　习近平：《决胜全面建成小康社会　夺取新时代中国特色社会主义伟大胜利——在中国共产党第十九次全国代表大会上的报告》，人民出版社2017年版，第15页。
②　习近平：《在庆祝改革开放40周年大会上的讲话》，人民出版社2018年版，第22页。

## （二）"四个自信"的内在逻辑

"四个自信"包含于中国特色社会主义的总范畴之中，四者之间是辩证统一的关系。这种辩证统一关系可以从下面两个角度进行考察。

### 1."四个自信"有不同的内涵和功能

中国特色社会主义道路是解决中国走什么路去夺取新的更大胜利的问题。党的十八大对中国特色社会主义道路进行了新概括："中国特色社会主义道路，就是在中国共产党领导下，立足基本国情，以经济建设为中心，坚持四项基本原则，坚持改革开放，解放和发展社会生产力，建设社会主义市场经济、社会主义民主政治、社会主义先进文化、社会主义和谐社会、社会主义生态文明，促进人的全面发展，逐步实现全体人民共同富裕，建设富强民主文明和谐的社会主义现代化国家。"[①] 中国特色社会主义道路，是中国共产党坚持以马克思主义为指导，从中国改革开放和现代化建设的实践中开创出来的，其独特的发展模式、显著的比较优势、取得的伟大成就、深远的国际影响等都充分证明了这条道路的正确性，这是我们坚定道路自信的重要依据。

中国特色社会主义理论是解决以什么样的理论为根本指导思想的问题，以及用什么样理论来武装全党和教育人民的问题。党的十八大报告指出："中国特色社会主义理论体系，就是包括邓小平理论、'三个代表'重要思想、科学发展观在内的科学理论体系，是对马克思列宁主义、毛泽东思想的坚持和发展。"[②] 中国共产党第二十次全国代表大会部分修改、2022年10月通过的《中国共产党章程》指出："习近平新时代中国特色社会主

---

① 《十八大以来重要文献选编》（上），中央文献出版社2014年版，第9—10页。
② 《十八大以来重要文献选编》（上），中央文献出版社2014年版，第10页。

义思想是对马克思列宁主义、毛泽东思想、邓小平理论、'三个代表'重要思想、科学发展观的继承和发展，是当代中国马克思主义、二十一世纪马克思主义，是中华文化和中国精神的时代精华，是党和人民实践经验和集体智慧的结晶，是中国特色社会主义理论体系的重要组成部分，是全党全国人民为实现中华民族伟大复兴而奋斗的行动指南，必须长期坚持并不断发展。"可见，中国特色社会主义理论体系是中国共产党进行理论创新、推进马克思主义中国化取得的重大成果，它以马克思主义为理论基础，又以中华优秀传统文化为根脉，具有崇高的价值追求，并取得了突出实践成效。坚定理论自信就是坚信中国特色社会主义理论体系、习近平新时代中国特色社会主义思想是我们党的根本指导思想，是坚持和发展中国特色社会主义、实现中华民族伟大复兴的正确理论，是武装全党和教育人民的重要思想武器。

中国特色社会主义制度是解决用什么样的制度来保障中国特色社会主义稳步发展的问题。党的十八大报告指出："中国特色社会主义制度，就是人民代表大会制度的根本政治制度，中国共产党领导的多党合作和政治协商制度、民族区域自治制度以及基层群众自治制度等基本政治制度，中国特色社会主义法律体系，公有制为主体、多种所有制经济共同发展的基本经济制度，以及建立在这些制度基础上的经济体制、政治体制、文化体制、社会体制等各项具体制度。"[1] 党的十九届四中全会通过的《中共中央关于坚持和完善中国特色社会主义制度 推进国家治理体系和治理能力现代化若干重大问题的决定》又进一步明确了支撑中国特色社会主义制度的根本制度、基本制度、重要制度，并概括中国特色社会主义制度的 13 条显著优势。中国特色社会主义制度的建立体现了近现代中国历史发展的必然要求，中国社会主义建设的巨大成就证明了它具有巨大的优越性，坚定制度自信

---

① 《十八大以来重要文献选编》（上），中央文献出版社 2014 年版，第 10 页。

就是坚信中国特色社会主义制度是当代中国不断发展进步的根本保障。

中国特色社会主义文化是解决中国人民的价值导向和精神动力的问题。党的十九大报告指出："中国特色社会主义文化，源自于中华民族五千多年文明历史所孕育的中华优秀传统文化，熔铸于党领导人民在革命、建设、改革中创造的革命文化和社会主义先进文化，植根于中国特色社会主义伟大实践。发展中国特色社会主义文化，就是以马克思主义为指导，坚守中华文化立场，立足当代中国现实，结合当今时代条件，发展面向现代化、面向世界、面向未来的，民族的科学的大众的社会主义文化，推动社会主义精神文明和物质文明协调发展。"① 中国特色社会主义文化具有的深厚的历史渊源、独特的文化魅力、强大的精神引领作用。坚定文化自信就是坚信中国特色社会主义文化是中华民族的独特精神标识，是激励全党和全国各族人民奋勇前进的强大精神力量。可见，"四个自信"各有不同的内涵和功能，它们相互区别，不可替代。

### 2."四个自信"是一个有机整体

"四个自信"紧密联系、不可分割，它们相互支撑、相互依托，是一个有机整体。中国特色社会主义道路、理论、制度和文化分别从实现途径、行动指南、根本保障和精神旗帜等方面发挥作用，共同统一于中国特色社会主义建设的伟大实践之中。其中，道路自信是根本。道路自信为其他三个自信奠定坚实的实践基础、现实依据和深厚土壤，离开道路自信，其他三个自信就成了无源之水和无本之木。理论自信是引领。理论自信为其他三个自信提供思想指引，并为其他三个自信提供理论阐释和科学论证。制度自信是保障。制度自信为其他三个自信提供坚实的体制依托和制

---

① 习近平：《决胜全面建成小康社会　夺取新时代中国特色社会主义伟大胜利——在中国共产党第十九次全国代表大会上的报告》，人民出版社 2017 年版，第 41 页。

度保障。文化自信是支撑。文化自信为其他三个自信提供坚实的文化基础和强大的精神动力和价值引领。中国特色社会主义现代化建设的伟大实践既是"四个自信"的深厚沃土和源头活水,又为"四个自信"提供实践证明和强大支撑。新中国成立 70 多年来,改革开放 40 多年来,中国特色社会主义道路越走越宽广,中国特色社会主义理论创新越来越活跃,中国特色社会主义制度越来越完善,中国特色社会主义文化越来越繁荣,都是源于中国特色社会主义现代化建设的生动实践。

## 二、"四个自信"的主要依据

"四个自信"不是一句简单的政治口号和政治标语,更不是盲目乐观和盲目自信,而是中国共产党和中国人民在长期的革命与建设、改革与发展的探索中积淀的宝贵经验。"四个自信"奠基于马克思主义的科学真理,浸润于中华民族 5000 多年、世界社会主义 500 多年的历史长河,植根于中华民族博大精深、辉煌灿烂的民族文化土壤,证明于中国特色社会主义建设的伟大实践及其取得的巨大成就。马克思主义指明了中国走向社会主义道路的正确方向;近代以来中国历史和中国人民选择了社会主义,彰显了"四个自信"深厚的历史依据;中华优秀传统文化、革命文化以及社会主义先进文化是"四个自信"的文化基础;而中国改革开放和社会主义建设取得的巨大成就为"四个自信"提供了充分的现实依据。

### (一)"四个自信"的理论依据

马克思主义是人类历史上最壮丽的日出,"四个自信"首先源于马克思主义科学理论的真理性,源于中国共产党对马克思主义的坚定信仰和对共产主义远大理想的执着追求。党的二十大报告指出:"拥有马克思主义科学理论指导是我们党坚定信仰信念、把握历史主动的根本所在。"①

### 1. 马克思主义始终站在真理和道义的制高点上

习近平总书记在庆祝中国共产党成立 100 周年大会上指出:"中国共产党为什么能,中国特色社会主义为什么好,归根到底是因为马克思主义行!"②马克思和恩格斯创立了唯物史观和剩余价值学说,从而使社会主义理论立于科学的理论基石上,创立了科学社会主义,这是人类思想史上的第一次飞跃。1848 年《共产党宣言》的发表标志着马克思主义的正式诞生。关于这个问题,习近平总书记在哲学社会科学工作座谈会上的讲话中深刻指出:"马克思主义深刻揭示了自然界、人类社会、人类思维发展的普遍规律,为人类社会发展进步指明了方向;马克思主义坚持实现人民解放、维护人民利益的立场,以实现人的自由而全面的发展和全人类解放为己任,反映了人类对理想社会的美好憧憬;马克思主义揭示了事物的本质、内在联系及发展规律,是'伟大的认识工具',是人们观察世界、分析问题的有力思想武器;马克思主义具有鲜明的实践品格,不仅致力于科学'解释世界',而且致力于积极'改变世界'。在人类思想史上,还没有一种理论像马克思主义那样对人类文明进步产生了如此广泛而巨大的影响。"③这段论述深刻揭示了马克思主义的科学性,站在了真理的制高点上;马克思主义代表最广大人民的根本利益,以全人类的解放为己任,又

---

① 习近平:《高举中国特色社会主义伟大旗帜 为全面建设社会主义现代化国家而团结奋斗——在中国共产党第二十次全国代表大会上的报告》,人民出版社 2022 年版,第 16 页。

② 习近平:《在庆祝中国共产党成立 100 周年大会上的讲话》,人民出版社 2021 年版,第 13 页。

③ 习近平:《在哲学社会科学工作座谈会上的讲话》,人民出版社 2016 年版,第 8—9 页。

站在了人类道义的制高点上。马克思主义是科学的理论，首先表现在它以辩证唯物主义和历史唯物主义为世界观和方法论基础，并以此为基础深刻揭示了社会发展的一般规律和资本主义运行的特殊规律，从而指明了人类社会历史发展的必然趋势，指明了人类实现彻底解放的正确道路。马克思主义是人民的理论，表现在它站在人民大众的立场上来探求人类自由解放的道路，引导全世界无产阶级和广大人民为实现共产主义的美好理想而奋斗。马克思主义是实践的理论，表现在它是从实践中来，再到实践中去的，并经过实践的检验而不断发展的理论。实践性使马克思主义理论与别的其他理论区分开来，因为马克思主义不是在书斋里产生的学问，而是在无产阶级和劳动人民谋求解放的实践中产生、丰富和发展的，是为了改变人民历史命运而创立的。马克思主义是开放的、不断发展的理论体系，表现在它始终能够把握时代主题、回答时代之问、引领时代发展。马克思主义发展史就是一代又一代的马克思主义者，根据新的时代特征和新的实践主题不断丰富和发展马克思主义的历史，也是马克思主义不断吸收各种优秀思想文化成果而丰富发展自己的历史。正如习近平总书记所说的："在人类思想史上，就科学性、真理性、影响力、传播面而言，没有一种思想理论能达到马克思主义的高度，也没有一种学说能像马克思主义那样对世界产生了如此巨大的影响。这体现了马克思主义的巨大真理威力和强大生命力，表明马克思主义对人类认识世界、改造世界、推动社会进步仍然具有不可替代的作用。"① 无论时代如何变化、社会如何发展、科技如何进步，马克思主义始终站在真理和道义的制高点。今天，"尽管我们所处的时代同马克思所处的时代相比发生了巨大而深刻的变化，但从世界社会主义500年的大视野来看，我们依然处在马克思主义所指明的历史时代。这是我们对马克思主义保持坚定信心、对社会主义保持必胜信念的科学根

① 《习近平谈治国理政》第二卷，外文出版社2017年版，第65页。

据"①。这就是我们党始终坚持以马克思主义为指导思想的根本所在，也是我们能够坚定"四个自信"的根本所在。

### 2. 马克思主义是中国特色社会主义的理论基石

近代以来，随着资本主义列强对中国的侵略，中华民族遭受了前所未有的劫难。中国人民经过艰苦卓绝的革命斗争终于走出了漫漫长夜，推翻了帝国主义、封建主义和官僚资本主义的统治，建立了中华人民共和国，建立了社会主义的基本制度。而这一切都是在马克思列宁主义、毛泽东思想指导下得以实现的。改革开放以来，中国共产党始终坚持以马克思主义为根本指导思想，在改革开放和社会主义现代化建设的伟大实践中不断进行实践创新、理论创新、制度创新和文化创新，形成了中国特色社会主义道路、理论、制度和文化。中国特色社会主义道路既坚持了马克思主义指引的方向，又紧密结合了中国改革发展的实际，具有鲜明的中国特色，是符合中国国情的、顺应时代发展的正确道路。坚持走中国特色社会主义道路，使我国在短短几十年的时间里极大地推动了生产力的发展，快速增强了我国的综合国力，全面改善了广大人民群众的生活。中国特色社会主义理论是我们党推进马克思主义中国化、不断进行理论创新所取得的伟大成果。改革开放以来，我们党坚持把马克思主义基本原理和中国具体实际相结合，深刻回答了"什么是社会主义，怎样建设社会主义""建设一个什么样的党，怎样建设党""实现什么样的发展，怎样发展"等一系列基本问题，深刻回答了"新时代坚持和发展什么样的中国特色社会主义、怎样坚持和发展中国特色社会主义"的时代课题，不断丰富、完善和发展了中国特色社会主义理论体系。中国特色社会主义理论体系是同马克思列宁主义、毛泽东思想一脉相承又与时俱进的科学理论体系，是指导我们党和人

---

① 《习近平谈治国理政》第二卷，外文出版社 2017 年版，第 66 页。

民沿着中国特色社会主义道路不断前进、实现中华民族伟大复兴的正确理论，它"具有内在的科学性、鲜明的实践性、浓郁的民族性、强烈的时代性、崇高的人民性等鲜明特征"①。它的科学性和真理性已被中国特色社会主义建设取得的巨大成就所证明。中国特色社会主义制度体系是以马克思主义理论为指导的、建立在中国特色社会主义道路基础之上的、符合中国国情的制度体系，是中国特色社会主义事业发展进步的根本制度保障。党的十九届四中全会通过的《中共中央关于坚持和完善中国特色社会主义制度 推进国家治理体系和治理能力现代化若干重大问题的决定》全面概括了中国特色社会主义的根本制度、基本制度、重要制度，系统地阐述了中国制度的 13 条显著优势，深刻揭示了中国发展奇迹背后的制度密码，系统回答了"中国特色社会主义为什么好"这个重大问题。正如《决定》所指出的，"这些显著优势，是我们坚定中国特色社会主义道路自信、理论自信、制度自信、文化自信的基本依据"②。中国特色社会主义制度以马克思主义的辩证唯物主义和历史唯物主义为哲学基础，把马克思主义的人民立场、共同富裕和公平正义等价值追求贯穿于制度设计之中。《决定》还强调指出："中国特色社会主义制度和国家治理体系是以马克思主义为指导、植根中国大地、具有深厚中华文化根基、深得人民拥护的制度和治理体系，是具有强大生命力和巨大优越性的制度和治理体系，是能够持续推动拥有近十四亿人口大国进步和发展、确保拥有五千多年文明史的中华民族实现'两个一百年'奋斗目标进而实现伟大复兴的制度和治理体系。"③中国特色社会主义文化是与中国特色社会主义理论、道路、制度相适应的

---

① 刘丽琼、张丽娜：《中国特色社会主义理论自信的内在依据》，《广西社会科学》2020 年第 11 期。

② 《中共中央关于坚持和完善中国特色社会主义制度 推进国家治理体系和治理能力现代化若干重大问题的决定》，人民出版社 2019 年版，第 4 页。

③ 《中共中央关于坚持和完善中国特色社会主义制度 推进国家治理体系和治理能力现代化若干重大问题的决定》，人民出版社 2019 年版，第 2—3 页。

一种价值观念、思想理论和精神旗帜，是支撑中国人民奋勇前行的强大精神力量。习近平总书记深刻总结道："马克思主义的命运早已同中国共产党的命运、中国人民的命运、中华民族的命运紧紧连在一起，它的科学性和真理性在中国得到了充分检验，它的人民性和实践性在中国得到了充分贯彻，它的开放性和时代性在中国得到了充分彰显！实践还证明，马克思主义为中国革命、建设、改革提供了强大思想武器，使中国这个古老的东方大国创造了人类历史上前所未有的发展奇迹。历史和人民选择马克思主义是完全正确的，中国共产党把马克思主义写在自己的旗帜上是完全正确的，坚持马克思主义基本原理同中国具体实际相结合、不断推进马克思主义中国化时代化是完全正确的！"①

综上所述，马克思主义是我们坚定"四个自信"最深厚的理论依据，这是坚定"四个自信"的根本前提和关键所在。中国共产党之所以能够领导中国人民走上社会主义的康庄大道，迎来了从站起来到富起来再到强起来的伟大飞跃，根本原因就在于她始终坚持以马克思主义为指导，并在实践中不断推进马克思主义中国化，不断丰富和发展了马克思主义。中国共产党之所以能够开辟中国特色社会主义道路、能够创立中国特色社会主义的科学理论、能够建立和发展中国特色社会主义制度、能够形成和发展中国特色社会主义文化，都离不开马克思主义的根本指导作用。正如习近平总书记指出的："马克思主义就是我们党和人民事业不断发展的参天大树之根本，就是我们党和人民不断奋进的万里长河之泉源。"② 正因为如此，当我们谈到中国特色社会主义道路、理论、制度及文化何以能够自信时，其重要的依据之一便在于马克思主义为中国特色社会主义道路、理论、制度和文化提供了科学的理论指导，奠定了科学的理论基础。

---

① 习近平：《在纪念马克思诞辰 200 周年大会上的讲话》，人民出版社 2018 年版，第 14—15 页。

② 《习近平谈治国理政》第二卷，外文出版社 2017 年版，第 66 页。

## （二）"四个自信"的历史依据

从历史源渊来看，"四个自信"来自中国共产党为中国人民谋幸福、为中华民族谋复兴的初心和使命。习近平总书记指出："中国共产党一经成立，就把实现共产主义作为党的最高理想和最终目标，义无反顾肩负起实现中华民族伟大复兴的历史使命，团结带领人民进行了艰苦卓绝的斗争，谱写了气吞山河的壮丽史诗。"[①] 中国共产党为了实现和保持这个初心和使命，就需要有科学的理论来指导，需要探索一条通向胜利的道路，需要选择一种美好的社会制度。因此，中国共产党领导中国人民进行革命、建设、改革开放的百年奋斗史，也就是"四个自信"形成的历史。换句话说，"四个自信"是建立在中国历史发展的必然性和人民的选择基础之上的科学结论，揭示了"四个自信"深厚的历史依据。正如习近平总书记指出的："中国特色社会主义不是从天上掉下来的，而是在改革开放 40 年的伟大实践中得来的，是在中华人民共和国成立近 70 年的持续探索中得来的，是在我们党领导人民进行伟大社会革命 97 年的实践中得来的，是在近代以来中华民族由衰到盛 170 多年的历史进程中得来的，是对中华文明 5000 多年的传承发展中得来的，是党和人民历经千辛万苦、付出各种代价取得的宝贵成果。得到这个成果极不容易。"[②] 可见，中国特色社会主义开创于改革开放新时期，建立在中国共产党百年不懈奋斗的基础上，而其历史渊源可以追溯到近代以来 170 多年的中华民族发展历程和世界社会主义 500 多年的发展历程中，甚至是中华民族 5000 多年的悠久文明发展传承之中。这说明了"四个自信"并不是任何人的主观臆断，而是缘起于历史的实践证明之中，有其深厚的历史依据

① 习近平：《决胜全面建成小康社会　夺取新时代中国特色社会主义伟大胜利——在中国共产党第十九次全国代表大会上的报告》，人民出版社 2017 年版，第 13 页。

② 《习近平谈治国理政》第三卷，外文出版社 2020 年版，第 70 页。

和广泛的现实基础，下面着重从三个层面来阐述。

**1. "四个自信"是从近代以来中华民族艰难曲折的发展历程中得来的**

近代以来中国历史发展充分说明，选择马克思主义、选择中国共产党、选择社会主义、选择改革开放是历史得出的必然结论。1840年以来，西方资本主义列强用坚船利炮打开了中国的大门，伴随着一个个不平等条约的签订，中国逐步沦落为半殖民地半封建社会。面对空前的民族危机和日益深重的社会危机，中国人民不断探索使中华民族走向复兴的道路，从追求"四同两无"的太平天国农民战争，到主张"中体西用"自强求富的洋务运动；从追求君主立宪的戊戌变法，到推翻帝制建立资产阶级共和国的辛亥革命，再到宋教仁等主张的政党政治和议会民主，等等。可以看出，近代中国的仁人志士探索救国救民的真理和道路主要是按照"向西方学习"这个方向不断深入的。毛泽东曾总结了中国人向西方学习梦幻破灭的过程，他指出："那时，求进步的中国人，只要是西方的新道理，什么书也看。向日本、英国、美国、法国、德国派遣留学生之多，达到了惊人的程度。国内废科举，兴学校，好像雨后春笋，努力学习西方。"① 但"帝国主义的侵略打破了中国人学西方的迷梦。很奇怪，为什么先生老是侵略学生呢？中国人向西方学得很不少，但是行不通，理想总是不能实现。多次奋斗，包括辛亥革命那样全国规模的运动，都失败了。国家的情况一天一天坏，环境迫使人们活不下去。怀疑产生了，增长了，发展了。"② 中国人向西方学习梦想破灭，资本主义建国方案在中国行不通，中国人不得不寻求新的革命理论和革命道路。十月革命的隆隆炮声，给中国人民送来了马克思列宁主义，中国的先进分子从马克思列宁主义的科学真理中看到

---

① 《毛泽东选集》第四卷，人民出版社1991年版，第1469页。
② 《毛泽东选集》第四卷，人民出版社1991年版，第1470页。

了解决中国问题的出路,认识到只有马克思主义才是救国救民的"良方"。第一次世界大战沉重打击了西方文明,也充分暴露了帝国主义的本质和资本主义制度的缺陷,资本主义制度在中国的先进分子眼中黯然失色;而世界工人运动的澎湃,社会主义运动的兴起,极大地鼓舞着中国的先进分子接受马克思主义;而中国工人阶级的发展壮大及其所显示的强大力量,使马克思主义在中国的传播获得了坚实的阶级基础和物质担当者;马克思主义理论所具有的科学性、真理性、人民性、实践性及鲜明的反对帝国主义侵略、抨击资本主义政治经济秩序的思想特征和极强的革命精神,为迷茫的中国先进分子提供了解难释疑的思想武器。可见,中国先进分子选择马克思主义指引的道路,是中国先进分子经比较、推求、鉴别、论争和试验之后顺势而为的结果。中国人民和中国历史选择了马克思列宁主义,就在举什么旗、走什么路、建立什么制度方面具有全方位的指导意义和借鉴价值。中国共产党的建立,使走马克思主义指引的道路从历史选择成为成功的历史实践。经过28年的奋斗,中国共产党领导中国人民推翻了三座大山,建立了中华人民共和国。对此,毛泽东深刻总结道:"资产阶级的民主主义让位给工人阶级领导的人民民主主义,资产阶级共和国让位给人民共和国。这样就造成了一种可能性:经过人民共和国到达社会主义和共产主义,到达阶级的消灭和世界的大同。"① 新中国的成立,中国人民"站起来"是站在马克思主义指引的道路成功实践的基础上的。之后又经过社会主义改造,在中国确立了社会主义的基本制度,这就为今后中国的发展进步奠定了根本政治前提和制度基础。在探索社会主义建设道路的过程中,虽然也发生过严重曲折和重大失误,但党在探索中取得的关于社会主义建设的独创性理论成果和巨大成就,为在新的历史时期开创中国特色社会主义提供了理论准备、物质基础和宝贵经验。历史充分证明:中国选择马克

---

① 《毛泽东选集》第四卷,人民出版社1991年版,第1471页。

思主义、选择中国共产党的领导、选择走社会主义道路是无比正确的。

**2."四个自信"是从改革开放 40 多年的伟大实践中得来的**

中国特色社会主义"四个自信"的形成发展还与改革开放 40 多年的历史进程同频共振。1978 年党的十一届三中全会以来，以邓小平同志为主要代表的中国共产党人，揭批了"两个凡是"的观点，重新确立了党的实事求是思想路线，开始了各方面的拨乱反正工作，作出了改革开放的重大决策，并把党的工作重心转移到社会主义现代化建设上来。1982 年邓小平在党的十二大开幕词中强调指出："把马克思主义的普遍真理同我国的具体实际结合起来，走自己的道路，建设有中国特色的社会主义，这就是我们总结长期历史经验得出的基本结论。"①"中国特色社会主义"从此成为党的全部理论和实践的主题。邓小平始终站在时代要求、国家发展和人民期望的高度，对"什么是社会主义、怎样建设社会主义"这个首要的和基本的理论问题进行了深层次的理论思考和可贵的实践探索，提出了一系列新思想、新观点、新论断，比如关于社会主义本质的理论、社会主义处于初级阶段的理论、"一个中心、两个基本点"的基本路线、社会主义的根本任务是发展生产力的理论、"三步走"的战略思想、社会主义市场经济的理论、改革开放的理论、"一国两制"的理论等，大大拓展了人们对社会主义的认识，创立了邓小平理论，成功开辟了中国特色社会主义。

党的十三届四中全会以后，在国内外形势十分复杂，特别是苏联的解体、东欧的剧变，世界社会主义出现严重曲折，我国的社会主义事业面临巨大的困难和空前未有的压力。在严峻考验面前，以江泽民同志为主要代表的中国共产党人，全面把握大局，科学地判断形势，从容应对各种困难和风险，在对"什么是社会主义、怎样建设社会主义""建设什么样的党、

---

① 《邓小平文选》第三卷，人民出版社 1993 年版，第 3 页。

怎么建设党"的接力探索中，全面推进中国特色社会主义现代化建设，在实践中提出了一系列马克思主义的新思想、新观点和新论断，比如，"我们党必须始终代表中国先进生产力的发展要求，代表中国先进文化的前进方向，代表中国最广大人民的根本利益"①的思想，发展是执政兴国的第一要务的思想，建立社会主义市场经济体制的思想，全面建设小康社会的思想，建设社会主义政治文明的思想，推进党的建设新的伟大工程的思想等，创立"三个代表"重要思想，成功捍卫和发展了中国特色社会主义，并将其成功推向 21 世纪。

党的十六大以后，以胡锦涛同志为主要代表的中国共产党人，在深刻把握社会主义初级阶段的阶段性特征、总结改革开放以来的实践经验的基础上，深刻分析国际形势，准确把握世界发展趋势，抓住并利用好我国发展的重要战略机遇期，深刻回答了新形势下"实现什么样的发展、怎样发展"等重大问题，形成了科学发展观，回答了我国社会主义现代化建设中面临的一系列重大问题，提出要加快转变经济发展方式、要发展社会主义民主政治、要推进社会主义文化强国建设、要构建社会主义和谐社会、要推进社会主义生态文明建设、要全面提高党的建设科学化水平等，并在实践中开始形成中国特色社会主义总体布局，成功在新形势下坚持和发展了中国特色社会主义。

党的十八大以来，国际国内形势又发生了深刻的变化，一方面，世界处于百年未有之大变局，国际格局、国际体系、国际力量和全球治理体系正在发生革命性变化。另一方面，中国特色社会主义进入了新时代，中国正发生着历史上最广泛而深刻的社会变革，中华民族伟大复兴正处在一个非常关键的时期，以习近平同志为核心的党中央从世界百年未有之大变局和中华民族伟大复兴的战略全局这"两个大局"出发，围绕"新时代坚持

---

① 《江泽民文选》第三卷，人民出版社 2006 年版，第 536 页。

和发展什么样的中国特色社会主义、怎样坚持和发展中国特色社会主义"
这个时代重大课题,不断进行新的理论和实践的伟大探索,提出了许多重
大论断和重要思想,创立了习近平新时代中国特色社会主义思想,以崭新
的思想内容丰富和发展了马克思主义。习近平新时代中国特色社会主义思
想是当代中国的马克思主义、21 世纪马克思主义,是全党和全国人民为
实现中华民族伟大复兴而奋斗的行动指南。在习近平新时代中国特色社会
主义思想的引领下,中国特色社会主义现代化建设取得了举世瞩目的巨大
成就,中国特色社会主义的旗帜在世界上高高飘扬,必将引领中国人民走
向民族复兴的光辉彼岸。党的十九大报告指出:"中国特色社会主义是改
革开放以来党的全部理论和实践的主题,是党和人民历尽千辛万苦、付出
巨大代价取得的根本成就。"[1] 可以说,中国特色社会主义不断发展完善的
过程就是"四个自信"的形成和发展过程,"四个自信"是与我国改革开
放的历史进程同频共振的,是随着改革开放实践的推进而渐次展开并逐步
提升的。

### 3. "四个自信"是从世界社会主义 500 多年的发展历程中得来的

从世界社会主义发展史的角度来看,社会主义并不是凭空出现在人类
历史上的,它是资本主义时代深刻社会矛盾的产物。从 16 世纪初到 19 世
纪 40 年代,是空想社会主义产生发展的阶段;1848 年《共产党宣言》的
发表标志着科学社会主义的创立,社会主义从空想变为了科学;1917 年的
俄国十月革命胜利创建了世界上第一个社会主义国家,使社会主义从理论
变为了现实;从 20 世纪 20 年代至 50 年代,苏联共产党领导苏联人民巩固、
捍卫和建设第一个社会主义国家,使苏联迅速从一个落后的农业国转变为

---

① 习近平:《决胜全面建成小康社会 夺取新时代中国特色社会主义伟大胜利——
在中国共产党第十九次全国代表大会上的报告》,人民出版社 2017 年版,第 16 页。

强大的工业国，并取得了第二次世界大战反法西斯战争的胜利；第二次世界大战后东欧和亚洲一系列人民民主国家的出现，使社会主义从一国发展到多国；1949年中国新民主主义革命胜利，成立了中华人民共和国，新中国成立后中国共产党领导中国人民对社会主义建设道路进行探索和实践；党的十一届三中全会以来中国改革开放的伟大实践开创和发展了中国特色社会主义。这期间还"经历了20世纪50年代后社会主义建设从学习单一模式初创基础，到各国结合自己的国情和实际进行探索的发展；经历了从20世纪八九十年代世界社会主义遭遇曲折，到以中国特色社会主义为代表，各国人民总结经验教训，在开拓创新中推动社会主义重新奋起的波澜壮阔的历史进程"[①]。世界社会主义发展500多年的历史可谓是波澜壮阔、跌宕起伏，既有凯歌行进的时期，也有曲折坎坷的时期。但社会主义带给人类的物质财富和精神财富却极为丰富、极为醇厚。社会主义思想指引着人类朝着正确的方向前进，社会主义制度为人类的进步提供强大保障，社会主义的运动能够凝聚起社会正义的力量。世界社会主义发展的历史清晰地展现了中国特色社会主义发展的来龙去脉，也充分体现出中国走向社会主义是历史的选择和人民的选择。习近平总书记指出："从世界社会主义500年的大视野来看，我们依然处在马克思主义所指明的历史时代。这是我们对马克思主义保持坚定信心、对社会主义保持必胜信念的科学根据。"[②] 在纪念马克思诞辰200周年大会上，习近平总书记自豪地说，"可以告慰马克思的是，马克思主义指引中国成功走上了全面建设社会主义现代化强国的康庄大道"[③]。

可见，中国特色社会主义有深厚的历史渊源，中国走向社会主义并能

---

① 《社会主义发展简史》，人民出版社、学习出版社2021年版，第2页。

② 《习近平谈治国理政》第二卷，外文出版社2017年版，第66页。

③ 习近平：《在纪念马克思诞辰200周年大会上的讲话》，人民出版社2018年版，第15页。

够在新时代坚持和发展中国特色社会主义，是经历了反复的比较和鉴别，充分汲取了世界社会主义运动的经验教训，充分吸收了人类文明发展的积极成果，坚持把马克思主义基本原理同中华优秀的传统文化相结合，同新时代的特征相结合，同新时代中国具体实际相结合，走中国式的社会主义现代化道路，充分显示出中国特色社会主义制度的优越性，给世界上那些既希望加快发展又希望保持自身独立性的国家和民族提供了重要参考，这是我们坚定"四个自信"的深厚的历史依据。

### （三）"四个自信"的文化依据

中华民族上下五千多年的历史文明，形成了丰富多彩的中华文化。文化作为一个民族内在精神的既有、传承与发展的产物，本质上是一个民族最为深刻而独特的标识。习近平总书记指出："在 5000 多年文明发展中孕育的中华优秀传统文化，在党和人民伟大斗争中孕育的革命文化和社会主义先进文化，积淀着中华民族最深层的精神追求，代表着中华民族独特的精神标识。"[1]"中国有坚定的道路自信、理论自信、制度自信，其本质是建立在 5000 多年文明传承基础上的文化自信。"[2] 在波澜壮阔的中国特色社会主义伟大实践中，中华优秀传统文化、共产党的红色革命文化和社会主义先进文化，共同铸就了我们坚定文化自信的强大底气，也是我们坚定"四个自信"深厚的文化依据。

#### 1. 中华优秀传统文化是中国特色社会主义的"根"和"魂"

中华优秀传统文化是中华民族的"根"和"魂"，当然也是中国特色

---

① 《习近平谈治国理政》第二卷，外文出版社 2017 年版，第 36 页。
② 《习近平谈治国理政》第四卷，外文出版社 2022 年版，第 312 页。

社会主义的"根"和"魂"。中华文明上下 5000 多年，创造了博大精深的中华文化，孕育出经久不衰的中华文明。中华民族在漫长的历史发展过程中，虽然也遭到外族的入侵，也有内部的分裂和战火，也有过各种天灾和人祸，但中华民族的历史从来没有间断过，中华优秀传统文化绵延发展，中华民族饱受战火摧残和灾难折磨而又不断浴火重生，这一切都体现出中华文明强大的力量，是中华民族和中华文明延续传承卓然屹立的"基因密码"。比如在国家层面上强调天下兴亡、匹夫有责，民惟邦本、安民富民等；在社会方面强调革故鼎新、与时俱进，实事求是、经世致用；在民族品性方面强调刚健有为、自强不息、独立自主、爱好和平；在个人品格方面强调上善若水、厚德载物，诚实守信、与人为善；在家庭美德方面强调德为兴家本、家和万事兴、忠孝仁义、精忠报国；在社会理想方面强调天下为公、世界大同，万邦和谐；在自然方面强调敬畏自然、天人合一；等等，这些我们耳熟能详的古训中蕴含着丰富的哲理和伟大的民族精神。习近平总书记指出："中华民族在长期实践中培育和形成了独特的思想理念和道德规范，有崇仁爱、重民本、守诚信、讲辩证、尚和合、求大同等思想，有自强不息、敬业乐群、扶正扬善、扶危济困、见义勇为、孝老爱亲等传统美德。中华优秀传统文化中很多思想理念和道德规范，不论过去还是现在，都有其永不褪色的价值。"[①] 中华优秀传统文化是中华民族生生不息、发展壮大的精神命脉，是涵养社会主义核心价值观的重要源泉，是中国特色社会主义植根的文化沃土。中国共产党人在探索中国特色社会主义道路、推进马克思主义中国化的过程中，充分吸收了中华优秀传统文化中的丰富营养。同时，中华优秀传统文化中的许多思想与马克思主义又具有相融相通性，这为马克思主义在中国的传播与发展、为中国人民接受和选择马克思主义提供了重要思想文化基础。一百年来，中国共产党不断推

---

① 习近平：《在文艺工作座谈会上的讲话》，人民出版社 2015 年版，第 25—26 页。

动马克思主义与中华优秀传统文化的融通和结合，不断推动马克思主义中国化，使马克思主义及其中国化最新成果成为指引中国革命、建设、改革的强大思想武器。道路自信、理论自信及制度自信本质上都是在中华文化的滋养中生成的，文化自信是其他三个自信的精神基石和文化滋养，正如习近平总书记所指出的："我们说要坚定中国特色社会主义道路自信、理论自信、制度自信，说到底是要坚定文化自信。文化自信是更基本、更深沉、更持久的力量。"① 可见，中华优秀传统文化是中国特色社会主义形成发展的优质培养液。我们党明确提出要建设优秀传统文化传承体系，为我们坚定"四个自信"提供更加有力的依据。

### 2. 共产党人的革命文化是中国特色社会主义的红色基因

革命文化是党和人民在长期的革命实践中，把中华民族优秀的传统文化与马克思主义渐渐融合和发展而创造的特色文化。"我们党领导各族人民在进行革命、建设和改革的历史实践中，创造了鲜明独特、奋发向上的革命文化，包括马克思主义的科学革命理论，社会主义、共产主义的崇高理想信念，不怕牺牲、英勇战斗的革命精神，全心全意为人民服务的革命伦理道德等。"② 革命文化以马克思主义为指导，以"革命"为精神内核和价值取向，蕴含着无数先烈永垂不朽的革命精神，彰显着无数仁人志士崇高的理想信念和价值追求，是中国革命事业的精神遗产和文化传承，是中国共产党人和广大人民群众优良传统和品格风范的集中体现，是推进中华民族伟大复兴的强大精神动力。中国共产党的百年历史，就是一部不断孕育革命精神、弘扬革命文化的历史。在新民主主义革命时期形成了红船精神、井冈山精神、长征精神、延安精神、西柏坡精神等革命精神。在社会

---

① 《习近平谈治国理政》第二卷，外文出版社 2017 年版，第 339 页。
② 林小波：《坚定"四个自信"六讲》，人民出版社 2016 年版，第 104 页。

主义革命和建设时期，又先后形成了抗美援朝精神、雷锋精神、焦裕禄精神、大庆精神、"两弹一星"精神等革命精神。改革开放和社会主义现代化建设新时期，在实践中又形成了特区精神、载人航天精神、女排精神、抗震救灾精神等。在中国特色社会主义新时代，形成了脱贫攻坚精神、科学家精神、企业家精神等。这些革命精神和革命文化是我们的事业取得成功的文化支撑和精神标识，体现了中国人民对独立、解放、富强、幸福的不懈追求，是中国共产党和中国人民吃苦、勇敢、奋斗、奉献、牺牲、追求的"品牌代言"。这些精神孕育和培养了中国特色社会主义文化，成为中国特色社会主义的红色基因。不论过去、现在还是将来，革命文化都是激励我们不懈奋斗的强大精神力量，也是我们坚定"四个自信"的丰富文化资源。中国革命文化蕴含的马克思主义属性为文化自信提供了坚实的理论支撑，蕴含的革命精神为今后革命实践提供了强大的精神动力。

**3. 社会主义先进文化是中国特色社会主义的精神依托和精神指引**

社会主义先进文化是党领导人民在推进中国特色社会主义伟大实践中，在马克思主义指导下形成的面向现代化、面向世界、面向未来的、民族的科学的大众的社会主义文化，代表着时代进步潮流和发展要求。社会主义先进文化充分萃取了中华优秀传统文化的精华，充分浸润了革命文化的鲜红底色，是对中华优秀传统文化和红色革命文化的深度融合，也是中华文化在当代中国的最新发展。马克思主义的科学理论是社会主义先进文化的根本指导，中国特色社会主义共同理想和共产主义远大理想、马克思主义中国化的制度和理论成果、社会主义核心价值观、以爱国主义为核心的民族精神、以改革创新为核心的时代精神等，共同熔铸了社会主义先进文化。强调先进文化的"社会主义"属性，强调马克思主义的指导，既是文化建设的重要方向，也是发展中国特色社会主义的题中应有之义，更是坚定文化自信的重要来源及动力。社会主义先进文化是中国社会主义的精神支柱，是中国各民族团结奋斗的共同思想基础。

可见，优秀的文化基因和丰厚的民族土壤，不仅使中国特色社会主义彰显独特魅力，更是我们坚定"四个自信"的文化依据。正如习近平总书记指出的："站立在九百六十多万平方公里的广袤土地上，吸吮着五千多年中华民族漫长奋斗积累的文化养分，拥有十三亿多中国人民聚合的磅礴之力，我们走中国特色社会主义道路，具有无比广阔的时代舞台，具有无比深厚的历史底蕴，具有无比强大的前进定力。"①

### （四）"四个自信"的现实依据

实践是检验真理的唯一标准，坚定"四个自信"的底气还源于中国特色社会主义的成功实践所取得的伟大成绩。中国特色社会主义"四个自信"不是依靠本本的逻辑推理，也不是依靠躺在历史功劳簿的坐享其成，而是依靠中国特色社会主义所取得的伟大成就。习近平总书记指出："中国特色社会主义是不是好，要看事实，要看中国人民的判断，而不是看那些戴着有色眼镜的人的主观臆断。中国共产党人和中国人民完全有信心为人类对更好社会制度的探索提供中国方案。"② 新中国成立 70 多年来，特别是改革开放 40 多年来，中国特色社会主义不可逆转地改变了国家和民族的前途命运，中国正在以前所未有的自信走近世界舞台中央。中国特色社会主义取得了举世瞩目的成就，这为我们坚定"四个自信"提供了坚实的现实依据。

#### 1.经济实力和综合国力显著增强

新中国成立 70 年多来，特别是改革开放 40 多年来，中国人民坚持

---

① 习近平：《决胜全面建成小康社会 夺取新时代中国特色社会主义伟大胜利——在中国共产党第十九次全国代表大会上的报告》，人民出版社 2017 年版，第 70 页。

② 《习近平谈治国理政》第二卷，外文出版社 2017 年版，第 37 页。

走中国特色社会主义道路,勠力同心,艰苦奋斗,用自己的勤劳、智慧、勇气甚至牺牲取得了举世瞩目的伟大成就。我国用几十年时间走完了发达国家几百年才能走完的工业化进程,社会生产力得到极大解放和发展,经济实力和综合国力显著增强。习近平总书记在庆祝改革开放40周年大会上的讲话中指出:"40年来,我们始终坚持以经济建设为中心,不断解放和发展社会生产力,我国国内生产总值由3679亿元增长到2017年的82.7万亿元,年均实际增长9.5%,远高于同期世界经济2.9%左右的年均增速。我国国内生产总值占世界生产总值的比重由改革开放之初的1.8%上升到15.2%,多年来对世界经济增长贡献率超过30%。"[1]2019年在复杂多变的国际国内形势下,我国经济运行总体平稳,发展质量稳步提升,"国内生产总值达到99.1万亿元,增长6.1%"[2]。我国人均GDP超1万美元。2020年是中国经济发展历程中非常不平凡的一年,尽管受到疫情的影响,但仍然取得显著的成绩。"经过艰苦努力,我们率先实现复工复产,经济恢复好于预期,全年国内生产总值增长2.3%,宏观调控积累了新的经验,以合理代价取得较大成效。"[3]"我们是唯一正增长的,也是全年唯一正增长的。2020年我国GDP达到101.6万亿元,经济总量迈上百万亿元新的大台阶。"[4]"2021年我国GDP达到114万亿元,增长8.1%。全国财政收入突破20万亿元,增长10.7%。"[5]"2022年国内生产总值增加

① 习近平:《在庆祝改革开放40周年大会上的讲话》,人民出版社2018年版,第11—12页。

② 李克强:《政府工作报告》,中华人民共和国中央人民政府网:http://www.gov.cn/premier/2020-05/29/content_5516072.htm。

③ 李克强:《政府工作报告》,中华人民共和国中央人民政府网:http://www.gov.cn/premier/2021-03/12/content_5592671.htm。

④ 《国家统计局局长宁吉喆解读2020年中国经济"年报"》,中国经济网:http://www.ce.cn/xwzx/gnsz/gdxw/202101/18/t20210118_36234276.shtml。

⑤ 李克强:《政府工作报告》,中华人民共和国中央人民政府网:http://www.gov.cn/premier/2022-03/12/content_5678750.htm。

到121万亿元，五年年均增长5.2%，十年增加近70万亿元、年均增长6.2%，在高基数基础上实现了中高速增长、迈向高质量发展。"① 中国日益成为国际形势的"稳定锚"、世界经济增长的"发动机"、和平发展的"正能量"。

### 2.民主法治建设迈出重大步伐

新中国成立以来，尤其是改革开放以来，中国在发展社会主义民主政治方面取得重大进展，走出了一条中国特色社会主义政治发展道路。党的十九大报告指出："民主法治建设迈出重大步伐。积极发展社会主义民主政治，推进全面依法治国，党的领导、人民当家作主、依法治国有机统一的制度建设全面加强，党的领导体制机制不断完善，社会主义民主不断发展，党内民主更加广泛，社会主义协商民主全面展开，爱国统一战线巩固发展，民族宗教工作创新推进。"② 中国特色社会主义政治发展道路，有科学的指导思想、严谨的制度安排、明确的价值取向、有效的实现形式和可靠的推动力量。而这一政治发展道路的主体内容、基本要求和核心思想，都在我国《宪法》中得到了确认和体现，这是中国特色社会主义民主政治建设取得重大发展的体现。党的十九届四中全会通过的《决定》所阐述的中国特色社会主义制度和国家治理体系的13个方面显著优势，前3个讲的就是党的集中统一领导、人民当家作主、全面依法治国的优势。正是为了保证人民当家作主、维护最广大人民根本利益，我国形成了科学的制度体系。《决定》指出："新中国成立七十年来，我们党领导人民创造了世所罕见的经济快速发展奇迹和社会长期稳定奇迹，中华民族迎来了从站起

---

① 李克强：《政府工作报告》，中华人民共和国中央人民政府网：http://www.gov.cn/gongbao/content/2023/content_5747260.htm。

② 习近平：《决胜全面建成小康社会 夺取新时代中国特色社会主义伟大胜利——在中国共产党第十九次全国代表大会上的报告》，人民出版社2017年版，第4页。

来、富起来到强起来的伟大飞跃。"① 而这"两大奇迹"之所以能够被创造出来，是我国国家制度和国家治理体系显著优势充分发挥的必然结果。

**3. 社会主义文化建设取得重大进展**

中国特色社会主义进入新时代，我国社会主要矛盾已经由人民日益增长的物质文化需要同落后的社会生产之间的矛盾，转化为人民日益增长的美好生活需要和不平衡不充分的发展之间的矛盾。人民对精神文化的需求越来越迫切。我国也越来越重视文化建设，不断提高文化软实力，积极弘扬中华文化，推进中华优秀传统文化创造性转化和创新性发展，讲好中国故事、传播好中国声音。马克思主义在意识形态领域的指导地位更加鲜明，牢牢掌握意识形态工作的领导权，中国特色社会主义和中国梦深入人心，社会主义核心价值观和中华优秀传统文化广泛弘扬，群众性精神文明创建活动扎实开展。习近平总书记在庆祝改革开放 40 周年大会上的讲话中指出："40 年来，我们始终坚持发展社会主义先进文化，加强社会主义精神文明建设，培育和践行社会主义核心价值观，传承和弘扬中华优秀传统文化，坚持以科学理论引路指向，以正确舆论凝心聚力，以先进文化塑造灵魂，以优秀作品鼓舞斗志，爱国主义、集体主义、社会主义精神广为弘扬，时代楷模、英雄模范不断涌现，文化艺术日益繁荣，网信事业快速发展，全民族理想信念和文化自信不断增强，国家文化软实力和中华文化影响力大幅提升。改革开放铸就的伟大改革开放精神，极大丰富了民族精神内涵，成为当代中国人民最鲜明的精神标识！"② 国家统计局的数据显示："2018 年，我国文化产业实现增加值 38737 亿元，比 2004 年增长 10.3

① 《中共中央关于坚持和完善中国特色社会主义制度 推进国家治理体系和治理能力现代化若干重大问题的决定》，人民出版社 2019 年版，第 2 页。

② 习近平：《在庆祝改革开放 40 周年大会上的讲话》，人民出版社 2018 年版，第 13—14 页。

倍，2005—2018年文化产业增加值年均增长18.9%，高于同期GDP现价年均增速6.9个百分点；文化产业增加值占GDP比重由2004年的2.15%、2012年的3.36%提高到2018年的4.30%，在国民经济中的占比逐年提高。"① 这些数据表明，改革开放40多年来，我国文化产业得到不断发展和不断壮大，中华文化的发展进入新时期，中国在国际上的话语权和文化影响力不断增强，正朝着文化强国大步迈进。

### 4. 科技创新的整体能力得到显著提升

科学技术是第一生产力，国家和社会的发展依靠科技的进步。党的十九大报告指出："创新驱动发展战略大力实施，创新型国家建设成果丰硕，天宫、蛟龙、天眼、悟空、墨子、大飞机等重大科技成果相继问世。"② "天宫"为中国空间站奠基，自1992年中央正式决策实施载人航天工程以来，截至2024年，中国先后发射了19艘神舟飞船、天宫一号目标飞行器、天宫二号空间实验室、天舟一号货运飞船、空间站天和核心舱、天舟二号货运飞船等。2021年6月17日，中国发射了神舟十二号载人飞船，三名宇航员被送往天宫号空间站，中国终于迈入空间站时代。"蛟龙"号是我国自行设计、自主集成研制的载人潜水器，下潜最大深度达7062米。"中国天眼"——500米口径球面射电望远镜，是世界上最大的单口径巨型射电望远镜，能够接收到137亿光年以外的电磁信号。2015年年底升空的"悟空"号，是我国第一颗暗物质粒子探测卫星。2016年8月中国又成功发射了世界首颗量子科学实验卫星"墨子号"，为中国在国际上抢占了量子科技创新制高点。被誉为国产大飞机"三剑客"的大型运输机运-20、水陆两栖飞机AG600、大

---

① 《国家统计局发布报告显示 文化产业增加值在国民经济中占比逐年提高》，中华人民共和国中央人民政府网：http://www.gov.cn/xinwen/2019-07/26/content_5415564.htm。

② 习近平：《决胜全面建成小康社会 夺取新时代中国特色社会主义伟大胜利——在中国共产党第十九次全国代表大会上的报告》，人民出版社2017年版，第3页。

型客机 C919 陆续首飞，翱翔祖国蓝天。① 在探月方面，2019 年 1 月，中国的嫦娥四号探测器成功在月球背面着陆，成为第一个在月球背对地球一面降落探测器的国家。2021 年 5 月，天问一号火星探测器成功登陆火星，并成功释放"祝融"号火星车，成为继美国后，全球第二个成功派出探测器登陆火星的国家。中国高铁通车里程超过 2 万公里，跃居全球第一，"复兴号"跑出了世界高铁商业运营最高速度，再次刷新"中国速度"。全长 55 公里的港珠澳大桥，由跨海桥梁和海底隧道组成，是目前世界上最长的跨海大桥。此外，我国的机器人、人工智能应用，以及互联网、大数据应用等方面都取得了很重大的成就。可以说，中国今天的科技创新日新月异，天上飞的，地上跑的，海里游的，我们从无到有，一步步见证祖国的强大。我国科技发展从以跟跑为主，步入跟跑、并跑、领跑并存的历史新阶段。中国自主创新的速度和进度越来越快，中国人的创新自信也一次次被"点燃"。中国共产党领导中国人民取得的巨大成就，使中华民族全面迈向现代化，使中华文明在新时代焕发出新的蓬勃生机，也使科学社会主义在 21 世纪焕发出蓬勃生机，中国人民对中国特色社会主义的全面自信不断增强。

### 5. 人民群众的获得感、幸福感、安全感不断增强

习近平总书记在庆祝改革开放 40 周年大会上的讲话中指出："40 年来，我们始终坚持在发展中保障和改善民生，全面推进幼有所育、学有所教、劳有所得、病有所医、老有所养、住有所居、弱有所扶，不断改善人民生活、增进人民福祉。全国居民人均可支配收入由 171 元增加到 2.6 万元，中等收入群体持续扩大。我国贫困人口累计减少 7.4 亿人，贫困发生率下降 94.4 个百分点，谱写了人类反贫困史上的辉煌篇章。教育事业全

---

① 《十九大报告点赞重大科技成果　带你去认识这些"大国重器"》，人民网：http://politics.people.com.cn/n1/2017/1021/c1001-29600182.html。

面发展，九年义务教育巩固率达 93.8%。我国建成了包括养老、医疗、低保、住房在内的世界最大的社会保障体系，基本养老保险覆盖超过 9 亿人，医疗保险覆盖超过 13 亿人。常住人口城镇化率达到 58.52%，上升 40.6 个百分点。居民预期寿命由 1981 年的 67.8 岁提高到 2017 年的 76.7 岁。我国社会大局保持长期稳定，成为世界上最有安全感的国家之一。"[1] 党的十八大以来，中国的脱贫攻坚取得了全面胜利。在全国脱贫攻坚总结表彰大会上，习近平总书记向世界宣告："我国脱贫攻坚战取得了全面胜利，现行标准下 9899 万农村贫困人口全部脱贫，832 个贫困县全部摘帽，12.8 万个贫困村全部出列，区域性整体贫困得到解决，完成了消除绝对贫困的艰巨任务，创造了又一个彪炳史册的人间奇迹！"[2] 教育事业全面发展，中西部和农村教育明显加强。大力发展高等教育，扫除青壮年文盲。"2020 年，大陆地区每 10 万人中具有大学文化程度的达到 15467 人，比 2010 年'六人普'时高出 6537 人，高中文化程度的相应比例同期也有升高，初中文化程度、小学文化程度比例以及不识字率则在降低。"[3] 从人口质量上看，我国人口受教育水平明显提高，人口的素质不断提升。"15 岁及以上人口的平均受教育年限从 2010 年的 9.08 年提高至 9.91 年。16—59 岁劳动年龄人口平均受教育年限从 2010 年 9.67 年提高至 10.75 年，文盲率从 2010 年的 4.08%下降为 2.67%。"[4] 这些数据充分说明中国特色社会主义建设取得了伟大的成就，中国人民的获得感、幸福感、安全感不断增强，民生问题得到极大的改善，这是我们坚定"四个自信"最硬核的理由。

---

① 习近平：《在庆祝改革开放 40 周年大会上的讲话》，人民出版社 2018 年版，第 14—15 页。

② 《习近平谈治国理政》第四卷，外文出版社 2022 年版，第 125 页。

③ 翟振武：《新时代高质量发展的人口机遇和挑战 第七次全国人口普查公报解读》，《经济日报》2021 年 5 月 12 日。

④ 《第七次全国人口普查主要数据结果新闻发布会答记者问》，国家统计局网：http://www.stats.gov.cn/sj/sjjd/202302/t20230202_1896483.html。

从世界范围来看，一个国家和社会在一定时期内经济快速发展、社会保持稳定并不少见，但像中国这样在长时间跨度内经济快速发展、社会保持稳定的情况则世所罕见。与世界上一些国家频现政治动荡、政权更迭、社会分裂、暴力蔓延、枪击不断等现象不同，中国社会大局保持长期稳定，成为世界上最有安全感的国家之一，到处呈现一派政治稳定、经济发展、文化繁荣、民族团结、人民幸福、社会安宁的景象。中国的飞速发展，在经济、政治、文化、科技、民生等各方面取得的巨大成就，为我们坚定"四个自信"提供了充分的现实依据。

## 三、"四个自信"的重大意义

习近平总书记在庆祝改革开放 40 周年大会上指出："信仰、信念、信心，任何时候都至关重要。小到一个人、一个集体，大到一个政党、一个民族、一个国家，只要有信仰、信念、信心，就会愈挫愈奋、愈战愈勇，否则就会不战自败、不打自垮。"[①] 习近平总书记关于"四个自信"的论述是习近平新时代中国特色社会主义思想的重要内容，也是中国特色社会主义理想信念的重要内容，无论在理论上还是在实践上都具有重大意义。

### （一）"四个自信"的理论意义

第一，"四个自信"深化了对中国特色社会主义的认识。长期以来，人们对中国特色社会主义内涵的认识一般是从理论、制度和运动三者统一

---

① 习近平：《在庆祝改革开放 40 周年大会上的讲话》，人民出版社 2018 年版，第42 页。

的框架来认识的，这是马克思主义政党对社会主义认识的一般逻辑。而中国特色社会主义"四个自信"的提出，突破了这个传统的认识框架，同时还揭示了中国特色社会主义的文化本质，这是我们党对中国特色社会主义认识的重大深化，也是对科学社会主义认识的重大突破。"四个自信"是中国共产党领导中国人民在长期艰苦探索中得出的宝贵结论和宝贵经验。改革开放40多年来，我们党对中国特色社会主义基本内涵的认识，经历了从道路、理论体系、制度到文化四位一体的深化过程。邓小平在党的十二大上明确指出："走自己的道路，建设有中国特色的社会主义"。到2011年，胡锦涛在庆祝中国共产党成立90周年大会上的讲话，首次从道路、理论体系和制度三个方面对中国特色社会主义的科学内涵进行了概括。党的十八大报告进一步强调，中国特色社会主义道路、理论体系和制度三者统一于中国特色社会主义伟大实践，并首次提出全党要坚定中国特色社会主义的道路自信、理论自信、制度自信。党的十八大以来，以习近平同志为核心的党中央，坚持和发展中国特色社会主义，充分强调文化在实现社会主义现代化和中华民族伟大复兴中强基固本、引领激励的作用，开拓了文化自觉自信的新境界。在庆祝中国共产党成立95周年大会上的重要讲话中，习近平总书记把"文化自信"与其他三个自信并列起来，并对文化自信的重要内涵、基本构成、重要地位和重大价值作出了精辟的阐述，指出文化自信是更基础、更广泛、更深厚的自信。在纪念红军长征胜利80周年大会上的讲话中，习近平总书记阐述了坚持中国特色社会主义道路、理论体系、制度、文化的重大意义，强调中国特色社会主义文化是中国人民胜利前行的强大精神力量。在党的十九大报告中又将坚定"四个自信"列入习近平新时代中国特色社会主义思想"八个明确"之一。"四个自信"作为一个逻辑统一体，它内在地蕴含着道路的正确性、理论的科学性、制度的优越性和文化的先进性，展示了新时代中国特色社会主义的光明前景。不仅如此，"四个自信"的提出，还深刻揭示了中国特色社会主义的文化本质,体现了中国共产党人对文化自信重要性的确认。如果说道路自信使中国沿着正确的道路行稳致远,理论自信使中国能够有科学理论引路指向,制度自信为中国的发展进步提供强大的保障,那么文化自信则从精神上为中国人民提供强大的精神动力。可见,"四个自信"深化了我们党对中国特色社会主义的认识,是对科学社会主义基本观点和基本框架的重大创新。

第二,"四个自信"是推动马克思主义中国化不断发展的不竭动力。坚定"四个自信",并不是说我们对自己的道路、理论、制度和文化沾沾自喜、自满自大、故步自封,而是要在坚定"四个自信"的基础上,不断通过实践创新、理论创新、制度创新、文化创新,使中国特色社会主义持续充满旺盛生命力,使我们对中国特色社会主义的"四个自信"更加坚定、更加深沉、更加持久。中国特色社会主义道路的探索和发展、理论体系的发展和创新、制度体系的巩固和完善、文化体系的繁荣和发展不会一蹴而就,毕其功于一役,更不可能是一劳永逸的。习近平总书记指出:"社会主义并没有定于一尊、一成不变的套路,只有把科学社会主义基本原则同本国具体实际、历史文化传统、时代要求紧密结合起来,在实践中不断探索总结,才能把蓝图变为美好现实。"① 实践没有止境,理论的创新发展就没有止境。鲜活丰富的当代中国特色社会主义建设的伟大实践是推动马克思主义发展的重大契机。党的十九大开启了中国全面建设社会主义现代化国家的新征程,这是一场新的伟大革命,是中国历史上、社会主义历史上、人类历史上前所未有的伟大实践,必然呼唤 21 世纪马克思主义的重大创新,必然要求不断推进马克思主义中国化时代化。道路自信充分体现了中国共产党人坚持走中国特色社会主义道路的自觉与自信,因为中国特

---

① 习近平:《在纪念马克思诞辰 200 周年大会上的讲话》,人民出版社 2018 年版,第 27 页。

色社会主义道路"不是简单延续我国历史文化的母版，不是简单套用马克思主义经典作家设想的模板，不是其他国家社会主义实践的再版，也不是国外现代化发展的翻版"①，而是马克思主义中国化时代化的升级版。理论自信要求我们始终坚守对马克思主义的信仰，坚定对中国特色社会主义的信念，这是马克思主义不断发展创新的动力源泉。制度自信是马克思主义中国化健康发展的有力保障，也是马克思主义中国化的一个重要维度。坚定制度自信与促进制度创新、理论创新和实践创新，促进马克思主义中国化健康发展本身就是一个水乳交融的过程。文化自信是我们深入破解马克思主义中国化不断发展的文化基因，为开辟 21 世纪马克思主义的新境界打开了广阔的新天地。总之，"四个自信"及其蕴含在其中的精神、智慧、志向、勇气和力量，是中国共产党不断推进马克思主义发展创新的重要元素，它推动着中国共产党和中国人民不断深化对共产党执政规律、社会主义建设规律、人类社会发展规律的认识，不断推进马克思主义中国化时代化，开辟 21 世纪马克思主义发展的新境界，为解决当代的"世界之问"和"时代之问"提供中国方案和中国智慧。

### （二）"四个自信"的实践指导意义

第一，"四个自信"是坚持和发展中国特色社会主义的政治定力。习近平总书记在建党 95 周年庆祝大会上的讲话中明确指出："坚持不忘初心、继续前进，就要坚持中国特色社会主义道路自信、理论自信、制度自信、文化自信，坚持党的基本路线不动摇，不断把中国特色社会主义伟大事业推向前进。"②"今天，我们比历史上任何时期都更接近、更有信心

① 习近平：《在纪念马克思诞辰 200 周年大会上的讲话》，人民出版社 2018 年版，第 26—27 页。
② 《习近平谈治国理政》第二卷，外文出版社 2017 年版，第 36 页。

和能力实现中华民族伟大复兴的目标。行百里者半九十。中华民族伟大复兴，绝不是轻轻松松、敲锣打鼓就能实现的。"①坚持和发展中国特色社会主义是一光荣而伟大的事业，也是一项长期的艰巨的任务。从外部环境看，世界百年未有之大变局进入加速演变期，和平与发展仍然是时代主题，但是不稳定性不确定性更加突出，世界经济增长长期乏力，单边主义、保护主义、霸权主义抬头，数字鸿沟和贫富分化加剧，民粹主义、种族主义蔓延，重大传染病疾病、气候变化、网络安全等全球性问题挑战上升。这些是中国共产党人必须回答的时代之问和世界之问。同时，中国还面临着一些敌对国家和敌对势力的种种遏制和挑战，特别是以美国为首的西方资本主义国家为了遏制中国发展，不惜动用经济、政治、军事等手段，打压、遏制和颠覆中国。从国内形势看，全面深化改革还将面临着许多困难和挑战，推进改革的复杂程度和敏感程度前所未有，各种"顽瘴痼疾"还很多。社会上还有一些人不时发出各种噪音杂音，说我们的政治制度不行、指导思想不行、价值观念不行，还幻想用西方的制度来改造中国。面对这些挑战，要求我们必须坚定"四个自信"，要求我们必须做好进行具有许多新的历史特点的伟大斗争的理论准备、精神准备和能力准备。习近平总书记强调："一个政党执政，最怕的是在重大问题上态度不坚定，结果社会上对有关问题沸沸扬扬、莫衷一是，别有用心的人趁机煽风点火、蛊惑搅和，最终没有不出事的！所以，道路问题不能含糊，必须向全社会释放正确而又明确的信号。"②"四个自信"从根本上来说就是中国共产党和中国人民对中国特色社会主义的全面自信，这是我们坚持走社会主义的动力和定力。我们必须明确："中国特色社会主义是中国共产党和中国人民团结的旗帜、奋进的旗帜、胜利的旗帜。我们要全面建成小康

---

① 习近平：《决胜全面建成小康社会　夺取新时代中国特色社会主义伟大胜利——在中国共产党第十九次全国代表大会上的报告》，人民出版社2017年版，第15页。

② 《习近平谈治国理政》第二卷，外文出版社2017年版，第113页。

社会、加快推进社会主义现代化、实现中华民族伟大复兴，必须始终高举中国特色社会主义伟大旗帜，坚定不移坚持和发展中国特色社会主义。"① 在今后的发展过程中，我们还会面对许多新情况、新问题、新挑战，但只要我们坚定"四个自信"，就能够"不畏浮云遮望眼"，始终坚持走自己的路，朝着自己的奋斗目标奋勇前进。"四个自信"表明了中国共产党对中国特色社会主义的认识水平和自信程度达到了一个新的高度，这是我们坚持和发展中国特色社会主义的政治定力。

第二，"四个自信"是实现中华民族伟大复兴的根本保证。坚定"四个自信"才能保证民族复兴的正确方向。习近平总书记指出："实践充分说明，只要道路正确、理论正确、制度正确、文化正确，只要坚定不移、坚韧不拔、坚持不懈、艰苦奋斗，朝着伟大目标持之以恒前进，风雨如磐不动摇，我们的目标就能够达到，我们的目标也一定能够达到！"② 同时，坚定"四个自信"才能凝聚民族复兴的广泛共识，为实现民族复兴提供精神动力。实现中华民族伟大复兴是亿万中华儿女共同的梦，需要每一位中华儿女共同发力，共筑中国梦。中国是一个拥有着 960 多万平方公里的土地，14 亿多人口，56 个民族，9600 多万中国共产党党员的发展中大国。在世界范围思想文化交流交融交锋形势下，人们的思想意识呈现出多元多样多变的新特点，价值观念和价值取向也是复杂多样，如果没有共同的思想基础、共同的理想信念和共同的核心价值观，就难以形成凝心聚力的共识和精神支撑，实现中华民族伟大复兴就是一句空话。如何把全国人民的力量聚集到对马克思主义的信仰、对中国特色社会主义的信念上，使全体中国人民团结一致、齐心协力，共同为实现中华民族伟大复兴而努力奋斗，这就需要我们坚定中国特色社会主义"四个自信"。因为社会主义

---

① 《习近平谈治国理政》第一卷，外文出版社 2018 年版，第 8 页。

② 习近平：《在纪念孙中山先生诞辰 150 周年大会上的讲话》，人民出版社 2016 年版，第 12 页。

是中国历史和中国人民的选择，是中国当代价值和未来的最大"价值公约数"。坚定"四个自信"就是用中国特色社会主义的思想理论来统一意志、统一行动，用中国特色社会主义共同理想来激发斗志鼓舞力量，用社会主义核心价值观来引领多元文化和多元价值，从而最大限度地团结和凝聚不同的民族、不同的社会阶层、不同的利益群体，使大家心往一处想，力往一处使，共同为实现中华民族伟大复兴而不懈努力。可见，"四个自信"是构筑全社会理想信念的重要前提，是激发人民群众斗志和力量的动力源泉，是实现中华民族伟大复兴中国梦的根本保证。

第三，"四个自信"是抵制各种错误社会思潮的重要武器。社会思潮是思想文化的集中反映，当代世界，各种社会思潮更加纷繁复杂，对人们的思想乃至行为产生更为深刻的影响。正确认识和分析当代社会思潮的本质及影响，对于坚持和巩固马克思主义在意识形态领域的指导地位，发展积极健康向上的主流思想舆论具有重要意义。近年来，一些错误社会思潮在我国时有表现，主要包括以下七种："西方宪政民主、历史虚无主义、新自由主义、普世价值、公民社会、西方新闻观、质疑改革开放和质疑中国特色社会主义的社会主义性质。"[①] 这些错误社会思潮归结起来就是要推销西方资本主义政治制度，实行西方式的三权分立、多党制、普选制等；主张完全"自由化"、全面私有化和市场化，否定政府宏观调控；否定马克思主义的指导地位，把资本主义的政治价值观及其制度设计泛化为"普世价值"和"普世模式"；歪曲中国共产党的历史和新中国的历史，进而否定中国共产党执政的合法性。在这些社会思潮中，历史虚无主义的影响是最为严重的。这种思潮通过各种方式重新解读历史，通过否定马克思主义的指导地位，否定中国走向社会主义的历史必然性，从而否定中国共产党执政合法性。比如，历史虚无主义对新中国成立以来特别是改革开放以

---

① 《中国马克思主义与当代》，高等教育出版社 2021 年版，第 101—104 页。

来所取得的辉煌成就视而不见，不择手段否定中国特色社会主义政治制度；他们还对中国共产党的若干历史问题指手画脚，还通过污蔑和丑化重要领导人物的正面形象，来解构和否定中国革命、建设与改革的成就史，进而否定中国特色社会主义制度，否定中国共产党的领导和执政地位，其中包藏的祸心昭然若揭。历史虚无主义涉及我国历史上的大是大非问题，它颠倒了历史，搞乱了人们的历史观，搞乱人们思想，适应了西方敌对势力西化和分化我国的战略企图，如果听之任之，会从根本上动摇社会主义中国的立国之本和强国之基。从心理学角度看，"四个自信"是一种积极、健康的心理状态，表现为不为任何困难所惧，不为任何干扰所惑，不为任何思潮所迷。"四个自信"来源于实践、来源于人民、来源于真理、来源于成就，它有力回击这些错误的社会思潮对马克思主义的攻击。2016 年 7 月 1 日，习近平总书记在庆祝中国共产党成立 95 周年大会上的讲话中指出："当今世界，要说哪个政党、哪个国家、哪个民族能够自信的话，那中国共产党、中华人民共和国、中华民族是最有理由自信的。"① 新中国成立以来在政治、经济、民生等各个领域取得了举世瞩目的成就，人民生活发生了翻天覆地的变化，这种大规模的沧桑巨变在人类历史上是绝无仅有的。"四个自信"能激励全国人民对中国特色社会主义的高度认同，能产生强大的凝聚力和向心力，必然成为抵制各种错误社会思潮的重要武器。

第四，"四个自信"是中国特色社会主义的世界意义的最好例证。经济全球化的推进给当代资本主义提供了新的发展空间，但与此同时也给当代资本主义带来经济、政治、文化、社会、生态等各方面的种种矛盾和问题，使其陷入系统性的困境，比如，贫富分化日益严重、民主法治困境重重、阶级阶层对立加剧、文化冲突日益加重、利用生态无节制等。用马克思主义立场、观点、方法深刻分析当代资本主义乱象丛生的原因，那就是

---

① 《习近平谈治国理政》第二卷，外文出版社 2017 年版，第 36 页。

资本与劳动的对立、少数发达国家与广大发展中国家的对立、资本主义制度内在矛盾交织深化等。以马克思主义的唯物史观分析，当代资本主义陷入"两难境地"，解决资本主义社会存在的各种矛盾和问题，靠修修补补的调整和改良是不可能的，必须进行社会根本制度的变革。而建立以生产资料公有制为基础的社会主义是资本主义的唯一出路，这也是资本主义的发展趋势。习近平总书记指出："中国特色社会主义，是科学社会主义理论逻辑和中国社会发展历史逻辑的辩证统一，是根植于中国大地、反映中国人民意愿、适应中国和时代发展进步要求的科学社会主义。"① 坚定中国特色社会主义"四个自信"，必然意味着对世界共产主义运动的自信，对科学社会主义发展前景的自信。习近平总书记指出："中国特色社会主义进入新时代，……意味着中国特色社会主义道路、理论、制度、文化不断发展，拓展了发展中国家走向现代化的途径，给世界上那些既希望加快发展又希望保持自身独立性的国家和民族提供了全新选择，为解决人类问题贡献了中国智慧和中国方案。"② 习近平总书记还指出："中国特色社会主义是不是好，要看事实，要看中国人民的判断，而不是看那些戴着有色眼镜的人的主观臆断。中国共产党人和中国人民完全有信心为人类对更好社会制度的探索提供中国方案。"③ 随着中国特色社会主义道路越走越宽广，中华民族伟大复兴的中国梦必定能够实现，中国特色社会主义对世界的影响日益扩大，世界上认同和相信马克思主义和社会主义的人就会越来越多。可见，"四个自信"成为彰显中国特色社会主义的世界意义的最好例证。

---

① 《习近平谈治国理政》第一卷，外文出版社 2018 年版，第 21 页。

② 习近平：《决胜全面建成小康社会　夺取新时代中国特色社会主义伟大胜利——在中国共产党第十九次全国代表大会上的报告》，人民出版社 2017 年版，第 10 页。

③ 《习近平谈治国理政》第二卷，外文出版社 2017 年版，第 37 页。

# 第二章 "四个自信"的育人价值及其 与思政课教学的内在关联

"四个自信"是中国共产党深刻总结历史经验和社会发展规律得出的宝贵结晶。世界社会主义运动走过的曲折而漫长的道路，中国特色社会主义发展经历的艰难而辉煌的征程，让我们获得的极为珍贵的主要经验集中起来就是要坚定中国特色社会主义的"四个自信"。"四个自信"是大学生树立中国特色社会主义共同理想和共产主义远大理想的重要基础，是坚持和发展中国特色社会主义、实现中华民族伟大复兴的精神动力。在深刻理解和把握"四个自信"的内涵实质和主要依据的基础上，本章充分挖掘和阐述"四个自信"所具的育人价值，深入分析"四个自信"与思政课教学的内在关联，以期能够在思政课教学中有效融入"四个自信"教育，发挥"四个自信"的育人功能，提高思政课教育教学的实效性。

## 一、"四个自信"的育人价值

加强对大学生进行"四个自信"教育具有重要的现实意义。思政课教学中要有效融入"四个自信"教育，首先必须充分挖掘和阐述"四个自信"所具有的政治理论教育、理想信念教育、历史和国情教育、核心价值观教育、中国精神教育等方面的重要价值，找到施教的切入点、联系点、贯穿点和落脚点，以期能够在思政课教学中有效融入"四个自信"教育，发挥其育人功能，提高思政课教学实效性。

## （一）"四个自信"具有政治理论教育的重要价值

党的十九大报告将坚定"四个自信"列入习近平新时代中国特色社会主义思想的"八个明确"重要内容之中，这就极大地丰富了习近平新时代中国特色社会主义思想的理论内容。"四个自信"有系统丰富的理论内容，第一，关于"四个自信"的科学内涵。习近平总书记在不同场合多次进行过阐述，在党的十九大报告中明确指出："中国特色社会主义道路是实现社会主义现代化、创造人民美好生活的必由之路，中国特色社会主义理论体系是指导党和人民实现中华民族伟大复兴的正确理论，中国特色社会主义制度是当代中国发展进步的根本制度保障，中国特色社会主义文化是激励全党全国各族人民奋勇前进的强大精神力量。全党要更加自觉地增强道路自信、理论自信、制度自信、文化自信。"① 所谓道路自信就是对中国特色社会主义道路正确性的高度自信，理论自信就是对中国特色社会主义理论体系科学性的高度自信，制度自信就是对中国特色社会主义制度优越性的高度自信，文化自信就是对中国特色社会主义文化的先进性和强大精神力量的高度自信。改革开放以来，我们取得一切成绩和进步的根本原因，归结起来就是开辟了中国特色社会主义道路，形成了中国特色社会主义理论体系，确立了中国特色社会主义制度，发展了中国特色社会主义文化。"四个自信"既相对独立，又相互统一，是一个有机整体，体现出成功的实现途径，科学的行动指南，根本的制度保障，强大的精神力量这四位一体的有机构架，使中国特色社会主义犹如一艘雄伟巨轮稳健驶向光辉

---

① 习近平：《决胜全面建成小康社会 夺取新时代中国特色社会主义伟大胜利——在中国共产党第十九次全国代表大会上的报告》，人民出版社 2017 年版，第 16—17 页。

彼岸，也使之成为中国特色社会主义的主要标志。第二，关于"四个自信"的实质。"四个自信"实质上就是中国共产党领导中国人民通过改天换地的百年奋斗，积淀起来的对中国特色社会主义伟大事业发展前景和实现中华民族伟大复兴的宏伟目标充满信心，对改革开放以来中国特色社会主义现代化建设取得的伟大成就的充分肯定，对中国共产党治国理政的能力和水平的高度认可。第三，关于"四个自信"的主要依据。"四个自信"深深植根于中国人民曾经的苦难辉煌和如今的幸福荣光中，深深植根于中华大地曾经的饱经沧桑和如今的欣欣向荣中。具体表现在中国特色社会主义道路所具有的独特的发展模式、显著的比较优势、取得的伟大成就、深远的国际影响等方面；表现在中国特色社会主义理论体系的科学理论基础、优秀文化基因、崇高价值取向、突出实践成效等方面；表现在中国特色社会主义制度建立的历史必然性、客观规律性和巨大优越性等方面；表现在中国特色社会主义文化所具有的深厚历史渊源、独特文化魅力、强大的精神引领等方面。上述几个方面相互独立又相互统一，共同构成"四个自信"理论的主要内容，彰显了"四个自信"所具有的政治理论教育的重要价值。

可见，"四个自信"有系统完备的理论元素，其理论内容的基础性、核心性、贯穿性和政治性特征非常突出。在思政课教学中融入"四个自信"教育，就是要在具体的课程教学中对"四个自信"进行学理上的分析和论证，有针对性地阐述"四个自信"的科学内涵和主要依据，这将有助于大学生深刻理解和把握中国特色社会主义的道路、理论、制度和文化的理论内涵和精神实质，懂得中国特色社会主义是社会主义而不是其他什么主义，有效抵制各种反马克思主义的社会思潮，提高自身的政治素养和理论素养。

## （二）"四个自信"具有理想信念教育的重要价值

崇高的理想和坚定的信念，是大学生健康成长和成就事业的精神支柱和前进动力。对大学生进行理想信念教育，就是要引导他们立志为实现中国特色社会主义共同理想而奋斗，为实现共产主义远大理想而奋斗。青年大学生是我们国家和民族的希望，他们有理想有信念，有目标有追求，有本领有担当，我们的国家和民族才有希望。这充分说明了对大学生进行理想信念教育的极端重要性和紧迫性。建立在中国特色社会主义伟大实践基础上的"四个自信"是大学生树立中国特色社会主义共同理想和共产主义远大理想的重要基础，坚定的理想信念必然源自于和生成于对中国特色社会主义的"四个自信"。首先，"四个自信"本身就是中国特色社会主义的信仰体系。"四个自信"从总体上说就是中国共产党和中国人民对中国特色社会主义的坚定信念和实践信心。中国特色社会主义承载着几千年来中华民族对理想社会的憧憬和探索，寄托着中国广大人民群众追求美好幸福生活的夙愿和期盼，凝聚着几代共产党人和亿万人民群众的奋斗和牺牲。如果说实现共产主义远大理想是共产党人最高的理想和信念，那么坚定中国特色社会主义"四个自信"，坚持和发展中国特色社会主义就应该是当代中国人民应该树立的共同的理想和信念，当然也是当代中国大学生应该树立的共同的理想和信念。其次，"四个自信"具有坚实的现实基础。新中国成立以来特别是改革开放以来，中国人民坚持走自己的道路，用自己的勤劳和智慧、勇气和牺牲取得了举世瞩目的巨大成就。党的十八大以来，以习近平同志为核心的党中央，以伟大的历史主动精神、巨大的政治勇气、强烈的责任担当，统筹国内国际两个大局，贯彻党的基本理论、基本路线、基本方略，推动党和国家的事业取得历史性成就、发生历史性变革。在《中共中央关于党的百年奋斗重大成就和历史经验的决议》中，列举了在坚持党的全面领导上、在全面从严治党上、在经济建设上、在全面深化改革开放上、在政治建设上、在全面依法治国上、在文化建设上、在社会建设上、在生态文明建设上、在国防和军队建设上、在维护国家安全上、在坚持"一国两制"和推进祖国统一上、在外交工作上等13个方面的巨大成就，这些历史性的成就充分彰显了中国特色社会主义的强大生命力，充分证明了我们党领导中国人民开辟的道路、创立的理论、建立的制度和发展的文化是完全正确的。中国日益成为国际形势的"稳定锚"，世界经济增长的"发动机"，和平发展的"正能量"。这一切就是我们坚定"四个自信"的现实基础，是"四个自信"最硬核的依据，也是我们坚定社会主义和共产主义理想信念的重要前提。

很明显，高校"四个自信"教育是对大学生进行理想信念教育的重要内容。面对当前国内外复杂形势下的诸多挑战以及思想观念上的各种困惑和质疑，更需要坚定"四个自信"。如果大学生对中国特色社会主义缺乏深刻的理论认知，缺乏源自内心的充分自信，那么要高举中国特色社会主义的伟大旗帜，确立中国特色社会主义的理想信念和共产主义远大理想，做中国特色社会主义的合格建设者和可靠接班人就会成为一句空话。高校要通过"四个自信"教育，将中国特色社会主义共同理想和政治信仰扎根于青年大学生的内心，不断增强大学生对中国特色社会主义的思想认同、理论认同和情感认同。可见，"四个自信"教育是大学生理想信念教育的题中应有之义，它具有对大学生进行理想信念教育的重要价值。

### （三）"四个自信"具有历史和国情教育的重要价值

党的十八大以来，习近平总书记从中国特色社会主义发展史和世界社会主义运动史两条线索，深刻揭示了中国特色社会主义历史脉络和国情基础。习近平总书记之所以要关注这两条历史线索，就是要说明我们党领导中国人民开创和发展中国特色社会主义的历程决不是一帆风顺的，是经历了千辛万苦并付出各种代价才找到中国特色社会主义道路的，所以我们要倍加珍惜。首先，从中国特色社会主义发展史的角度来看，习近平总书记从中华文明发展史、中华民族近现代史、中国共产党历史、中华人民共和国史、改革开放史等五个维度，揭示和阐述中国特色社会主义不是从天上掉下来的，它是建立在中国深厚历史根基和社会主义改革开放伟大的实践基础上的。中华 5000 多年的文明传承历史使中国特色社会主义具有了深厚的历史文化根基；1840 年开始的中华民族由屈辱到抗争、由衰落到兴盛 180 多年的历史进程，是中国人民必然选择马克思主义、选择中国共产党、选择社会主义和选择改革开放的历史逻辑；中国共产党 100 多年来践行初心使命的不懈奋斗和理论创新，使中国特色社会主义具有了强大的真理魅力；在改革开放的伟大实践中，中国共产党领导中国人民成功开创、坚持和发展了中国特色社会主义，使中国特色社会主义具有了广泛的实践基础。正如习近平总书记指出的："中国特色社会主义，是科学社会主义理论逻辑和中国社会发展历史逻辑的辩证统一，是根植于中国大地、反映中国人民意愿、适应中国和时代发展进步要求的科学社会主义。"[1] 这是对中国社会历史发展和基本国情科学认识得出的重要结论。其次，从世界社会主义运动史的角度来看，世界社会主义运动经历 500 多年的发展，经历了空想社会主义的产生和发展，马克思和恩格斯创立科学社会主义理论体系，列宁领导十月革命胜利并实践社会主义，苏联模式逐步形成，新中国成立后我们党对社会主义的探索和实践，我们党作出进行改革开放的历史性决策、开创和发展了中国特色社会主义等六个时间段。[2] 深刻说明了中国特色社会主义从哪里来又往哪里去，充分体现了中国特色社会主义的历史必然性与科学真理性。"从世界社会主义 500 年的大视野来看，我们依然处在马克思主义所指明的历史时代，这是我们对马克思主义保持坚定信心、对社会主义保持必胜信念的科学根据。"[3] 历史和现实都证明了一个真

---

① 《习近平谈治国理政》第一卷，外文出版社 2018 年版，第 21 页。

② 《习近平总书记系列重要讲话读本》，学习出版社、人民出版社 2016 年版，第 19—23 页。

③ 《习近平谈治国理政》第二卷，外文出版社 2017 年版，第 66 页。

理：社会主义是中国历史和中国人民的必然选择，也是世界社会主义 500 年发展的必然逻辑，这一切说明了"四个自信"是中国共产党对历史经验的科学总结和对现实国情的深刻认识的结果，彰显了"四个自信"所具有的历史和国情教育的重要价值。

在思政课教学中贯穿"四个自信"教育，就要从世界社会主义运动史的深远视野，从中国特色社会主义发展史的历史逻辑和实践逻辑，从中国共产党把马克思主义与中国实际和时代特征相结合不断进行伟大创新的理论视野，深刻揭示和阐述中国特色社会主义的来龙去脉，探索其历史渊源，厘清其历史脉络，认识其现实国情，只有这样才能帮助学生从历史和国情的视角，懂得"四个自信"是建立在历史的必然性和人民的选择基础之上的科学结论。这样的视角来阐释"四个自信"，无疑具有了重要的历史和国情教育的价值。

## （四）"四个自信"具有社会主义核心价值观教育的重要价值

2014 年 2 月 24 日，习近平总书记在主持十八届中央政治局第十三次集体学习时强调指出："要讲清楚中华优秀传统文化的历史渊源、发展脉络、基本走向，讲清楚中华文化的独特创造、价值理念、鲜明特色，增强文化自信和价值观自信。"[①] 这里，习近平总书记明确提出了"增强文化自信和价值观自信"的崭新命题，这就要求把对大学生进行社会主义核心价值观自信的教育工作作为新课题着力推进。所谓大学生社会主义核心价值观自信，就是指大学生这一特殊群体对我们国家所倡导的富强、民主、文明、和谐，自由、平等、公正、法治，爱国、敬业、诚信、友善的社会主义核心价值观的高度认同和执着坚守。"四个自信"与社会主义核心价值

---

① 《习近平谈治国理政》第一卷，外文出版社 2018 年版，第 164 页。

观自信是内在地统一在一起的,"四个自信"是社会主义核心价值观自信的重要基石,而坚定的社会主义核心价值观自信则是"四个自信"的价值内核。首先,理论自信是核心价值观自信的科学引领。社会主义核心价值观根源于马克思主义为广大人民谋利益、为全人类谋解放的根本政治立场和价值追求。马克思主义理论一经诞生,就以其科学研究的深厚基础和社会实践的反复检验,形成了"两个必然"的高度自信,这种自信是中国共产党领导中国人民百年奋斗不断走向胜利的根本思想基础,也是今天中国特色社会主义的核心价值观自信的思想理论基础。社会主义核心价值观的形成、演进和发展,始终以马克思主义和中国特色社会主义理论体系为指导思想和理论基础,充分获得了马克思主义立场、观点、方法的深刻浸润。因此,要树立坚定的社会主义核心价值观自信,需要我们从理论自信的高度用好理论的力量,以理论的彻底性为大学生社会主义核心价值观的自信提供有力支撑。其次,文化自信是核心价值观自信的丰富滋养。"中国特色社会主义文化,源自于中华民族五千多年文明历史所孕育的中华优秀传统文化,熔铸于党领导人民在革命、建设、改革中创造的革命文化和社会主义先进文化,植根于中国特色社会主义伟大实践。"[1]所谓文化自信就是对中国特色社会主义文化的先进性及其所显示的强大精神力量的高度自信。文化的核心是价值观,文化自信的核心就是价值观自信。社会主义核心价值观自信也必然根源于中华民族极为丰厚的优秀传统文化,熔铸于中国革命文化和社会主义先进文化之中。因此,培育大学生价值观自信必然要从文化自信的高度,充分运用文化的优势和力量来支撑。同时,社会主义核心价值观是中国特色社会主义道路、理论和制度的精神内核,它引领着我们对道路的选择、理论的发展和制度的完善。正如陈先达先生所

---

[1] 习近平:《决胜全面建成小康社会 夺取新时代中国特色社会主义伟大胜利——在中国共产党第十九次全国代表大会上的报告》,人民出版社2017年版,第41页。

言:"如果离开中国近代百年的耻辱史,脱离当代关于中国道路选择、中国特色社会主义理论和制度构建的论断,就不可能知道为什么现在会提出文化自信问题。"① 这也说明必须从"四个自信"的高度来阐释和培育社会主义核心价值观的问题。

大学生处于价值观形成和确立的关键时期,树立正确的价值观十分重要,正如习近平总书记所讲的:"这就像穿衣服扣扣子一样,如果第一粒扣子扣错了,剩余的扣子都会扣错。人生的扣子从一开始就要扣好。"② 在思政课教学中融入"四个自信"教育,充分阐释清楚"四个自信"与社会主义核心价值观自信的内在关系,让学生在充分理解和坚定"四个自信"的基础上牢固树立社会主义核心价值观自信,这样就把大学生社会主义核心价值观教育放在坚定"四个自信"的基础之上,就抓住了社会主义核心价值观教育的根本,也彰显了"四个自信"所具有的社会主义核心价值观教育的重要价值。

### (五)"四个自信"具有凝聚中国力量和培育中国精神的重要价值

要实现中华民族伟大复兴的中国梦,不仅需要有坚实的物质基础,还需要激发强大的精神力量。"四个自信"是信心、信念、信仰和力量,是我们不忘初心、牢记使命、勠力同心继续前进的根本动力所在。道路自信就是对中国道路的发展方向和未来命运充满信心和坚信不疑,就是要求我们继续沿着中国特色社会主义道路向前迈进。理论自信就是对中国共产党理论创新及其伟大成果高度认同和坚定信仰,就是始终高举中国特色社会主义理论伟大旗帜,为实现中国梦提供科学的理论指导。制

---

① 陈先达:《文化自信中的政治与学术》,《光明日报》2017 年 6 月 12 日。
② 《习近平谈治国理政》第一卷,外文出版社 2018 年版,第 172 页。

度自信就是对中国特色社会主义制度的先进性、优越性充分肯定和充满信心，就是要坚持中国共产党领导和社会主义制度不动摇，从而保持实现中国梦的政治定力。文化自信就是对中国文化独特魅力和价值追求的高度认同和自觉坚守，就是在意识形态领域敢于亮出最锋利的剑，就是要激活民族凝聚力之源，构建共同的精神家园，为实现国家的兴旺发达提供精神动力和科学支撑。可见，"四个自信"从思想武装和精神动力方面深度引领我们继续推进中国特色社会主义伟大事业。党的十八大以来，习近平总书记反复强调："只要道路正确、理论正确、制度正确、文化正确，只要坚定不移、坚韧不拔、坚持不懈、艰苦奋斗，朝着伟大目标持之以恒前进，风雨如磐不动摇，我们的目标就能够达到，我们的目标也一定能够达到！"[1] 这说明，"四个自信"能够凝聚起强大的中国力量，激发出昂扬的中国精神，展现出强大的政治定力，焕发出坚强的革命斗志，展现出强烈的中国自信。这一切让我们深深感受到一个大国基于"四个自信"而焕发出来的强大精神力量和坚强革命斗志。习近平总书记满怀信心地指出："站立在 960 万平方公里的广袤土地上，吸吮着五千多年中华民族漫长奋斗积累的文化养分，拥有 13 亿中国人民聚合的磅礴之力，我们走自己的路，具有无比广阔的舞台，具有无比深厚的历史底蕴，具有无比强大的前进定力。中国人民应该有这个信心，每一个中国人都应该有这个信心。"[2]"今天，我们比历史上任何时期都更接近、更有信心和能力实现中华民族伟大复兴的目标。"[3]"全党要更加自觉地增强道路自信、理论自信、制度自信、文化自信，既不走封闭僵化的老路，也不走

---

① 习近平：《在纪念孙中山先生诞辰 150 周年大会上的讲话》，人民出版社 2016 年版，第 12 页。

② 《习近平谈治国理政》第一卷，外文出版社 2018 年版，第 29 页。

③ 习近平：《决胜全面建成小康社会　夺取新时代中国特色社会主义伟大胜利——在中国共产党第十九次全国代表大会上的报告》，人民出版社 2017 年版，第 15 页。

改旗易帜的邪路，保持政治定力，坚持实干兴邦，始终坚持和发展中国特色社会主义。"①从我们党团结带领人民进行伟大斗争、建设伟大工程、推进伟大事业、实现伟大梦想的豪迈气概，到中国梦、中国精神、中国故事、中国智慧、中国方案等的世界效应和世界影响，都彰显了中国自信，也凝聚起了磅礴的中国力量。

可见，坚定"四个自信"，实质上就是对全党全国各族人民的政治总要求和精神总动员。毫无疑问，"四个自信"是实现中华民族伟大复兴中国梦的精神动力。"四个自信"本身则是中华民族极为宝贵的精神财富。在思政课教学中融入"四个自信"教育，具有凝聚中国力量和培育中国精神的重要价值，对培养大学生民族精神和时代精神具有重要作用。

总之，"四个自信"是中国特色社会主义理论体系的重要组成部分，其所蕴含着的丰富的思想政治教育的元素，无疑是提高大学生思想素质、政治素质和道德素质的重要素材，是培养能够担当民族复兴大任的时代新人的重要基础。思政课是落实立德树人根本任务的关键课程，在思政课教学中贯穿"四个自信"教育，本身就是思政课教学的必然要求和题中应有之义。2019年11月中共中央、国务院印发的《新时代爱国主义教育实施纲要》强调要深入开展中国特色社会主义和中国梦教育，体现了"四个自信"教育的本质要求。"四个自信"教育就是"用党领导人民进行伟大社会革命的成果说话，用改革开放以来社会主义现代化建设的伟大成就说话，用新时代坚持和发展中国特色社会主义的生动实践说话，用中国特色社会主义制度的优势说话，在历史与现实、国际与国内的对比中，引导人们深刻认识中国共产党为什么'能'、马克思主义为什么'行'、中国特色社会主义为什么'好'，牢记红色政权是从哪里来的、新中国是怎么建立

---

① 习近平：《决胜全面建成小康社会　夺取新时代中国特色社会主义伟大胜利——在中国共产党第十九次全国代表大会上的报告》，人民出版社2017年版，第17页。

起来的,倍加珍惜我们党开创的中国特色社会主义,不断增强道路自信、理论自信、制度自信、文化自信"①。由此可见对大学生进行"四个自信"教育的重要意义。

## 二、"四个自信"教育与思政课教学的内在关联

如前所述,"四个自信"蕴含着的丰富的思想政治教育元素,具有重要的育人价值,这无疑是提高大学生政治素质、思想素质和道德素质的重要素材,是培养中国特色社会主义事业建设者和接班人的重要基础。思政课是落实立德树人根本任务的关键课程,习近平总书记强调:"办好思政课,就是要开展马克思主义理论教育,用新时代中国特色社会主义思想铸魂育人,引导学生增强中国特色社会主义道路自信、理论自信、制度自信、文化自信,厚植爱国主义情怀,把爱国情、强国志、报国行自觉融入坚持和发展中国特色社会主义、建设社会主义现代化强国、实现中华民族伟大复兴的奋斗之中。"②"四个自信"教育与思政课教学具有高度契合性、内在统一性和协同互补性。在思政课教学中贯穿"四个自信"教育,是思政课教学的必然要求和题中应有之义。

### (一)"四个自信"教育与思政课教学具有高度契合性

#### 1. "四个自信"教育与思政课教学在教学内容上高度契合

2020年12月,中央宣传部、教育部制定并印发了《新时代学校思想

---

① 《新时代爱国主义教育实施纲要》,人民出版社2019年版,第6—7页。

② 习近平:《思政课是落实立德树人根本任务的关键课程》,《求是》2020年第17期。

政治理论课改革创新实施方案》（以下简称《方案》），对课程内容作了明确的规定。《方案》规定："'马克思主义基本原理'，主要讲授反映马克思主义世界观和方法论的最基本的原理，帮助学生深刻领会、准确把握马克思主义的根本性质和整体特征，学习掌握贯穿其中的马克思主义立场观点方法，提升运用马克思主义基本原理分析世界的能力，增强对人类社会发展规律，特别是中国特色社会主义发展规律的认识和把握，树立共产主义远大理想和中国特色社会主义共同理想。"① 可见，高校"原理"课要求讲清楚马克思主义基本原理，帮助学生系统掌握马克思主义基本原理及其立场、观点和方法，为大学生树立正确的理想和信念、增强"四个自信"提供理论依据和哲学支撑。《方案》规定："'毛泽东思想和中国特色社会主义理论体系概论'，主要讲授中国共产党把马克思主义基本原理同中国具体实际相结合产生的马克思主义中国化的两大理论成果，帮助学生理解毛泽东思想、邓小平理论、'三个代表'重要思想、科学发展观、习近平新时代中国特色社会主义思想是一脉相承又与时俱进的科学体系，引导学生深刻理解中国共产党为什么能、马克思主义为什么行、中国特色社会主义为什么好，坚定'四个自信'。"② 可见，高校"概论"课要求讲清楚马克思主义中国化的两大理论成果的主要内容和重大意义及其与马克思主义的一脉相承又与时俱进关系，在此基础上引导学生正确认识"三个为什么"和坚定"四个自信"。《方案》规定："'中国近现代史纲要'，主要讲授中国近代以来争取民族独立、人民解放和实现国家富强、人民幸福的历史，帮助学生了解党史、国史、国情，深刻领会历史和人民选择马克思主义、选择中国共产党、选择社会主义道路、选择改革开放的必然

---

① 《新时代学校思想政治理论课改革创新实施方案》，中华人民共和国教育部网：https://www.moe.gov.cn/srcsite/A26/jcj_kcjcgh/202012/t20201231_508361.html。

② 《新时代学校思想政治理论课改革创新实施方案》，中华人民共和国教育部网：https://www.moe.gov.cn/srcsite/A26/jcj_kcjcgh/202012/t20201231_508361.html。

性。"① 可见,"纲要"课要求讲清楚近代以来的中国历史的发展进程、必然逻辑和正确结论,帮助学生深刻领会"四个选择"的历史必然性,而"四个选择"就是坚定"四个自信"的深厚历史依据。《方案》规定:"'思想道德与法治',主要讲授马克思主义的人生观、价值观、道德观、法治观,社会主义核心价值观与社会主义法治建设的关系,帮助学生筑牢理想信念之基,培育和践行社会主义核心价值观,传承中华传统美德,弘扬中国精神,尊重和维护宪法法律权威,提升思想道德素质和法治素养。"② 可见,"思想道德与法治"课要求讲清楚马克思主义的人生观、价值观、道德观、法治观,在引导学生树立正确的"四观"的基础上筑牢"四个自信"的重要基础。《方案》规定:"'形势与政策',主要讲授党的理论创新最新成果,新时代坚持和发展中国特色社会主义的生动实践,马克思主义形势观政策观、党的路线方针政策、基本国情、国内外形势及其热点难点问题,帮助学生准确理解当代中国马克思主义,深刻领会党和国家事业取得的历史性成就、面临的历史性机遇和挑战,引导大学生正确认识世界和中国发展大势,正确认识中国特色和国际比较,正确认识时代责任和历史使命,正确认识远大抱负和脚踏实地。"③ 可见,"形势与政策"课要求讲清楚马克思主义的形势政策观,并从动态的角度进行理论联系实际,讲清楚国内外形势和当前发生的热点问题和焦点问题,引导学生认清形势、牢记使命、勇担责任。《方案》规定:"'新时代中国特色社会主义理论与实践',专题讲授新时代中国特色社会主义理论和实践的重大问题,帮助学生进一步掌握中国特色社会主义理论体系,深化对习近平新时代中

---

① 《新时代学校思想政治理论课改革创新实施方案》,中华人民共和国教育部网:
https://www.moe.gov.cn/srcsite/A26/jcj_kcjcgh/202012/t20201231_508361.html。

② 《新时代学校思想政治理论课改革创新实施方案》,中华人民共和国教育部网:
https://www.moe.gov.cn/srcsite/A26/jcj_kcjcgh/202012/t20201231_508361.html。

③ 《新时代学校思想政治理论课改革创新实施方案》,中华人民共和国教育部网:
https://www.moe.gov.cn/srcsite/A26/jcj_kcjcgh/202012/t20201231_508361.html。

国特色社会主义思想的认识，坚定对马克思主义的信仰、对中国特色社会主义的信念、对实现中华民族伟大复兴中国梦的信心。"① 该门课程是硕士研究生的公共政治理论课，是属于思政课的性质，这里讲的"信仰""信念""信心"实质上就是坚定对中国特色社会主义的"四个自信"。《方案》规定："'中国马克思主义与当代'，运用当代中国马克思主义的基本观点，深入分析当代世界重大社会问题和国际经济、政治、文化、生态环境等热点问题、全球治理问题、当代科学技术前沿问题、当代重大社会思潮和理论热点等，提高学生正确分析、研判当代世界问题的能力和水平。"② 该课程是博士研究生的公共政治理论课，也是属于思政课性质。该门课程坚持用马克思主义的立场、观点和方法，分析当代世界的热点问题和前沿问题，从宽广的世界视野出发，通过国际比较的视角来引导博士生增强"四个自信"。

总之，"四个自信"是习近平新时代中国特色社会主义思想的重要内容，它深植于中华民族悠久深厚的文明传承和辉煌灿烂的文化之中，是中国共产党领导中国人民在 100 多年的斗争实践中得出来的正确结论，是建立在对人类历史发展规律和世界社会主义运动历史发展规律的深刻把握之上得出的正确结论。高校"四个自信"教育就是高校利用各种渠道、形式对大学生进行坚定中国特色社会主义道路自信、理论自信、制度自信和文化自信的教育，就是帮助大学生树立中国特色社会主义共同理想和共产主义远大理想的教育。"四个自信"教育包含丰富的内容，要正确把握"四个自信"科学内涵和主要依据，就必须深刻理解和把握马克思主义基本原理对人类社会发展规律的科学阐释；就必须深刻阐释世界社会主义运动发展历程和

---

① 《新时代学校思想政治理论课改革创新实施方案》，中华人民共和国教育部网：https://www.moe.gov.cn/srcsite/A26/jcj_kcjcgh/202012/t20201231_508361.html。

② 《新时代学校思想政治理论课改革创新实施方案》，中华人民共和国教育部网：https://www.moe.gov.cn/srcsite/A26/jcj_kcjcgh/202012/t20201231_508361.html。

近代以来中国历史和中国人民的"四个选择";就必须深刻阐释和论证中国特色社会主义的道路、理论、制度和文化的深刻含义和重大意义;就必须深刻阐述中国特色社会主义现代化建设取得的巨大的实践成效;等等。毫无疑问,这些内容与思政课教学的主要内容具有高度的契合性。

**2."四个自信"教育与思政课教学在教育目标上高度契合**

《新时代学校思想政治理论课改革创新实施方案》关于基本要求的第一条即是,把握新时代,坚持用习近平新时代中国特色社会主义思想铸魂育人,加强"四个自信"教育。并且明确了思政课的课程目标:"即按照循序渐进、螺旋上升的原则,立足于思政课的政治性属性,对大中小学思政课课程目标进行一体化设计,以了解学习、理解把握习近平新时代中国特色社会主义思想为课程主线,在政治认同、家国情怀、道德修养、法治意识、文化修养等方面提出明确要求,引导学生坚定'四个自信',做德智体美劳全面发展的社会主义建设者和接班人。"[1]而在大学阶段的思政课教育的目标是:"重点引导学生系统掌握马克思主义基本原理和马克思主义中国化理论成果,了解党史、新中国史、改革开放史、社会主义发展史,认识世情、国情、党情,深刻领会习近平新时代中国特色社会主义思想,培养运用马克思主义立场观点方法分析和解决问题的能力;自觉践行社会主义核心价值观,尊重和维护宪法法律权威,识大局、尊法治、修美德;矢志不渝听党话跟党走,争做社会主义合格建设者和可靠接班人。"[2]概括起来说,新时代学校思政课就是打牢大学生成长成才的科学思想基础,引导大学生树立正确的世界观、人生观、价值观,牢固树立"四个意

---

① 《新时代学校思想政治理论课改革创新实施方案》,中华人民共和国教育部网:https://www.moe.gov.cn/srcsite/A26/jcj_kcjcgh/202012/t20201231_508361.html。

② 《新时代学校思想政治理论课改革创新实施方案》,中华人民共和国教育部网:https://www.moe.gov.cn/srcsite/A26/jcj_kcjcgh/202012/t20201231_508361.html。

识",坚定"四个自信",成为德智体美劳全面发展的中国特色社会主义合格建设者和可靠接班人,成为能够担当民族复兴大任的时代新人。

新时代为什么要强调对大学生进行"四个自信"教育,其目的是不言而喻的,就是要通过"四个自信"教育,深化大学生对中国特色社会主义的理解,增强中国特色社会主义"四个自信"。增强中国特色社会主义道路自信就是要让学生深刻理解中国特色社会主义道路所具有的独特发展模式、显著的比较优势、取得的伟大成就、深远的国际影响,从而坚定走中国特色社会主义道路的自觉性;增强中国特色社会主义理论自信就是要让学生深刻理解中国特色社会主义理论体系的科学理论基础、优秀文化基因、崇高价值取向、突出实践成效,从而充分肯定中国特色社会主义理论价值,自觉地以中国特色社会主义理论体系特别是以习近平新时代中国特色社会主义思想武装头脑;增强中国特色社会主义制度自信就是要让学生深刻理解中国特色社会主义制度建立的历史必然性、客观规律性、鲜明特色和明显优势,坚定学生创新与发展中国特色社会主义制度的自觉性;增强中国特色社会主义文化自信就是要让学生深刻理解中国特色社会主义文化所具有的深厚历史渊源、独特文化魅力、强大精神力量,进而自觉传承和发展中华文化,坚定社会主义和共产主义理想信念,自觉坚守和认真践行社会主义核心价值观。很明显,"四个自信"教育的目标就是让学生在不断增强"四个自信"的基础上树立中国特色社会主义共同理想和共产主义远大理想,成为能够担当民族复兴大任的时代新人。可见,"四个自信"既是重要的教学内容,也是重要的教育目标。"四个自信"教育与思政课教学在教育目标上体现出高度的契合性。

### 3."四个自信"教育与思政课教学在社会功能上高度契合

思政课教学的功能是指思政课教育教学对教育对象以及对整个社会所产生的积极作用或者积极影响。笔者认为,"四个自信"教育和思政课教学都具有育人、保证、凝聚等社会功能。第一，从育人功能上讲，"四个自信"教育与思政课教学在立德树人的价值取向上高度契合。"我们党立志于中华民族千秋伟业，必须培养一代又一代拥护中国共产党领导和我国社会主义制度、立志为中国特色社会主义事业奋斗终身的有用人才。"①思政课是落实立德树人根本任务的关键课程，通过思政课教学的开展和实施，充分发挥其立德树人的功能和效应，提高学生的综合素质特别是思想政治素质，培养学生成为社会主义合格建设者和可靠接班人。而"四个自信"教育旨在坚定大学生对马克思主义的信仰、对中国共产党和中国特色社会主义的信心，培养大学生民族自豪感、社会责任感和崇高使命感，坚持了培养"合格建设者和可靠接班人"的价值取向。第二，从保证功能看，"四个自信"教育与思政课教学都是坚持社会主义性质和方向的重要保证。习近平总书记在全国高校思想政治工作会议上强调："高校思想政治工作关系高校培养什么样的人、如何培养人以及为谁培养人这个根本问题。"②"我国有独特的历史、独特的文化、独特的国情，决定了我国必须走自己的高等教育发展道路，扎实办好中国特色社会主义高校。我国高等教育发展方向要同我国发展的现实目标和未来方向紧密联系在一起，为人民服务，为中国共产党治国理政服务，为巩固和发展中国特色社会主义制度服务，为改革开放和社会主义现代化建设服务。"③这就是说，我们的高校是中国共产党领导下的高校，是中国特色社会主义的高校，这是我们必须坚持的方向。要坚持社会主义性质和方向，既要靠党的路线方针和政策，靠健全的法制和有效的管理，又要靠强有力的思想政治教育。"四个自信"教育和思政课教学是坚持办社会主义大学的重要体现和重要保证，

① 习近平：《思政课是落实立德树人根本任务的关键课程》，人民出版社2020年版，第5页。

② 《习近平谈治国理政》第二卷，外文出版社2017年版，第376页。

③ 《习近平谈治国理政》第二卷，外文出版社2017年版，第376—377页。

也是保证我国现代化建设和改革开放始终沿着社会主义方向健康发展的重要保证。第三，从凝聚功能看，"四个自信"教育与思政课教学都在为实现中华民族伟大复兴凝心聚力。所谓凝聚，就是"把一些本来分散的、孤立的东西通过某种富有吸引力和粘合作用的物质，有意识地聚合到一起，以形成一股强大的、具有同一作用方向的力，向着既定的目标运动的一种机制"①。习近平总书记指出："中华民族伟大复兴，绝不是轻轻松松、敲锣打鼓就能实现的。"②而是要靠全体中国人民的共同努力来实现。靠什么来凝聚力量呢？主要是靠共同的理想、科学的理论、爱国主义的精神、靠中国共产党的正确领导。从这个意义上讲，党的思想政治教育是最高级的粘合剂，它能把千差万别的人的力量凝聚在一起，为实现人类的美好理想而奋斗。而"四个自信"教育和思政课教学的这种凝聚功能是非常明显的。坚定"四个自信"就是用中国特色社会主义理论体系来统一思想、统一意志、统一行动，用中国特色社会主义共同理想来激发斗志鼓舞力量，用社会主义核心价值观来引领多元文化和多元价值，从而最大限度地团结和凝聚不同的民族、不同的社会阶层、不同的利益群体，使大家心往一处想，力往一处使，共同为实现中华民族伟大复兴而不懈努力。可见，"四个自信"是构筑全社会理想信念的重要前提，是激发人民群众斗志和力量的动力源泉，是实现中华民族伟大复兴中国梦的根本保证。

## （二）"四个自信"教育与思政课教学具有内在统一性

### 1."四个自信"教育是思政课教学的内在要求和本质体现

"四个自信"为解决当前高校思政课存在的问题提供了强大的理论支

---

① 张耀灿、陈万柏：《思想政治教育学原理》，高等教育出版社2001年版，第74页。

② 习近平：《决胜全面建成小康社会　夺取新时代中国特色社会主义伟大胜利——在中国共产党第十九次全国代表大会上的报告》，人民出版社2017年版，第15页。

撑，是加强高校思政课教学的内在要求和本质体现。2019 年 3 月 18 日，习近平总书记在主持召开学校思想政治理论课教师座谈会上强调："办好思政课，就是要开展马克思主义理论教育，用新时代中国特色社会主义思想铸魂育人，引导学生增强中国特色社会主义道路自信、理论自信、制度自信、文化自信，厚植爱国主义情怀，把爱国情、强国志、报国行自觉融入坚持和发展中国特色社会主义、建设社会主义现代化强国、实现中华民族伟大复兴的奋斗之中。"①"四个自信"是习近平新时代中国特色社会主义思想的重要内容，必然成为当前高校思政课教学的核心内容。思政课教学中必然要求要贯穿"四个自信"的内容，对"四个自信"的理解必然包含着对中国特色社会主义道路、理论体系、制度和文化科学内涵的深刻理解；分析"四个自信"的主要依据，也必须深刻阐释我国为什么要选择社会主义道路、为什么要选择马克思主义以及为什么要推进马克思主义中国化、时代化、大众化、为什么要以马克思主义及其创新理论为指导、中国特色社会主义制度有什么优越性、中国特色社会主义文化有什么独特魅力，它为什么能够成为中国人民强大的精神旗帜等重大问题，这些重大问题也正是高校思政课需要解答的。可以说，从高校思政课的目标来看，就是以了解学习、理解把握习近平新时代中国特色社会主义思想为课程主线，提高学生的政治认同、家国情怀、道德修养、法治意识、文化修养，引导学生坚定"四个自信"，做德智体美劳全面发展的社会主义建设者和接班人。高校思政理论课本质上就是对大学生进行马克思主义理论和中国特色社会主义的教育，目的就是要坚定大学生的道路自信、理论自信、制度自信、文化自信，培育社会主义合格建设者。

---

① 习近平：《论党的宣传工作》，中央文献出版社 2020 年版，第 376 页。

### 2."四个自信"打通了高校所有思政课的界限

"四个自信"问题要求我们从多角度进行阐释论证。第一，从历史的角度看，"四个自信"是在近代以来中国人民和中华民族持续探索民族复兴的历史进程中得出来的，是在中国共产党领导中国人民进行伟大社会革命100多年的实践中得来的，是在新中国成立70多年的持续探索中得来的，是在改革开放40多年的伟大实践中得来的，也是世界社会主义500多年历史发展的必然逻辑。这就要求阐释清楚1840年以来中国人民和中华民族为救亡图存和实现中华民族伟大复兴而英勇奋斗、艰辛探索并不断取得伟大成就的历史；阐释清楚1921年7月中国共产党成立以来践行初心使命，领导中国人民进行不懈奋斗，用血和汗水写就的伟大而辉煌的历史；阐释清楚1949年10月新中国成立以来中国共产党领导中国人民建立社会主义制度，开展轰轰烈烈的社会主义建设，以改天换地的豪情使一个积贫积弱的中国变成了一个日新月异、欣欣向荣的社会主义国家的历史；阐述清楚1978年12月党的十一届三中全会召开以来，中国共产党以巨大的政治勇气和理论勇气，领导中国人民实行改革开放，建设中国特色社会主义取得辉煌成就的历史；阐释清楚党的十八大以来，以习近平同志为核心的党中央以伟大的历史主动精神、巨大的政治勇气、强烈的责任担当，推动党和国家的事业取得历史性成就、发生历史变革的历史；阐释清楚社会主义从空想到科学、从理想到现实、从一国到多国的历史，阐释清楚世界社会主义在发展过程中出现的曲折和困难是暂时的，社会主义发展必将迎来光辉前景等。这样的逻辑涵盖了中国近现代史、中国共产党历史、中华人民共和国历史、改革开放史、社会主义发展史等。第二，从理论的角度看，"四个自信"是对马克思主义科学理论的自信，也是对马克思主义中国化理论成果的自信。这就要求阐释清楚马克思主义的基本理论及其立场观点和方法、马克思主义的鲜明特色及其时代价值；阐释清楚马克思主义中国化的理论成果与马克思主义一脉相承又与时俱进的品质；阐释清楚马克思主义和中国化马克思主义如何站在真理和道义的制高点上等重要问题。第三，从现实的角度看，"四个自信"最硬核的依据就是中国特色社会主义建设所取得的辉煌成就。这就要求我们阐释清楚中国特色社会主义的实践成效，阐释清楚新中国成立以来，改革开放以来，特别是党的十八大以来中国特色社会主义在政治建设、经济建设、文化建设、社会建设、生态建设、党的建设、国防和军队建设等方面取得的历史成就，这是"四个自信"最硬核的支撑和依据。第四，从学生发展的角度看，"四个自信"是大学生树立中国特色社会主义共同理想和共产主义远大理想的重要基础。这就要求我们阐释清楚坚定"四个自信"与大学生成长成才之间的关系；阐释清楚要实现国家的繁荣富强、民族的伟大复兴、人民的美好生活，离不开崇高的理想信念的支撑；阐释清楚青年学生应当志存高远、脚踏实地，切实增强对马克思主义、共产主义的信仰，增强对中国特色社会主义的信念，增强对实现中华民族伟大复兴的信心，把个人理想追求融入党和国家的事业之中。第五，从国际比较的角度看，理解"四个自信"的深刻内涵，需要从世界视野和国际横向比较，也需要从历史、未来两方面的视角进行纵向剖析。这就要求思政课教师不仅需要阐述清楚中国特色社会主义道路、理论、制度和文化，并将其与资本主义国家道路、理论、制度进行比较研究，让学生在国际比较中增强"四个自信"。

可见，"四个自信"丰富内涵贯穿于"中国近现代史纲要""马克思主义基本原理""毛泽东思想和中国特色社会主义理论体系概论""思想道德与法治""新时代中国特色社会主义理论与实践研究""中国马克思主义与当代"等所有高校思政课教学内容之中，"四个自信"打通了高校所有思政课的界限，从整体上实现高校思政课的有效衔接。

### （三）"四个自信"教育与思政课教学具有协同互补性

一方面，"四个自信"是习近平新时代中国特色社会主义思想的重要内容，它大大拓展了思政课教学内容和视野；另一方面，"四个自信"的育人价值是通过思政课这个主渠道和主阵地来实现的，体现出两者的协同互补性。

#### 1."四个自信"大大拓展了思政课教学的内容和视野

2018 年印发的《新时代高校思想政治理论课教学工作基本要求》中明确强调："中国特色社会主义进入新时代，对高校思想政治理论课发挥育人主渠道作用提出了新的更高要求。为继续打好提高思想政治理论课质量和水平的攻坚战，坚持不懈传播马克思主义科学理论，讲清讲透习近平新时代中国特色社会主义思想的时代背景、重大意义、科学体系、精神实质、实践要求，全面推动习近平新时代中国特色社会主义思想进教材进课堂进学生头脑，打牢大学生成长成才的科学思想基础，引导大学生树立正确的世界观、人生观、价值观，不断提高大学生对思想政治理论课的获得感，现就教学工作提出以下基本要求。"[①] 根据这个文件指示精神，在思政课教学中要着力讲清讲透习近平新时代中国特色社会主义思想，全面推动习近平新时代中国特色社会主义思想进教材进课堂进学生头脑。而"四个自信"是习近平新时代中国特色社会主义思想的重要内容，推动"四个自信"进教材进课堂进学生头脑，也是当前思政理论课教学改革创新的必然要求。

"四个自信"融入思政课教学丰富和拓展了思政课教学的内容和视野。

---

① 《新时代高校思想政治理论课教学工作基本要求》，中华人民共和国教育部网：http://www.moe.gov.cn/srcsite/A13/moe_772/201804/t20180424_334099.html。

第一，丰富和拓展了马克思主义基本理论教育的内容。如前所述，"四个自信"的重要论述是习近平新时代中国特色社会主义思想的重要内容，它自身又具有丰富的理论内涵，比如"四个自信"的科学内涵和内在逻辑，"四个自信"的理论依据、历史依据、文化依据和现实依据、"四个自信"生成逻辑和重大意义等，这些内容无疑丰富和拓展了思政课的教学内容。把这些内容贯穿于思政课教学中，使得思政课具有了强烈的时代感和现实感，对提高大学生的理论素养有重要意义。第二，丰富和拓展了理想信念教育的内容。"四个自信"为新时代大学生树立正确的理想信念提供了深厚的理论基础，坚定的理想信念必然源自于和生成于对中国特色社会主义的"四个自信"。将"四个自信"融入思政课教学中，既能丰富大学生的对中国特色社会主义道路、理论、制度和文化的理论认知，又能完善他们对中国特色社会主义信仰体系的深刻认识，从而增强对马克思主义、共产主义的信仰，对中国特色社会主义的信念，对实现中华民族伟大复兴的信心，并能够正确认识自己肩负的时代责任和历史使命，自觉把个人的理想追求融入国家和民族的事业中。第三，丰富和拓展了历史和国情教育的内容。"四个自信"融入思政课教学中，要讲清楚中国特色社会主义从哪里来，又将去往何处，为什么中国特色社会主义是社会主义而不是其他什么主义，这就必然要关联到中国共产党的百年历史，中华人民共和国历史、改革开放的历史和社会主义发展的历史，必然要关联到中国共产党把马克思主义与中国具体实际相结合，不断推进马克思主义中国化时代化的历史。第四，丰富和拓展了文化教育和社会主义核心价值观教育的内容。"四个自信"融入思政课教学中，必将丰富和扩展文化教育的内容。文化自信的问题要求系统梳理中华5000多年的文明发展积淀的中华优秀传统文化，中国共产党领导中国人民在伟大斗争中孕育的革命文化和社会主义先进文化，深刻认识中华优秀传统文化是中国特色社会主义的"根"和"魂"，共产党人的革命文化是中国特色社会主义的红色基因，社会主义先进文化是中国特色社会主义的精神依托和精神指引等理论问题，在提高文化素养的基础上增强文化自信。同时文化自信的实质就是价值观自信，因此，培育大学生核心价值观自信可以从文化自信的高度来用好文化的优势和力量等。第五，丰富和拓展了中国精神教育的内容。在思政课教学中，"思想道德和法治"有关于中国精神的教育问题。"四个自信"是信心、信念、信仰和力量，它能够凝聚起强大的中国力量，激发出昂扬的中国精神。"四个自信"其实就是对中国特色社会主义的全面自信，就是对中国共产党治国理政能力的自信，是对中华民族伟大复兴的目标一定能够实现的自信。"四个自信"直指中国特色社会主义的精神之魂，是伟大创造精神、伟大奋斗精神、伟大团结精神和伟大梦想精神的集中体现，"四个自信"的融入无疑丰富和拓展了中国精神的教育。

可见，"四个自信"融入思政课教学中，极大拓展了思政课教学的内容和视野，推动了思政课教学方法的改革优化，推动了思政课教学内容的整合创新，提高了思政课教学的针对性和实效性，促进了大学生对思政课教学的认同和接受。

## 2. 思政课是"四个自信"教育的主要渠道

目前来说，高校并没有"四个自信"教育的专门教材和课时安排，要实现"四个自信"的育人价值，就离不开思政课堂这个主渠道。通过在高校思政课教学中贯穿"四个自信"教育，并通过教学内容的整合和教学方法的创新来实现"四个自信"教育的价值。思政课教学的最终目的是培养牢固树立"四个意识"和坚定"四个自信"的德智体美劳全面发展的中国特色社会主义合格建设者和可靠接班人，在思政课中贯穿"四个自信"教育是思政课教学的内在要求和本质体现。在"毛泽东思想和中国特色社会主义理论体系概论"教学中，结合教学内容来阐释"四个自信"的科学内涵，可以结合中国共产党领导人民开创中国特色的农村包围城市道路、社会主义改造道路、社会主义现代化建设道路的历程及其取得的伟大成就来深刻理解"道路自信"问题；结合马克思主义中国化三次历史性飞跃及其产生的理论成果，重点讲透习近平新时代中国特色社会主义思想的主要内容、鲜明特色、精神实质和价值立场等来深刻理解"理论自信"问题；结合社会主义基本制度在中国的确立，结合中国经济体制改革和政治体制改革，结合党的十八大以来我国制度建设取得的新成果，结合中国特色社会主义制度的优势来深刻理解"制度自信"问题；结合马克思主义中国化的历史文化渊源、诠释中华优秀传统文化与革命文化和社会主义先进文化之间的关系，以及中国特色社会主义文化建设取得的重大成就来深刻理解"文化自信"的问题。在"中国近现代史纲要"教学中，从历史的角度在引导学生理解中国历史和中国人民选择马克思主义、选择中国共产党、选择走社会主义道路和选择改革开放的历史必然性的基础上来深刻理解坚定"四个自信"；同时还可以结合《中共中央关于党的百年奋斗重大成就和历史经验的决议》中所阐述的内容来深刻理解和坚定"四个自信"。在"马克思主义基本原理"教学中，引导学生在正确把握人类社会发展规律的基础上，正确地认识资本主义的本质和发展趋势，正确地理解社会主义发展的前景，坚定共产主义的远大理想，增强对中国特色社会主义的"四个自信"。在"思想道德与法治"教学中，则可以把"四个自信"渗透到理想信念教育、中国精神教育、社会主义核心价值观教育以及革命道德教育的具体内容中，引导学生将个人价值与党和国家的事业发展紧密结合，引导学生增强"四个自信"。在"形势与政策"教学中，结合不断变化的新形势和社会热点，特别是通过当前中国抗疫的中国方案及其成效，讲好抗疫精神，传播好中国故事等，让学生从国际比较中来增强"四个自信"。总之，"四个自信"教育必须立足于思政课这一主渠道主阵地，借助思政课的课堂教学来推动"四个自信"入脑、入心。

习近平总书记在中国共产党成立 95 周年讲话中指出："当今世界，要说哪个政党、哪个国家、哪个民族能够自信的话，那中国共产党、中华人民共和国、中华民族是最有理由自信的。"①树立和坚定"四个自信"，青年学生当然不能缺位。当然，在思政课教学中融入"四个自信"教育的切入点和联系点有很多，方法和路径也有许多，需要广大思政课教师深入研究和探索，以便能够在思政课教学中有效融入"四个自信"教育，实现"四个自信"的育人价值。

---

① 《习近平谈治国理政》第二卷，外文出版社 2017 年版，第 36 页。

# 第三章　高校大学生坚定"四个自信" 现状调查分析

## ——以云南省主要高校大学生为例

为了准确把握大学生坚定"四个自信"的现状，本章对云南省主要高校大学生坚定"四个自信"现状进行了调查与分析。由于条件所限，我们的调查以云南省主要高校大学生为主，主要对边疆民族地区大学生坚定"四个自信"的具体状况进行调查，分析边疆民族地区大学生坚定"四个自信"方面存在的问题，以及高校"四个自信"教育存在的问题，从而有针对性地推进边疆民族地区大学生"四个自信"的教育。

云南地处祖国的边疆，是一个多民族省份。云南省高校大学生坚定"四个自信"的现状是检验"思想边境线"坚固与否的重要标准。大学生是中国特色社会主义事业的接班人和建设者，中华民族伟大复兴与大学生对中国特色社会主义高度自信和奋斗决心是紧密相连的。边疆民族地区大学生能否坚定道路自信、理论自信、制度自信、文化自信，清晰地折射出"思想边境线"的状况。由于边疆民族地区的地理位置、民族文化、社会习俗和经济发展等各方面的特殊情况，使得边疆民族地区大学生坚定"四个自信"的现状具有特殊性。本调查以昆明地区部分高校和边疆民族地区的部分高校大学生为调查分析对象，专门设计了《边疆民族地区大学生坚定"四个自信"现状调查问卷》，向云南大学、云南师范大学、云南民族大学、红河学院、文山学院、普洱学院、滇西科技师范学院7所高校的学生发放问卷1032份，收回有效问卷1016份。调查涉及大一、大二、大三、大四的学生以及部分硕士研究生，专业涉及文史类、理工类以及艺术类等专业。本问卷通过"问卷网"发放和统计，下面将从以下几个方面对调查结果进行分析研究。

## 一、边疆民族地区大学生坚定"四个自信"现状调查

边疆民族地区大学生坚定"四个自信"是指边疆民族地区大学生对中国特色社会主义道路、理论、制度和文化的自觉认同和高度自信。边疆民族地区大学生坚定"四个自信"状况，主要从大学生对"四个自信"的认知状况、自信度和"四个自信"教育的主要路径等方面来调查。

### （一）边疆民族地区大学生对"四个自信"的认知情况

认知可以理解为人们对事物性质和特征的一般认识、了解和感悟。人们在接受一定的思想观点或价值观，产生价值认同之前，首先要对其有一般的认识和了解，以便作出相应的判断，决定相应的态度，这是产生价值认同的前提。从大学生思想品德形成的过程来看，认知是思想品德形成过程的发端，是形成思想品德情感、信念和意志的根据，是一定社会思想品德原则和规范转化为个体思想品德行为的基础。大学生在接受、认同并坚定"四个自信"之前，对其进行正确的认知是非常必要的。所谓对"四个自信"的认知，即指大学生对"四个自信"的科学内涵、精神实质、内在关系的认识和了解。关于边疆民族地区大学生对"四个自信"的认知情况，我们设计以下 11 个题目进行调查了解。

#### 1.边疆民族地区大学生对"四个自信"科学内涵的认识了解情况
关于"你了解中国特色社会主义'四个自信'的具体内容吗"的调查

情况显示：有 67.62% 的学生选择"了解"；有 10.04% 的学生选择"不了解"；有 22.34% 的学生选择"说不清"。了解中国特色社会主义"四个自信"具体内容的学生占比为 67.62%，这个结果表明，大多数学生对中国特色社会主义"四个自信"具体内容是基本了解和把握的，但也有部分学生对中国特色社会主义"四个自信"是完全不了解或说不清的（如图 1 所示）。

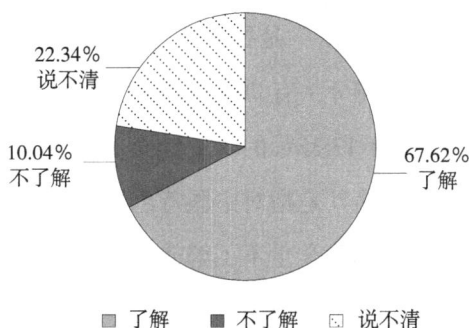

图 1　边疆民族地区大学生对"四个自信"科学内涵的认识了解情况

### 2. 边疆民族地区大学生对中国特色社会主义道路的认知情况

关于"你了解中国特色社会主义道路是实现社会主义现代化的必由之路，是创造人民美好生活的必由之路吗"的调查结果显示：有 85.59% 的

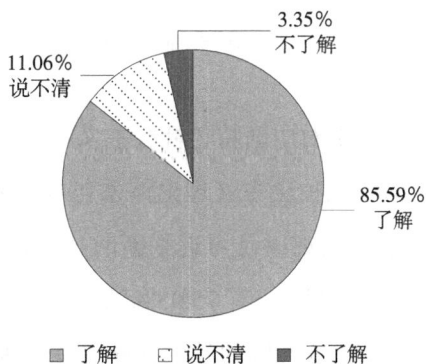

图 2　边疆民族地区大学生对中国特色社会主义道路的认知情况

学生选择"了解";有3.35%的学生选择"不了解";有11.06%的学生选择
"说不清"。这个结果表明,绝大多数的学生是了解中国特色社会主义道路
是实现社会主义现代化的必由之路,是创造人民美好生活的必由之路的。
但也有少部分学生是不了解或说不清的(如图2所示)。

### 3. 边疆民族地区大学生对"道路自信"的认知情况

关于"你了解'道路自信'是指对中国特色社会主义道路正确性的
高度自信吗"的调查结果显示:有79.36%的学生选择"了解";有7.29%
的学生选择"不了解";有13.35%的学生选择"说不清"。这个结果表明,
大多数大学生对"道路自信"是指对中国特色社会主义道路正确性的高度
自信是了解的。但也有少部分学生不了解或说不清(如图3所示)。

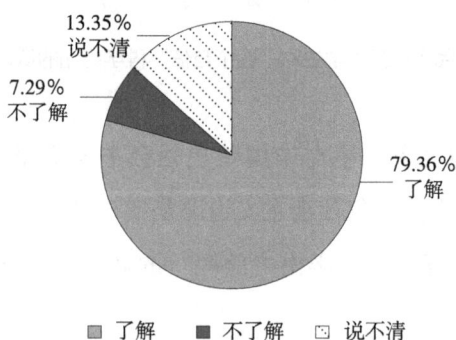

图3 边疆民族地区大学生对"道路自信"的认知情况

### 4. 边疆民族地区大学生对中国特色社会主义理论体系的认知情况

关于"你了解中国特色社会主义理论体系包含的邓小平理论、'三个
代表'重要思想、科学发展观以及习近平新时代中国特色社会主义思想
的理论内容吗"的调查结果显示:有75.03%的学生选择"了解";有8.2%
的学生选择"不了解";有16.77%的学生选择"说不清"。这个结果表明,
大部分大学生对中国特色社会主义理论体系包含的邓小平理论、"三个代

表"重要思想、科学发展观以及习近平新时代中国特色社会主义思想的理论内容是了解和掌握的。但也有少部分学生是不了解或说不清(如图4所示)。

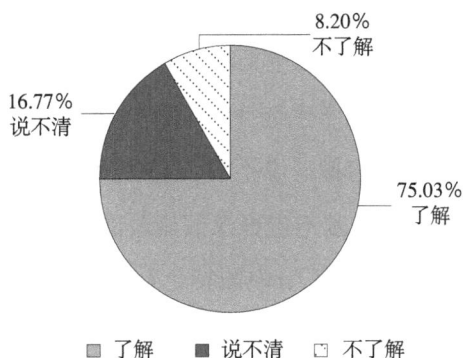

图4 边疆民族地区大学生对中国特色社会主义理论体系的认知情况

### 5.边疆民族地区大学生对"理论自信"的认知情况

关于"你了解'理论自信'是指对中国特色社会主义理论体系的科学性真理性的高度自信吗"的调查结果显示:有70.46%的学生选择"了解",有12.24%的学生选择"不了解",有17.31%的学生选择"说不清"。这个结果表明,绝大多数大学生对"理论自信"是指对中国特色社会主义理论

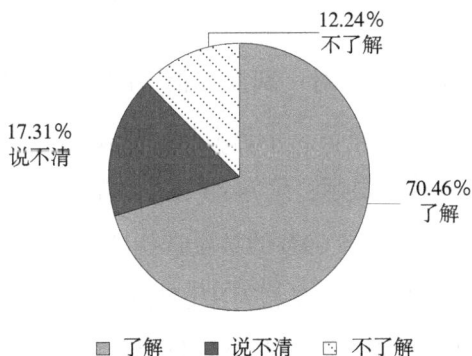

图5 边疆民族地区大学生对"理论自信"的认知情况

体系的科学性真理性的高度自信是了解和掌握的，但也有少部分学生不了解或说不清（如图 5 所示）。

### 6. 边疆民族地区大学生对中国特色社会主义制度的认知情况

关于"你了解中国特色社会主义制度的基本内容及其显著优势吗"的调查情况显示：有 66.34% 的学生选择"了解"；有 10.56% 的学生选择"不了解"；有 23.11% 的学生选择"说不清"。这个结果表明，大部分大学生对中国特色社会主义制度的基本内容及其显著优势是了解和把握的，但也有 33.67% 的学生不了解或说不清中国特色社会主义制度的基本内容及其显著优势（如图 6 所示）。

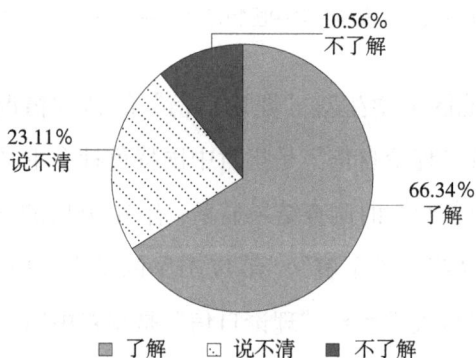

图 6 边疆民族地区大学生对中国特色社会主义制度的认知情况

### 7. 边疆民族地区大学生对"制度自信"的认知情况

关于"你了解'制度自信'是指对中国特色社会主义制度优越性的高度自信吗"的调查情况显示：有 74.41% 的学生选择"了解"；有 8.90% 的学生选择"不了解"；有 16.69% 的学生选择"说不清"。这个结果表明，大部分大学生对"制度自信"是指对中国特色社会主义制度的优越性的高度自信是了解和掌握的。但也有少部分学生不了解或说不清（如图 7 所示）。

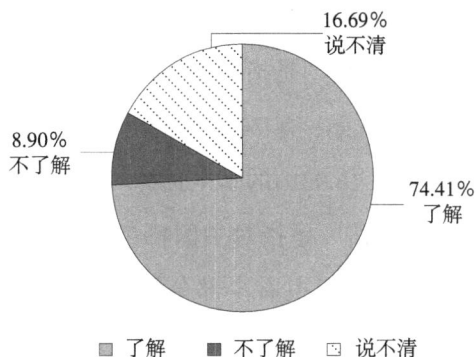

图7　边疆民族地区大学生对"制度自信"的认知情况

### 8.边疆民族地区大学生对中国特色社会主义文化的认知情况

关于"你了解中国特色社会主义文化包含的中华优秀传统文化、革命文化和社会主义先进文化的内容吗"的调查情况显示：有65.34%的学生选择"了解"；有11.55%的学生选择"不了解"；有23.11%的学生选择"说不清"。这个结果表明，大部分大学生对中国特色社会主义文化包含的中华优秀传统文化、革命文化和社会主义先进文化的内容是了解和掌握的，但也有34.66%的大学生是不了解或说不清中国特色社会主义文化的内容的（如图8所示）。

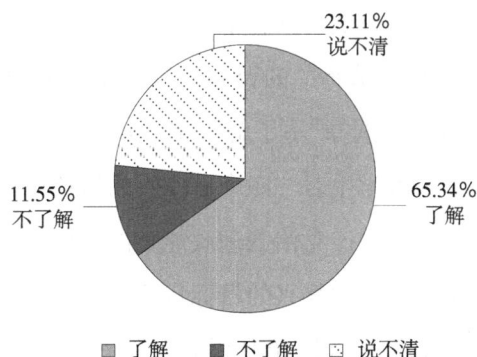

图8　边疆民族地区大学生对中国特色社会主义文化的认知情况

### 9. 边疆民族地区大学生对"文化自信"的认知情况

关于"你了解'文化自信'是指对中国特色社会主义文化的先进性的高度自信吗"的调查情况显示：有74.29%的学生选择"了解"；有8.76%的学生选择"不了解"；有16.93%的学生选择"说不清"。这个结果表明，大部分大学生对"文化自信"是指对中国特色社会主义文化的先进性的高度自信是了解和把握的，但也有少部分学生不了解或说不清（如图9所示）。

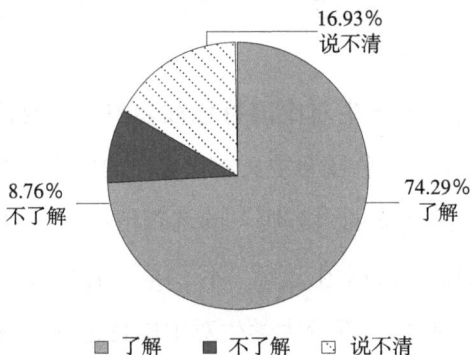

图9 边疆民族地区大学生对"文化自信"的认知情况

### 10. 边疆民族地区大学生对"四个自信"精神实质的认知情况

关于"你了解'四个自信'的精神实质就是对中国特色社会主义的自信、对中国共产党治国理政能力的自信、对实现'两个一百年'目标和中华民族伟大复兴的目标自信吗"的调查情况显示：有70.09%的学生选择"了解"；有10.14%的学生选择"不了解"；有19.78%的学生选择"说不清"。这个结果表明，大多数大学生对"四个自信"的精神实质就是对中国特色社会主义的自信、对中国共产党治国理政能力的自信、对实现"两个一百年"奋斗目标和中华民族伟大复兴的目标自信是了解和把握的，但也有少部分学生不了解或说不清（如图10所示）。

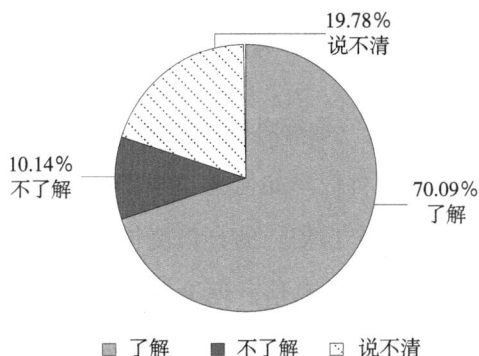

图 10　边疆民族地区大学生对"四个自信"精神实质的认知情况

### 11. 边疆民族地区大学生对"四个自信"内在关系的认知情况

关于"'道路自信'是实现途径，能'定标'；'理论自信'是行动指南，能'定向'；'制度自信'是根本保障，能'定心'；'文化自信'是深厚根基，能'定魂'。你了解这四者之间的内在关系吗"的调查情况显示：有53.52%的学生选择"了解"；有17.8%的学生选择"不了解"；有28.68%的学生选择"说不清"。这个结果表明，53.52%的大学生对"四个自信"的内在关系是了解和把握的，但也有46.48%的学生是不了解或说不清"四个自信"之间的内在关系的（如图11所示）。

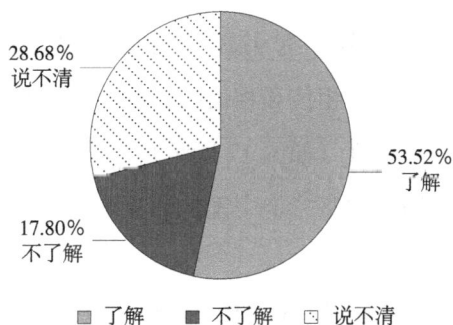

图 11　边疆民族地区大学生对"四个自信"内在关系的认知情况

## （二）边疆民族地区大学生"四个自信"的自信度情况

如前所述，"四个自信"是指对中国特色社会主义道路、理论、制度和文化的自觉认同和高度自信。如何衡量边疆民族地区大学生的信仰状况，就要调查大学生"四个自信"的自信度情况。党的十八大报告首次指出："全党要坚定这样的道路自信、理论自信、制度自信！"[1] 习近平总书记在庆祝中国共产党成立 95 周年大会上强调："坚持不忘初心、继续前进，就要坚持中国特色社会主义道路自信、理论自信、制度自信、文化自信。"[2] 在党的十九大报告中，习近平总书记更是强调全党要更加自觉地坚定"四个自信"。笔者认为，所谓自信度或信仰度是指主体对某一事物的认同和信仰的程度。大学生对"四个自信"有较高的自信度的表现就是对中国特色社会主义道路、理论、制度和文化具有正向认知、高度认同和执着信仰。

### 1.边疆民族地区大学生对中国特色社会主义道路的自信度情况

关于"你相信中国特色社会主义道路是实现社会主义现代化的必由之路，是创造人民美好生活的必由之路吗"的调查结果显示：有60.53％的学生选择"非常相信"；有37.11％的学生选择"相信"；有2.36％的学生选择"说不清"。这个结果表明，有97.64％的学生对中国特色社会主义道路是"两个必由之路"是非常相信和相信的，说明大多数学生对中国特色社会主义道路有较高的自信度（如图12所示）。

关于"你赞同我国必须坚持走中国特色社会主义道路，既不走封闭僵

---

[1] 胡锦涛：《坚定不移沿着中国特色社会主义道路前进 为全面建成小康社会而奋斗——在中国共产党第十八次全国代表大会上的报告》，人民出版社2012年版，第16页。

[2] 《习近平谈治国理政》第二卷，外文出版社2017年版，第36页。

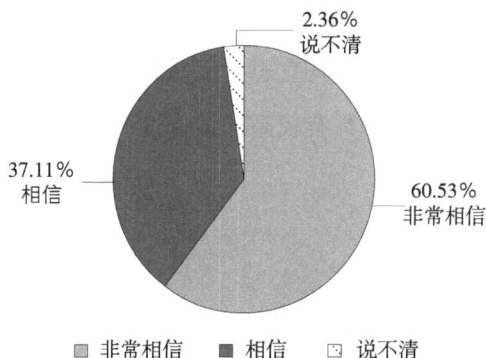

图 12　边疆民族地区大学生对中国特色社会主义道路的自信度情况

化的老路，也不走改旗易帜的邪路吗"的调查结果显示：有 66.63% 的学
生选择"非常赞同"；有 31.3% 的学生选择"赞同"；有 2.02% 的学生选择"说
不清"。这个结果表明，有 97.93% 的学生非常赞同和赞同我国必须坚持走
中国特色社会主义道路，这也说明大多数学生对中国特色社会主义道路有
较高的自信度（如图 13 所示）。

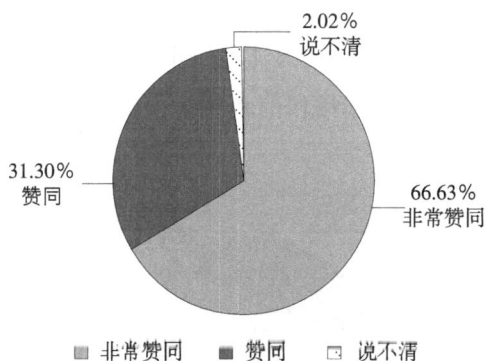

图 13　边疆民族地区大学生对中国特色社会主义道路的自信度情况

**2. 边疆民族地区大学生对中国特色社会主义理论体系的自信度情况**

关于"你相信马克思主义是科学真理吗"的调查结果显示：有
44.49% 的学生选择"非常相信"；50.1% 的学生选择"相信"；有 5.41% 的

学生选择"说不清"。这个结果表明，有94.59%的学生非常相信和相信中国特色社会主义理论之源——马克思主义是科学真理，说明大多数学生对中国特色社会主义理论之源具有较高的信仰度（如图14所示）。

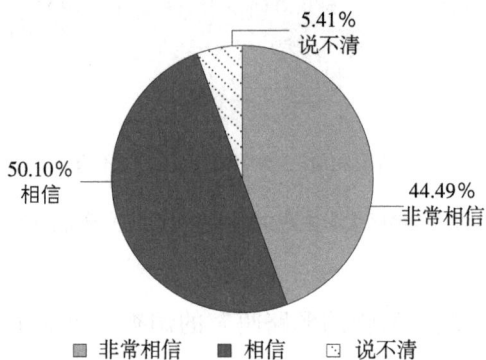

图14　边疆民族地区大学生对中国特色社会主义理论体系的自信度情况

关于"你相信中国特色社会主义理论体系是指导党和人民沿着中国特色社会主义道路实现中华民族伟大复兴的正确理论，是立于时代前沿，与时俱进的科学理论吗"的调查结果显示：有56%的学生选择"非常相信"；有42.42%的学生选择"相信"；有1.57%的学生选择"说不清"。这个结果表明，有98.42%的学生非常相信和相信中国特色社会主义理论是指导

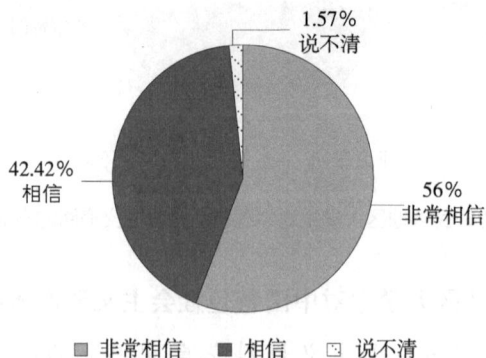

图15　边疆民族地区大学生对中国特色社会主义理论体系的自信度情况

党和人民沿着中国特色社会主义道路实现中华民族伟大复兴的正确理论，是立于时代前沿，与时俱进的科学理论。说明大多数学生对中国特色社会主义理论体系具有较高的自信度（如图 15 所示）。

**3. 边疆民族地区大学生对中国特色社会主义制度的自信度情况**

关于"你相信中国特色社会主义制度是当代中国发展进步的根本性制度保障，是具有鲜明中国特色、明显制度优势、强大自我完善能力的先进制度吗"的调查结果显示：有 54.82% 的学生选择"非常相信"；有 42.82% 的学生选择"相信"；有 2.96% 的学生选择"说不清"。这个结果表明，有 97.64% 的学生选择非常相信和相信，说明大多数学生对中国特色社会主义制度表现出较高的自信度（如图 16 所示）。

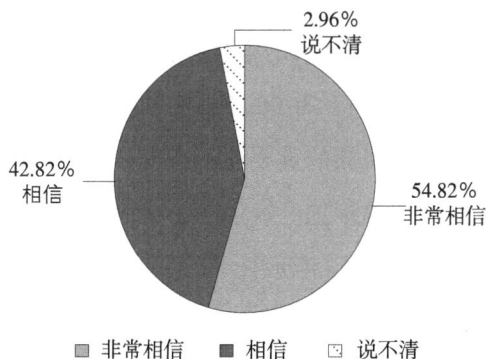

图 16　边疆民族地区大学生对中国特色社会主义制度的自信度情况

关于"你赞同我国必须要坚持人民代表大会制度的根本制度，不能搞西方的三权分立吗"的调查结果显示：有 55.12% 的学生选择"非常赞同"；有 40.75% 的学生选择"赞同"；有 4.13% 的学生选择"说不清"。选择"非常赞同"和"赞同"两项之和的百分比为 95.87%，说明大多数学生对中国坚持人民代表大会制度的根本政治制度是非常赞同和赞同的，这个结果说明大多数学生对中国的根本政治制度有着较高的自信度（如图 17 所示）。

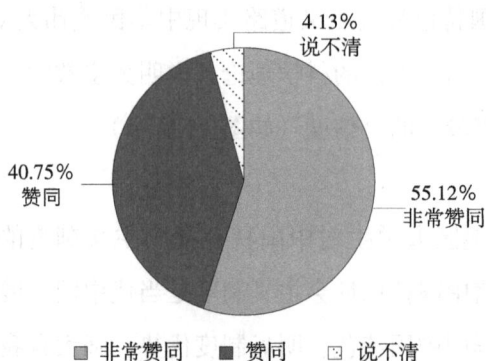

图 17　边疆民族地区大学生对中国特色社会主义制度的自信度情况

### 4. 边疆民族地区大学生对中国特色社会主义文化的自信度情况

关于"你赞同中国特色社会主义文化积淀着中华民族最深层的精神追求，代表着中华民族独特的精神标识吗"的调查结果显示：有 54.63% 的学生选择"非常赞同"；有 43.5% 的学生选择"赞同"；有 1.87% 的学生选择"说不清"。这个结果表明，有 98.13% 的学生是非常赞同和赞同中国特色社会主义文化对于中华民族的重要性，高度认同中国特色社会主义文化代表着中华民族独特的精神标识。这说明，大多数学生对中国特色社会主义文化有较高自信度（如图 18 所示）。

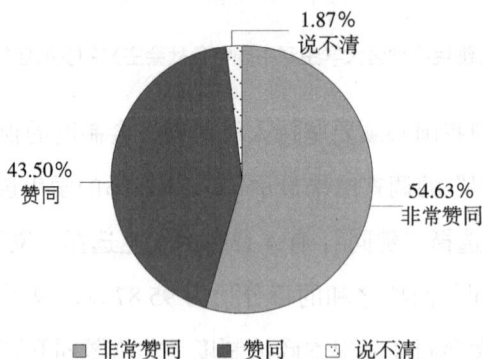

图 18　边疆民族地区大学生对中国特色社会主义文化的自信度情况

关于"你赞同共产党人要坚持'不忘初心,继续前行',就是要坚持'中国特色社会主义道路自信、理论自信、制度自信、文化自信',其中,文化自信是更基础、更广泛、更深厚的自信吗"的调查结果显示:有57.28%的学生选择"非常赞同";有40.65%的学生选择"赞同";2.07%的学生选择"说不清"。这个结果表明,97.93%的学生非常赞同和赞同文化自信在四个自信中的重要作用,这也说明大多数学生对中国特色社会主义文化有较高的自信度(如图19所示)。

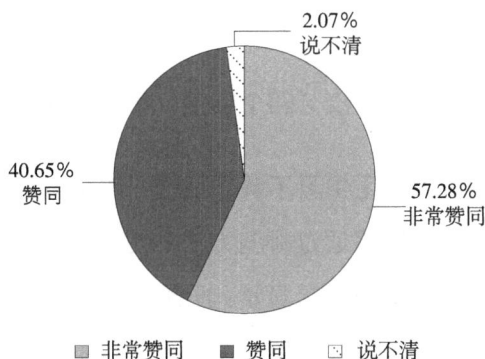

图19 边疆民族地区大学生对中国特色社会主义文化的自信度情况

### 5.边疆民族地区大学生对马克思主义的信仰度情况

关于"你赞同我国必须坚持马克思主义在我国意识形态领域的指导地位,不能搞指导思想多元化吗"的调查结果显示:有48.62%的学生选择"非常赞同";有43.7%的学生选择"赞同";有7.68%的学生选择"说不清"。这个结果表明,92.32%的学生是非常赞同和赞同我国必须坚持马克思主义在意识形态领域的指导地位,不能搞指导思想的多元化。这说明,绝大多数学生对马克思主义有着较高的信仰度(如图20所示)。

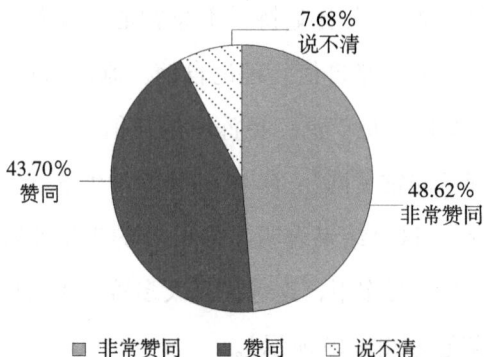

图 20　边疆民族地区大学生对马克思主义的信仰度情况

## （三）边疆民族地区高校"四个自信"教育的主要路径

### 1. 边疆民族地区大学生学习了解并坚定"四个自信"的主要路径

关于"你认为学校应该通过哪些方法和途径让学生学习了解和坚定'四个自信'（多选）"的调查结果显示：选择"'四个自信'专题讲座""思想政治理论课教学""在社会实践中真实感受""参观爱国主义教育基地""在专业课课堂中贯穿学习""在各种社团活动中感受提升""班级开展主题党日""参加党校学习活动""通过网络平台进行自我教育"的百分比依次是85.83%、78.94%、76.67%、69.58%、64.86%、62.89%、55.94%、55.8%、53.54%。这个结果表明，大学生最希望从"四个自信"专题讲座、思想政治理论课教学、在社会实践中真实感受等途径来学习了解并坚定"四个自信"，这应该是高校对大学生进行"四个自信"教育最主要的途径；在专业课课堂中贯穿学习、社团活动、参观爱国主义教育基地等，也是大学生学习了解并坚定"四个自信"的主要途径；主题党日、党校学习、网络平台学习等是大学生学习了解并坚定"四个自信"的重要途径（如图 21 所示）。

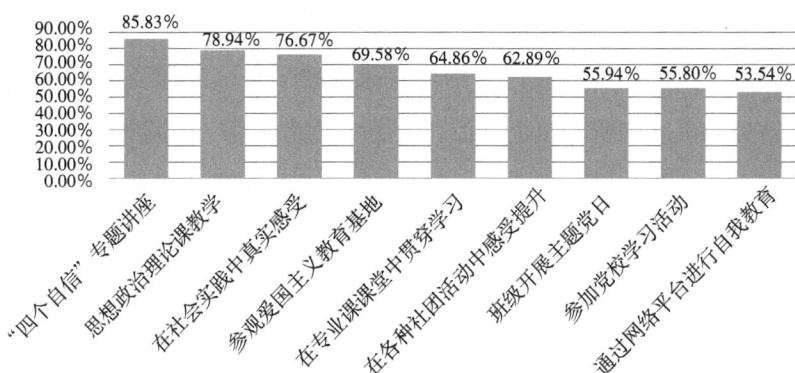

图21 边疆民族地区大学生学习了解并坚定"四个自信"的主要路径

## 2."思想道德与法治"课教学中开展"四个自信"教育情况

关于"在'思想道德与法治'课堂教学中，老师会强调'四个自信'对坚定大学生理想信念的重要性吗"的调查结果显示：有62.2%的学生选择"经常会"；有33.66%的学生选择"偶尔会"；有4.13%的学生选择"不清楚"。这个结果表明，绝大多数思想政治理论课教师经常会在"思想道德与法治"课堂教学中强调"四个自信"对坚定理想信念的重要性；还有部分思想政治理论课教师偶尔也会强调；少部分教师可能会忽视（如图22所示）。

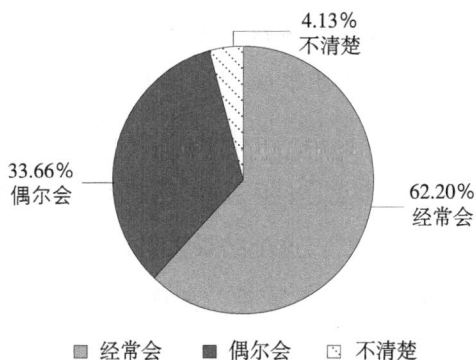

图22 "思想道德与法治"课教学中开展"四个自信"教育的情况

### 3. "中国近现代史纲要"课教学中开展"四个自信"教育情况

关于"在'中国近现代史纲要'课堂教学中，老师会从历史发展的必然趋势的角度阐明'四个自信'的历史必然性吗"的调查结果显示：有55.51%的学生选择"经常会"；有35.73%的学生选择"偶尔会"；有8.76%的学生选择"不清楚"。这个结果表明，一半以上的思想政治理论课教师在"中国近现代史纲要"的课堂教学中，经常会从历史发展必然趋势的角度阐明"四个自信"的历史必然性，说明绝大部分思想政治理论课教师在"中国近现代史纲要"的课堂上能够对大学生进行"四个自信"教育，但也有少部分教师没有做到这一点（如图23所示）。

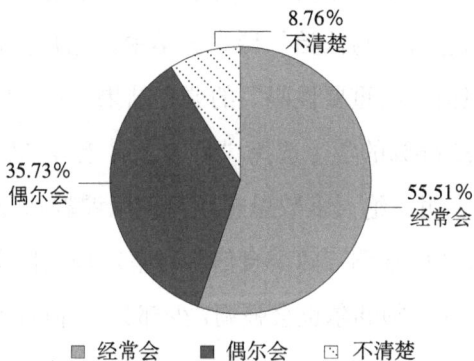

图 23 "中国近现代史纲要"课教学中开展"四个自信"教育的情况

### 4. "马克思主义基本原理"课教学中开展"四个自信"教育情况

关于"在'马克思主义基本原理'课堂教学中，老师会用马克思主义基本原理阐明'四个自信'的内在依据吗"的调查结果显示：有56.59%的学生选择"经常会"；有33.07%的学生选择"偶尔会"；有10.33%的学生选择"不清楚"。这个结果表明，绝大多数思想政治理论课教师经常会在"马克思主义基本原理"的课堂教学中用马克思主义基本原理阐明"四个自信"的内在依据，能够把马克思主义基本原理与"四个自信"教育进行融会贯穿；部分思政课教师偶尔也会在教学中贯穿"四个自信"教育；但少部分教师可能会忽视在课堂上贯穿"四个自信"教育（如图24所示）。

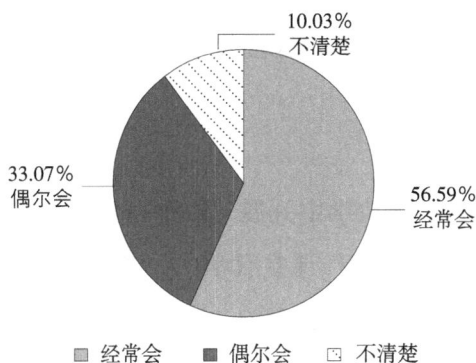

图24 "马克思主义基本原理"课教学中开展"四个自信"教育的情况

### 5."毛泽东思想和中国特色社会主义理论体系概论"课教学中开展"四个自信"教育情况

关于"在'毛泽东思想和中国特色社会主义理论体系概论'课堂教学中，老师会强调'四个自信'对中国特色社会主义事业蓬勃发展的重要性吗"的调查结果显示：有55.91%的学生选择"经常会"；有33.27%的学生选择

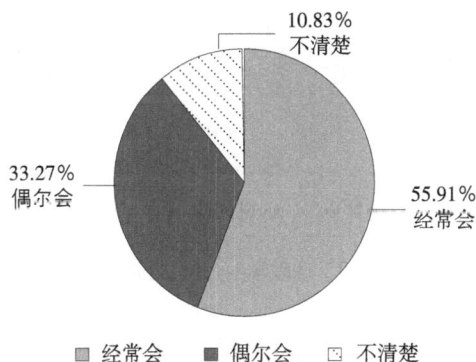

图25 "毛泽东思想和中国特色社会主义理论体系概论"课教学中开展"四个自信"教育的情况

"偶尔会";有10.83%的学生选择"不清楚"。这个结果表明,绝大多数思想政治理论课教师会将"四个自信"融入"毛泽东思想和中国特色社会主义理论体系概论"的课堂教学中,还有部分思政课教师偶尔也会在教学中贯穿"四个自信"教育,但少部分教师可能会忽视在教学中贯穿"四个自信"教育(如图25所示)。

### 6."形势与政策"课教学中开展"四个自信"教育情况

关于"在'形势与政策'课堂教学中,老师会联系时政说明和分析'四个自信'吗"的调查结果显示:有59.06%的学生选择"经常会";有34.84%的学生选择"偶尔会";有6.01%的学生"不清楚"。这个结果表明,绝大多数思想政治理论课教师在"形势与政策"的课堂教学中,经常会联系时政对学生进行"四个自信"教育,部分思政课教师偶尔也会在教学中联系时政进行"四个自信"的教育;但也有少部分教师可能会忽视这个问题(如图26所示)。

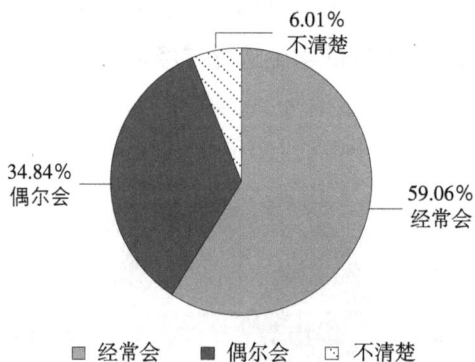

图26 "形势与政策"课教学中开展"四个自信"教育情况

### 7.专业课教学中开展"四个自信"教育情况

关于"在你们的专业课上,老师会将'四个自信'的内容融入教学中吗"的调查结果显示:有52.85%的学生选择"经常会";有37.99%的学生选择"偶尔会";有 9.15% 的学生选择"不清楚"。这个结果表明,在专业课教学中,大部分老师会将"四个自信"内容与专业课教学内容进行融合渗透,使学生在专业课学习中接受"四个自信"教育。但是也有部分专业课教师忽视在教学中贯穿"四个自信"教育(如图 27 所示)。

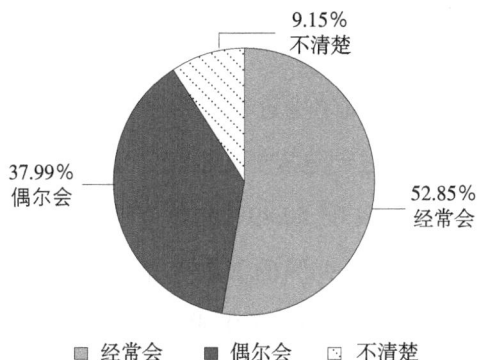

图 27　专业课教学中开展"四个自信"教育情况

### 8. 利用社会实践活动对学生进行"四个自信"教育的情况

关于"学校是否会经常组织社会实践活动(例如参观红色爱国主义基地),以增强大学生坚定'四个自信'"的调查结果显示:有 48.13% 的学生选择"经常会";有 40.94% 的学生选择"偶尔会";有 10.93% 的学生选

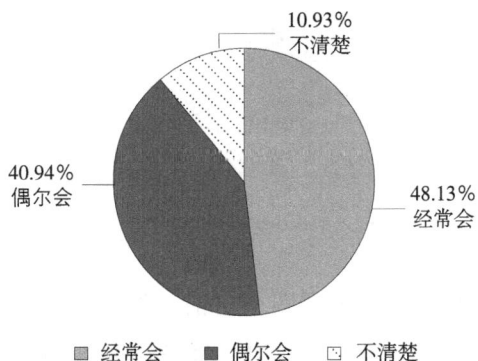

图 28　利用社会实践活动对学生进行"四个自信"教育的情况

择"不清楚"。这个结果表明，近半数即48.13%的学校会经常组织社会实践活动以增强大学生"四个自信"，40.94%的学校偶尔也会组织社会实践活动开展"四个自信"教育，10.93%的学校可能忽视实践活动对大学生坚定"四个自信"的重要作用。这说明社会实践活动对大学生坚定"四个自信"的推动作用还没有充分发挥出来（如图28所示）。

### 9.开展校园文化活动对学生进行"四个自信"教育的情况

关于"学校是否会通过创建浓郁的校园文化，以增强大学生坚定'四个自信'"的调查结果显示：有50.89%的学生选择"经常会"；有39.17%的学生选择"偶尔会"；有9.94%的学生选择"不清楚"。这个结果说明，只有一半左右的高校重视利用校园文化活动对大学生进行"四个自信"教育，部分高校对创建浓郁的校园文化，以增强大学生坚定"四个自信"这一途径的关注度较低，校园文化活动在推动大学生坚定"四个自信"方面的作用还没有充分发挥出来（如图29所示）。

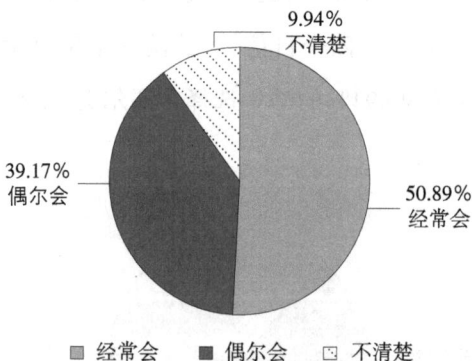

图29 开展校园文化活动对学生进行"四个自信"教育的情况

### 10.各个职能部门在发挥"四个自信"教育方面的作用

关于"你认为学校各个职能部门（包括科研处、团委、组织部、学生会、宣传部、后勤管理等）在发挥'四个自信'教育方面的作用怎么样"

的调查结果显示：有 51.87% 的学生认为"作用发挥得很好"；有 45.18% 的学生认为"作用发挥一般"；有 2.95% 的学生认为"没有发挥作用"。这个结果说明，一半以上的学校能够充分发挥各个职能部门在"四个自信"教育中的作用，但部分学校各职能部门在"四个自信"教育方面还存在一些问题，作用还没有充分发挥出来（如图 30 所示）。

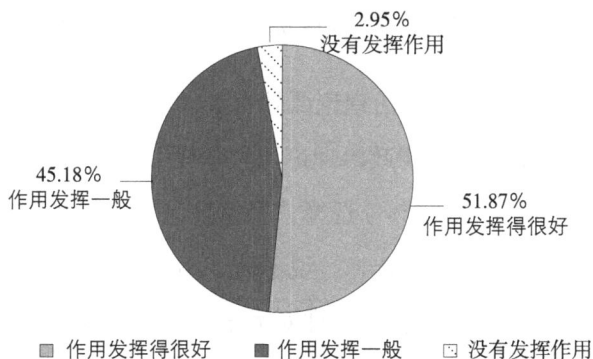

2.95%
没有发挥作用

45.18%
作用发挥一般

51.87%
作用发挥得很好

■ 作用发挥得很好　　■ 作用发挥一般　　▨ 没有发挥作用

图 30　各个职能部门在发挥"四个自信"教育方面的作用

### 11. 边疆民族地区大学生对思想政治理论课教师的要求

在"你赞同习近平总书记对思想政治理论课教师提出的'政治要强''情怀要深''思维要新''视野要广''自律要严''人格要正'的素质要求

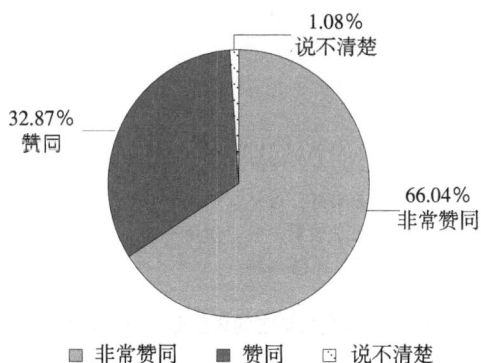

1.08%
说不清楚

32.87%
赞同

66.04%
非常赞同

■ 非常赞同　　■ 赞同　　▨ 说不清楚

图 31　边疆民族地区大学生对思想政治理论课教师的要求

吗"的调查结果显示：选择非常赞同的学生占 66.04%；选择赞同的学生占 32.87%；选择说不清的学生占 1.08%。这个结果说明，绝大多数学生非常赞同和赞同习近平总书记对思想政治理论课教师提出的"六要"要求，对思政课教师素质的提高充满期待（如图 31 所示）。

## 12.思想政治理论课对边疆民族地区大学生坚定"四个自信"的作用

关于"你认为本校思想政治理论课教学对学生坚定'四个自信'的作用"的调查结果显示：选择"思想政治理论课教学效果好，对坚定'四个自信'有重要作用"的学生占 81.1%；选择"思想政治理论课教学效果一般，作用不大"的学生占 16.73%；选择"说不清，不感兴趣"的学生占 2.17%。这个结果说明，高校思想政治理论课对大学生坚定"四个自信"发挥着重要作用，但是思想政治课教学也存在一些问题，其教学实效性针对性有待提高（如图 32 所示）。

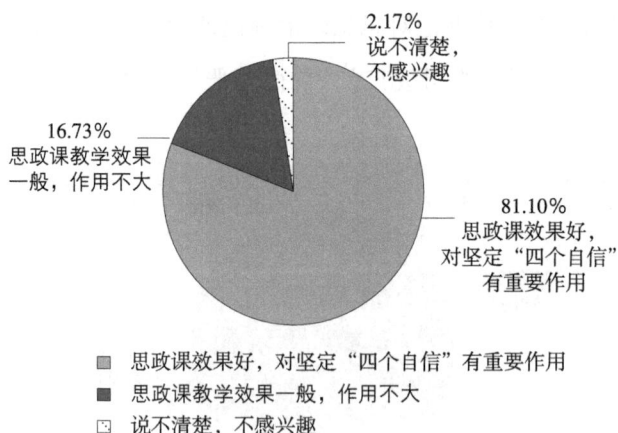

图 32　边疆民族地区大学生对思想政治理论课教师的要求

# 二、边疆民族地区大学生坚定"四个自信"现状分析

通过对边疆民族地区大学生对"四个自信"的认知、自信度、接受教育的主要途径的调查，我们认识到，目前边疆民族地区大学生坚定"四个自信"的状况总体上是好的，但也存在着一些问题。边疆民族大学生能否保持坚定"四个自信"的定力，是关乎"思想边境线"是否牢固、是否经得起考验的重要因素。因此，必须对这个问题进行认真分析和思考。

## （一）边疆民族地区大学生坚定"四个自信"状况总体上是好的

如前所述，边疆民族地区大学生坚定"四个自信"是指边疆民族地区大学生对中国特色社会主义道路、理论、制度和文化的正确认知、高度认同和高度信仰。调查结果显示，边疆民族地区大学生坚定"四个自信"状况总体上说是好的。

### 1.大多数学生对"四个自信"有较好的认知基础

大学生进入大学之后，通过系统的思想政治理论课教育，部分学生还通过参加学校的"四个自信"专题讲座、专业课课堂中的贯穿学习、社会实践中的真实感受、各种社团活动、参观爱国主义教育基地、主题党日、党校学习、网络平台自我教育等途径，了解和掌握了"四个自信"的基本内容和相关知识，积累了较好的关于"四个自信"的认知基础。根据我们的调查，67.62%的学生了解中国特色社会主义"四个自信"的具体内容（如图1所示）。85.59%的学生了解中国特色社会主义道路是实现社会主义现代化的必由之路，是创造人民美好生活的必由之路（如图2所示）。79.36%的学生了解"道路自信"是指对中国特色社会主义道路正确性的自

信（如图 3 所示）。75.03％的学生了解中国特色社会主义理论体系包含的邓小平理论、"三个代表"重要思想、科学发展观以及习近平新时代中国特色社会主义思想的理论内容（如图 4 所示）。70.46％的学生了解理论自信是指对中国特色社会主义理论体系的科学性真理性的自信（如图 5 所示）。66.34％的学生了解中国特色社会主义制度的基本内容及其显著优势（如图 6 所示）。74.41％的学生了解"制度自信"是指对中国特色社会主义制度优越性的自信（如图 7 所示）。65.34％的学生了解中国特色社会主义文化包含的中华优秀传统文化、革命文化和社会主义先进文化的内容（如图 8 所示）。74.29％的学生了解"文化自信"是指对中国特色社会主义文化先进性的自信（如图 9 所示）。70.09％的学生了解"四个自信"的精神实质就是对中国特色社会主义的自信、对中国共产党治国理政能力的自信、对实现"两个一百年"奋斗目标和中华民族伟大复兴的目标自信（如图 10所示）。53.52％的学生了解"道路自信"是实现途径，能"定标"；"理论自信"是行动指南，能"定向"；"制度自信"是根本保障，能"定心"；"文化自信"是深厚根基，能"定魂"四者之间的内在关系（如图 11 所示）。这说明大部分大学生对"四个自信"基本内容及相关知识是有较好的认知的。

## 2.大多数学生对"四个自信"有较高的自信度

根据调查，97.64％的学生对中国特色社会主义道路是实现社会主义现代化的必由之路，是创造人民美好生活的必由之路持非常自信和自信的态度（如图 12 所示）。有 97.93％的学生非常赞同和赞同我国必须坚持走中国特色社会主义道路，既不走封闭僵化的老路，也不走改旗易帜的邪路（如图 13 所示），说明大多数学生对中国特色社会主义道路有较高的自信度。98.42％的学生非常相信和相信中国特色社会主义理论体系是实现中华民族伟大复兴的正确理论，是立于时代前沿，与时俱进的科学理论（如图 15 所示），说明大多数学生对中国特色社会主义理论体系有较高的自信度。有97.64%的学生非常相信和相信中国特色社会主义制度是当代中国发展进步的根本性制度保障，是具有鲜明中国特色、明显制度优势、强大自我完善能力的先进制度（如图16所示），有95.87%的学生非常赞同和赞同我国必须坚持人民代表大会制度的根本制度，不能搞西方的三权分立（如图17所示），说明多数学生对中国特色社会主义制度有较高的自信度。98.13%的学生非常赞同和赞同中国特色社会主义文化积淀着中华民族最深层的精神追求，代表着中华民族独特的精神标识（如图18所示）。97.93%的学生常赞同和赞同共产党人要坚持"不忘初心，继续前行"，就是要坚持"中国特色社会主义道路自信、理论自信、制度自信、文化自信，非常赞同和赞同文化自信是更基础、更广泛、更深厚的自信（如图19所示）。这些数据说明，边疆民族地区高校大多数学生对"四个自信"有较高的自信度。

### 3.大多数学生对马克思主义有较高的自信度

94.59%的学生表示对马克思主义理论是科学真理是非常相信和相信的（如图14所示）。92.32%的学生非常赞同和赞同坚持马克思主义在我国意识形态领域的指导地位，不能搞指导思想多元化（如图20所示）。这说明，绝大多数学生对马克思主义有着较高的自信度。马克思主义理论与中国具体实际相结合形成了中国特色社会主义道路、中国特色社会主义理论体系、中国特色社会主义制度、中国特色社会主义文化。大学生对马克思主义有较高的自信度是对马克思主义理论真理魅力的高度认同，也是对马克思主义与中国具体实际相结合而形成的中国特色社会主义道路、理论、制度、文化的高度认同。

### 4.思想政治理论课对大学生坚定"四个自信"发挥了重要作用

根据调查，78.94%的大学生认为学校应该通过思想政治理论课教学使学生学习了解和坚定"四个自信"（如图 21 所示）。81.1%的学生表示思想政治理论课教学效果好，对坚定"四个自信"有重要作用（如图 32 所示）。说明大部分学生主要是从思想政治理论课教学中学习和了解"四个自信"，思想政治理论课在大学生坚定"四个自信"方面发挥着重要作用。在"思想道德与法治"课堂教学中，62.2%的思政课教师经常会在课堂上贯穿"四个自信"教育，会强调"四个自信"对坚定个人理想信念的重要性，33.66%思政课教师偶尔会强调"四个自信"对坚定个人理想信念的重要性，这表明 95.82%的教师会注意要在"思想道德与法治"课堂教学中融入"四个自信"教育（如图 22 所示）。在"中国近现代史纲要"课堂教学中，55.51%的思政课教师经常会从历史发展的必然趋势的角度阐明"四个自信"的历史必然性，对学生进行"四个自信"教育，35.73%的思政课教师偶尔也会这样做，这表明 91.24%的思政课教师会注意要在"中国近现代史纲要"课堂教学中融入"四个自信"教育（如图 23 所示）。在"马克思主义基本原理"课堂教学中，56.59%的思政课教师经常会用马克思主义基本原理阐明"四个自信"的内在依据，对学生进行"四个自信"教育，33.07%的思政课教师偶尔也会这样做，这表明 89.66%的教师会注意要在"马克思主义基本原理"课堂教学中融入"四个自信"教育（如图 24 所示）。在"毛泽东思想和中国特色社会主义理论体系概论"课堂教学中，55.91%的思政课教师经常会强调"四个自信"对中国特色社会主义事业蓬勃发展的重要性，33.27%的思政课教师偶尔也这样强调，这表明 89.18%的教师关注到在"毛泽东思想和中国特色社会主义理论体系概论"课堂教学中融入"四个自信"教育（如图 25 所示）。在"形势与政策"课堂教学中，59.06%的思政课教师经常会联系时政来阐释和分析"四个自信"，34.84%的思政课教师偶尔会联系时政来阐释和分析"四个自信"，这表明 93.9%的教师会注意在"形势与政策"课堂教学中融入"四个自信"教育（如图 26 所示）。这些数据说明，大部分思政课教师会将"四个自信"

融入具体课程教学中,从不同角度阐述和分析"四个自信",大多数学生都能从思想政治理论课教学中学习和把握"四个自信"。

**5. 大多数学生还能够从多种途径中学习了解"四个自信"**

根据调查,大部分学生能够从多种途径学习了解"四个自信"相关理论知识。调查显示:有85.83%的学生表示可以通过"四个自信"专题讲座学习和了解"四个自信";76.67%的学生认为在社会实践中真实感受学习和了解"四个自信";69.58%的学生是通过参观爱国主义教育基地来真实感悟"四个自信";64.86%的学生认为还通过专业课课堂中学习和了解"四个自信";62.89%的学生认为在各种社团活动中感受提升对"四个自信"的了解;55.94%的学生认为在班级开展的主题党日活动中学习了解"四个自信";55.8%的学生认为参加党校学习来学习了解"四个自信";53.54%的学生认为可以通过网络平台进行自我教育学习(如图21所示)。这说明除了思想政治理论课教育教学之外,大学生还可以从上述多种途径来了解"四个自信"的理论知识。开展"四个自信"专题讲座学习、参观爱国主义教育基地、开展社会实践活动、班级开展主题党日学习、专业课教学中贯穿学习、党校学习活动、网络平台进行自我教育学习等都是对大学生进行"四个自信"教育的重要途径。

## (二)边疆民族地区大学生坚定"四个自信"存在的问题

**1. 少部分学生对"四个自信"的认知基础薄弱**

调查结果显示,10.04%的学生不了解中国特色社会主义"四个自信"的具体内容;22.34%的学生说不清中国特色社会主义"四个自信"具体内容。这两个数加起来即有32.38%的学生对"四个自信"的具体内容不了解和说不清(如图1所示)。3.35%的学生不了解中国特色社会主义道路是实现社会主义现代化的必由之路，是创造人民美好生活的必由之路，11.06%的学生表示"说不清"，两者相加即有14.41%的学生对中国特色社会主义道路的内容不了解或说不清（如图2所示）。7.29%的学生不了解"道路自信"是指对中国特色社会主义道路正确性的自信，13.35%的学生表示"说不清"，两者相加即有20.64%的学生不了解或说不清"道路自信"的内涵（如图3所示）。8.2%的学生不了解中国特色社会主义理论体系包含的邓小平理论、"三个代表"重要思想、科学发展观以及习近平新时代中国特色社会主义思想的理论内容，16.77%的学生选择"说不清"，两者相加即有24.97%的学生不了解或说不清中国特色社会主义理论体系的理论内容（如图4所示）。12.24%的学生不了解中国特色社会主义理论体系的科学性真理性的自信，17.31%的学生选择"说不清"，两者相加即有24.97%的学生不了解或说不清"理论自信"的内涵（如图5所示）。10.56%的学生不了解中国特色社会主义制度的基本内容及其显著优势，23.11%的学生选择"说不清"，两者相加即有33.67%的学生不了解或说不清中国特色社会主义制度的基本内容及其显著优势（如图6所示）。8.9%的学生不了解"制度自信"是指对中国特色社会主义制度优越性的自信，16.69%的学生选择"说不清"，两者相加即有25.59%的学生不了解或说不清"制度自信"的内涵（如图7所示）。11.55%的学生不了解中国特色社会主义文化包含的中华优秀传统文化、革命文化和社会主义先进文化的内容，3.11%的学生选择"说不清"，两者相加即有14.66%的学生不了解或说不清中国特色社会主义文化的基本内容（如图8所示）。8.76%的学生不了解"文化自信"是指对中国特色社会主义文化先进性的自信，16.93%的学生选择"说不清"，两者相加即有25.69%的学生不了解或说不清"文化自信"的内涵（如图9所示）。10.14%的学生不了解"四个自信"的精神实质就是对中国特色社会主义的自信、对中国共产党治国理政能力的自信、对实现"两个一百年"奋斗目标和中华民族伟大复兴的目标自信，

19.78%的学生选择"说不清"，两者相加即有29.92%的学生不了解或说不清"四个自信"的精神实质（如图10所示）。17.8%的学生不了解"道路自信"是实现途径，能"定标"；"理论自信"是行动指南，能"定向"；"制度自信"是根本保障，能"定心"；"文化自信"是深厚根基，能"定魂"，28.68%的学生选择"说不清"（如图11所示）。从这些数据看来，少部分学生对"四个自信"的认知基础较差，边疆民族地区大学生坚定"四个自信"的任务还很艰巨。

### 2. 少部分学生"四个自信"自信度较低

有2.36%的学生"说不清"是否相信中国特色社会主义道路是实现社会主义现代化的必由之路，是创造人民美好生活的必由之路（如图12所示）。有2.02%的学生选择"说不清"自己是否赞同我国必须坚持走中国特色社会主义道路，既不走封闭僵化的老路，也不走改旗易帜的邪路（如图13所示）。1.57%的学生表示自己"说不清"是否相信中国特色社会主义理论体系是指导党和人民沿着中国特色社会主义道路实现中华民族伟大复兴的正确理论，是立于时代前沿，与时俱进的科学理论（如图15所示）。有2.96%的学生表示自己"说不清"中国特色社会主义制度是不是当代中国发展进步的根本性制度保障，是具有鲜明中国特色、明显制度优势、强大自我完善能力的先进制度（如图16所示）。有4.13%的学生选择"说不清"是否赞同我国必须要坚持人民代表大会制度的根本制度，不能搞西方的三权分立的选择（如图17所示）。有1.87%的学生说不清是否赞同中国特色社会主义文化积淀着中华民族最深层的精神追求，代表着中华民族独特的精神标识（如图18所示）。2.02%的学生对是否赞同共产党人要坚持"不忘初心，继续前行"，就是要坚持"中国特色社会主义道路自信、理论自信、制度自信、文化自信"，其中，文化自信是更基础、更广泛、更深厚的自信表示"说不清"（如图19所示）。这些数据说明，少部分学生对"四

个自信"特别是中国特色社会主义道路、中国特色社会主义制度的自信度
表现相对较弱。

### 3. 少部分学生对马克思主义指导思想信仰度不足

"四个自信"的理论基础是马克思主义理论，对马克思主义指导思想
信仰度同时也体现对"四个自信"自信度状况。对马克思主义理论的高度
信仰才能提升大学生对中国特色社会主义道路、理论、制度、文化的高度
自信。调查结果显示，5.41%的学生表示自己"说不清"是否相信马克思
主义是科学真理（如图14所示）。7.68%的学生对是否赞同我国必须坚持
马克思主义在我国意识形态领域的指导地位，不能搞指导思想多元化表示
"说不清"（如图20所示）。这些数据表明，有少部分学生对马克思主义指
导思想信仰度不足。

### （三）影响边疆民族地区大学生坚定"四个自信"的主要因素

边疆民族地区大学生坚定"四个自信"的效果受多种因素的影响。关
于"你认为影响大学生坚定'四个自信'的主要因素有哪些（多选）"的
调查结果显示：有81.2%的学生选择"各种不良的社会思潮影响，如历
史虚无主义、新自由主义等"；有72.83%的学生选择"改革发展中出现的

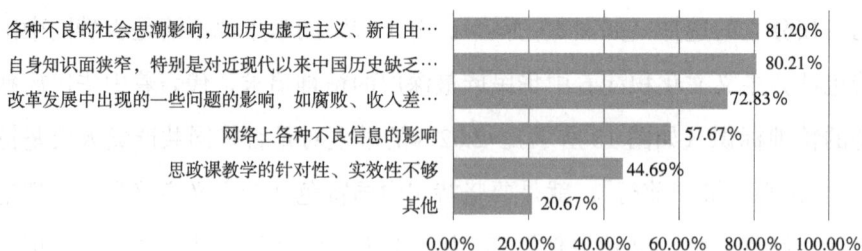

图33　影响边疆民族地区大学生坚定"四个自信"效果的因素

一些问题的影响,如腐败、收入差距、生态问题等";有80.21%的学生选择"自身知识面狭窄,特别是对近现代以来的中国历史缺乏深入的了解";有44.69%的学生选择"思想政治理论课教学的针对性、实效性不够";有57.67%的学生选择"网络上各种不良信息的影响";有20.67%的学生选择"其他"(如图33所示)。这个结果表明,边疆民族地区大学生坚定"四个自信"效果受到多种要素影响,特别是各种不良的社会思潮影响,如历史虚无主义、新自由主义等,影响和制约边疆民族地区大学生坚定"四个自信"的效果。

**1. 社会环境中消极因素的影响**

社会环境中的消极因素首先是指各种错误的社会思潮、改革发展中存在的一些问题、网络上各种不良信息的影响等。根据调查,81.2%的学生认为是"各种不良的社会思潮影响,如历史虚无主义、新自由主义等",有72.83%的学生认为"改革发展中出现的一些问题的影响,如腐败、收入差距、生态问题等",57.67%的学生认为是"网络上各种不良信息的影响"(如图33所示)。高校是各类社会思潮相互斗争、相互较量的主阵地。邓小平就多次告诫:"要特别教育我们的下一代下两代,一定要树立共产主义的远大理想。一定不能让我们的青少年作资本主义腐朽思想的俘虏,那绝对不行。"① 当前社会思潮内容复杂、烦琐,呈多元化,特别是历史虚无主义、新自由主义、"普世价值"论、民主社会主义这几种思潮对马克思主义指导地位,对中国共产党的领导,对中国特色社会主义进行攻击和挑战等,对少部分大学生造成了极坏的影响。还有一些大学生对我国改革发展中存在的一些矛盾和问题,比如一些党员干部的贪污腐败的问题、收入差距的问题、教育不公的问题、生态环境的问题等无法正确分析与对待,不

① 《邓小平文选》第三卷,人民出版社1993年版,第111页。

满情绪和迷茫心境交织在一起，使他们混淆了是非判断的标准，对中国特色社会主义产生了怀疑，动摇了他们对中国特色社会主义的"四个自信"。同时，大学生很容易受到网络上各种不良信息的影响。随着科技的发展，网络已经成为大学生获取外界信息的主要途径，但网络具有虚拟性和隐匿性，一些不良信息往往带有很强的迷惑性和诱导性，比如西方强权政治文化、拜金主义、享乐主义、黄色和暴力等，都披上了各种"外衣"，试图侵蚀大学生生活方式和思想观念。此外，大学生还受到复杂的国际环境的影响。

### 2. 少部分大学生自身的综合素质有待提高

根据调查，80.21%的学生认为"自身知识面狭窄，特别是对近现代以来的中国历史缺乏深入了解"是影响大学生坚定"四个自信"的主要因素。我国传统的应试教育在中学阶段过分强调知识教育，以分数为主来评价学生，一定程度上忽视了对学生世界观、人生观和价值观的引导，导致部分学生德育教育方面显得不足。同时，由于学生自身知识面不够广、知识结构不够健全和完善，进入大学后，面临着激烈的社会竞争、就业压力等问题，使得少部分学生感到困惑和迷惘，"佛系青年""丧系青年"就是今天一些大学生的真实写照，他们政治信仰迷茫、理想信念模糊、价值取向扭曲、社会责任感和使命感缺失。他们对于"四个自信"的教育产生了抵触心理，没有真正达到内化于心、外化于行，更谈不上对中国特色社会主义道路、理论、制度、文化有高度的自信。大学生坚定"四个自信"，必须提升自身综合素质，自觉按照党和人民的要求，提高思想觉悟，以先进的理论武装自己的头脑，树立正确的世界观、人生观和价值观，不断增强甄别能力，自觉与错误思想划清界限，并坚持实践磨砺，努力做坚定"四个自信"的表率。

### 3.思想政治理论课教育教学的针对性和实效性有待提高

第一，思想政治理论课教育教学针对性不强。思想政治理论课是大学生学习了解并坚定"四个自信"的主要渠道。调查显示：44.69%的学生认为"思想政治理论课教学的针对性、实效性不够"是影响边疆民族地区大学生坚定"四个自信"的一个因素（如图33所示）。调查还显示：16.73%的学生对本校思想政治理论课教学对学生坚定"四个自信"的作用表示"思想政治理论课教学效果一般，作用不大"，2.17%的学生表示"说不清，不感兴趣"（如图32所示）。这个结果表明，少部分思政课教师在教学中不太注意改进教学方法，教学的针对性和实效性有待提高，思想政治理论课对学生坚定"四个自信"的作用并没有完全发挥出来。第二，思想政治理论课教学中少部分教师没有有效融入"四个自信"教育。调查显示：关于"在'思想道德与法治'课堂教学中，老师会强调'四个自信'对坚定个人理想信念的重要性吗"，有4.13%的学生选择"不清楚"，有33.66%的学生选择"偶尔会"（如图22所示）。关于"在'中国近现代史纲要'课堂教学中，老师会从历史发展的必然趋势的角度阐明'四个自信'的历史必然性吗"，8.76%的学生表示"不清楚"，有35.73%的学生表示"偶尔会"（如图23所示）。关于"在'马克思主义基本原理'课堂教学中，老师会用马克思主义基本原理阐明'四个自信'的内在依据吗"，10.33%的学生表示"不清楚"，有33.07%的学生选择"偶尔会"（如图24所示）。关于"在'毛泽东思想和中国特色社会主义理论概论'课堂教学中，老师会强调'四个自信'对中国特色社会主义事业蓬勃发展的重要性吗"，有10.83%的学生选择"不清楚"，还有33.27%的学生表示只是"偶尔会"（如图25所示）。关于"在'形势与政策'课堂教学中，老师会联系时政阐释和分析'四个自信'吗"，34.84%的学生选择"偶尔会"，有6.01%的学生表示"不清楚"（如图26所示）。这说明，有些高校的少部分思政课教师在教学中贯穿"四个自信"教育做得不够到位。

### 4. 高校"四个自信"教育的协同效应没有充分发挥出来

关于你认为学校应该通过哪些方法和途径让学生学习了解和坚定"四个自信"的调查结果显示，选择"'四个自信'专题讲座""思想政治理论课教学""在社会实践中真实感受""参观爱国主义教育基地""在专业课课堂中贯穿学习""在各种社团活动中感受提升""班级开展主题党日""参加党校学习活动""通过网络平台进行自我教育"的百分比依次是 85.83 %、78.94 %、76.67 %、69.58 %、64.86 %、62.89 %、55.94 %、55.8%、53.54%（如图 21 所示）。这个结果说明，大学生希望有多种方法和途径来学习和了解"四个自信"，认为"四个自信"专题讲座、思想政治理论课教学、在社会实践中真实感受是最主要的途径。笔者认为，高校要推进"四个自信"教育，还必须发挥课程思政的作用，以及各个职能部门的作用，使思政课程与课程思政同向同行、同频共振，使课堂教学与学校各职能部门的活动有效结合，充分发挥协同效应。但调查结果也显示，有 37.99％的学生认为在专业课教学中老师只是偶尔会将"四个自信"的内容融入教学当中，还有 9.15％的学生表示不清楚，说明一些专业课教师并没有在专业课教学中贯穿"四个自信"教育（如图 27 所示）。有45.18％的学生认为学校各个职能部门（包括科研处、团委、组织部、学生会、宣传部、后勤管理等）在发挥"四个自信"教育方面"作用发挥一般"，2.95％的学生认为"没有发挥作用"（如图 30 所示）。关于"学校是否会经常组织社会实践活动（例如参观红色爱国主义基地），以增强大学生坚定'四个自信'"，有 40.94％的学生选择"偶尔会"，有 10.93％的学生选择"不清楚"，这说明，有些高校不太注意组织社会实践活动以增强大学生"四个自信"（如图 28 所示）。39.17％的学生认为学校只是"偶尔会"通过创建浓郁的校园文化增强大学生"四个自信"，9.94％的学生表示"不清楚"（如图 29 所示）。这些数据说明，一些高校"四个自信"教育的各种途径的协同效应没有充分发挥出来，特别是各个职能部门对大学生进行

"四个自信"教育的作用没有充分发挥出来。

### 5. 边疆民族地区特有的自然条件与社会环境的影响

边疆民族地区具有独特的自然条件与社会环境也是影响边疆民族地区高校部分大学生坚定"四个自信"效果的重要原因之一。从云南的自然条件看,"云南简称'云'或'滇',地处中国西南边陲,北回归线横贯南部。总面积39.4万平方公里,占全国总面积的4.1%。东与广西壮族自治区和贵州省毗邻,北以金沙江为界与四川省隔江相望,西北隅与西藏自治区相连,西部与缅甸唇齿相依,南部和东南部分别与老挝、越南接壤,共有陆地边境线4061公里"[①]。处于与缅甸、老挝与越南交会之地的云南,由于自然条件的特殊性,独特的地理位置决定了云南这个边疆民族地区的跨国文化交流是非常频繁的,伴随着与邻国的密切往来,也会有一些负面的、消极的文化因素被带进国门,这样一个具有地理位置优势的交流汇集点也给一些企图制造分裂的境外势力提供了可乘之机。边疆民族地区高校的部分大学生辨识能力还比较薄弱,面对有备而来、居心叵测的境外敌对势力的教唆挑拨,容易受人蛊惑,丧失自己的信念与信仰。同时,云南还是一个多民族的边疆地区,"全省人口在5000人以上的民族有26个,其中15个民族是云南特有民族,7个特有民族人口在十万人以上,全省有8个民族自治州、29个民族自治县、193个民族乡,是全国民族自治州、自治县最多的一个省,民族自治地方占全省总面积的72%,占全省总人口的51%"[②]。每个民族的历史、风俗习惯、语言文字、宗教背景各有差异,受多方面因素制约,导致一些理性诉求、各民族之间交往存在现实的困难,

---

① 《云南省概况》,国际在线新闻网:https://news.cri.cn/20180711/1f044214-3661-2370-5e9f-5113aebe149e.html。

② 云南省地方志编纂委员会:《云南省志·民族志》,云南人民出版社2002年版,第1页。

各民族文化融合与交往的广度和深度还不够，再加上一些民族分裂势力的作祟，从而使边疆民族地区部分大学生信仰信念会受到不同程度的影响。从云南的社会环境看，与沿海地区和内地相比较，云南的政治、经济、文化处于相对落后的状态。改革开放以来，边疆民族地区经济社会得到了极大发展，但与沿海发达地区还有明显的差距，在云南内部，收入差距的问题也十分突出，收入的差距加之文化的相对落后，也会影响到他们对中国特色社会主义的"四个自信"。总之，自然条件的多民族、多文化、多宗教与社会发展处于低水平、不平衡、发展很不全面的现状相互交错，是影响边疆民族地区大学生坚定"四个自信"的重要因素之一。

针对上述存在的问题，要推进边疆民族地区大学生坚定"四个自信"，要加强和改进思想政治理论课教育教学，包括发挥好思政课的主渠道作用、在思政课教学中加强对大学生进行"四个自信"教育、创新思政课教学方法和教学手段、提高思想政治理论课教师的素质；要拓展"四个自信"教育的其他路径，包括在专业课教学中贯穿"四个自信"教育、开展好"四个自信"专题讲座、在社会实践活动中感悟"四个自信"、充分发挥高校各个职能部门的育人作用等。还要注重社会环境的优化，使大学生能够全方位受到"四个自信"的教育熏陶，让大学生在这种全方位的教育熏陶中不断地坚定"四个自信"。

# 第四章 大学生"四个自信"的
# 生成机制和规律

　　帮助大学生增强中国特色社会主义"四个自信",是高校思想政治理论课教育教学的重要责任和崇高使命。所谓增强,就是通过教育使大学生内心深处对"四个自信"形成坚定不移的肯定认知和身体力行的执着践行。帮助大学生增强中国特色社会主义"四个自信",是践行习近平新时代中国特色社会主义思想的重要内容,也是落实立德树人根本任务的需要。大学生能否生成"四个自信"的意识和信念,既关系到他们自身的成长成才,也关系到国家和民族的前途命运。对大学生"四个自信"的生成机制和规律的分析和研究,是我们进行"四个自信"教育的重要指导和重要遵循。本章主要是结合云南边疆民族地区高校大学生的实际情况来分析。

## 一、边疆民族地区大学生"四个自信"的生成机制

　　"生成"这个概念源于生态学观点,是指生物的长成和养育。"机制"这一概念原来自力学,指机器内部结构的联动方式和作用原理。后被引入社会科学领域,指系统内部各子系统和要素之间的相互作用、制约和联系的方式。大学生"四个自信"的生成过程也是有它特殊的内在机制的,它是指大学生"四个自信"生成过程中多种内外因素相互渗透、相互影响的关系及其调节形式。从外在因素来看,就是指社会环境,包括社会、社

区、家庭、学校等环境的影响；从内在机制来看，必然要经过"知"的确证、"情"的体验、"意"的保持、"信"的坚守、"行"的实践等互动环节。这里重点是探讨大学生"四个自信"生成的内在机制。

要使边疆民族大学生坚定"四个自信"，关键在于要做到知行合一。"知之真切笃实处，即是行。行之明觉精察处，即是知。"但从"知"到"行"过程中，还有"情""信""意"三个重要心理环节需要把握。"知、情、信、意、行"五个环节在推动边疆民族大学生坚定中国特色社会主义"四个自信"过程中紧密联系，呈现为由表层向深层不断发展的状态，最终实现内化于心、外化于行的目的。

## （一）"知"的确证

### 1. 准确的认知是大学生"四个自信"生成的发端

大学生要坚定"四个自信"，首要的就是要解决认知问题，这是基础性、前提性的要件。对"四个自信"的认知，是边疆民族大学生"四个自信"生成的重要前提条件。这里所讲的"认知"就是对"四个自信"的相关理论和基本知识的认识和了解，包括"四个自信"的科学内涵、主要依据、重要价值等，涉及对中国特色社会主义道路、理论、制度和文化等方面的认识。"四个自信"作为中国特色社会主义理论体系的重要内容，是对马克思主义基本观点的阐发与创新，是对马克思主义中国化的继承与发展，是提升中国文化软实力与国际影响力的重要标志，对于中华民族伟大复兴特别是精神层面的提振产生深远影响。边疆民族地区大学生只有系统了解和把握中国特色社会主义"四个自信"的科学内涵、主要依据、重要价值等，才能进一步生成"四个自信"的情感和意志。针对边疆民族地区大学生开展"四个自信"的教育，使他们获得关于"四个自信"的全面准确的认知，这是边疆民族地区大学生"四个自信"生成的发端，是促进边疆民族地区大学生健康成长和全面发展的需要，也是边疆地区高等教育科学发展的必然选择。

第一，增强"四个自信"认知是有效抵制各种不良社会思潮的需要。目前世界正历经百年未有之大变局，社会思潮和价值观念纷繁复杂，特别是在西方敌对势力的操作下，一些不良的社会思潮比如历史虚无主义、文化虚无主义、"普世价值"论、新自由主义等一度甚嚣尘上。它们打着"民族""宗教""人权"等幌子，攻击马克思主义的指导地位，否定我国的社会主义制度，试图削弱和颠覆中国共产党的领导，破坏中国的民族团结，弱化大学生对中国特色社会主义道路、理论、制度、文化的认同感和认可度，误导大学生群体对于我国社会主义现代化建设取得的成绩的否认，从而怀疑、动摇甚至是放弃中国特色社会主义和共产主义的信仰。因此，非常有必要对大学生进行"四个自信"的教育，使他们深刻认识到"中国特色社会主义道路是实现社会主义现代化、创造人民美好生活的必由之路，中国特色社会主义理论体系是指导党和人民实现中华民族伟大复兴的正确理论，中国特色社会主义制度是当代中国发展进步的根本制度保障，中国特色社会主义文化是激励全党全国各族人民奋勇前进的强大精神力量"[1]。这样才能有效抵制各种不良社会思潮的负面影响，不断增强对中国特色社会主义"四个自信"。

第二，增强"四个自信"认知是边疆民族地区大学生健康成长和全面发展的需要。人的自由全面健康的发展是社会主义发展的最终旨趣，也是我国教育的根本目标追求。当代大学生群体所面临的成长机遇与成才条件可以说是非常好的，特别是身处于经济社会发展相对落后的边疆民族地区，其施展才华的空间也是巨大广阔的。但一个人的成长成才，所需要的

---

① 习近平:《决胜全面建成小康社会 夺取新时代中国特色社会主义伟大胜利——在中国共产党第十九次全国代表大会上的报告》，人民出版社2017年版，第16—17页。

能力和素质是多元的和复合的，而其中政治素养可以说是居于首位的，没有正确的政治立场和崇高的政治理想，哪怕他的专业再精通、能力再出众，也难以为国家、为民族、为人民作出卓越的贡献，甚至会走向国家、民族、人民的对立面，因此培养正确的政治素养是大学生群体健康成长成才的题中要义。从理论上、从知识维度上深入了解"四个自信"，树立为中国特色社会主义事业奋斗的理想信念，在学习过程中不断锤炼高尚品格，形成正确的世界观、人生观和价值观，这是边疆民族地区大学生健康成长和全面发展的需要。

第三，增强"四个自信"认知是边疆民族地区高等教育科学发展的必由之路。教育是民族振兴、社会进步的重要基石，高等教育开展更是功在当代、利在千秋的德政工程。我国高等教育发展方向要同我国发展的现实目标和未来方向紧密联系在一起，就是要为人民服务、为中国共产党治国理政服务、为巩固和发展中国特色社会主义服务、为改革开放和社会主义现代化建设服务。当前从建设维度看，无论在内陆地区还是边疆民族地区都已经实现快速的发展与跨越，目前更应该注重质量和效益、走内涵式发展道路，这才是符合现阶段的世情、国情、民情、教情的应然之举。而在千头万绪的高等教育各项事业的发展之中，将国家的治国理政的主要内容、内在逻辑和重要举措告知大学生又是其中的关键之举，"四个自信"不仅关乎国家治国理政的内容维度，还关系到治国理政的信仰维度，因此，在发展高等教育的全过程之中，贯穿对大学生进行"四个自信"的教育，这不仅是大学生在"知"的层面夯实坚定"四个自信"的思想基础，而且也是边疆民族地区高等教育科学发展的必由之路。

### 2.边疆民族地区大学生获得"四个自信"认知的有效途径

前面阐述了边疆民族地区大学生获得"四个自信"认知的重要性和必要性，但最终还得落实到如何获得"知"这个问题上。那要如何获得"知"

呢？怎样让边疆民族大学生知道"四个自信"的内容和必要性，是最为重要也是最为困难的部分。如何提升边疆民族地区大学生对"四个自信"的认知呢？这里主要强调两个方面。

第一，发挥高校思政课堂的主阵地作用。高校的思政课程一直都是对学生开展思想政治教育的主阵地，同时也是进行"四个自信"教育，使学生形成"四个自信"正确认知最重要的途径。充分发挥思政课在"四个自信"教育中的基础性作用，引导学生对"四个自信"的科学内涵、主要依据、背景和意义的正确认知。比如，在"毛泽东思想和中国特色社会主义理论概论"课教学中，结合章节内容重点向学生讲清"四个自信"的科学内涵和重要意义。在"中国近代史纲要"课教学中，则可以从历史发展的必然性角度向学生阐明，中国特色社会主义是近代以来中国人民和中国共产党经过反复比较作出的正确选择，说明"四个自信"有深厚的历史依据。在"马克思主义基本原理概论"课教学中，结合马克思主义基本原理及其立场、观点、方法，从学理层面论述"四个自信"深厚的理论基础，帮助学生树立起对"四个自信"的理论自觉。"思想道德与法治"课可以在有关理想信念教育、价值观教育的章节教学中，科学地融入"四个自信"的教学内容，增强大学生对社会主义的信仰，引导他们树立崇高的理想信念。在"形势与政策"课教学中，则可以从时事政策、国外局势变化和国际对比角度，来阐述和印证"四个自信"。此外，在开展思政课教学时，要突出社会主义核心价值观培育，引导边疆民族学生把个人的理想信念与民族国家的发展紧密结合起来，将价值构建提升到精神建构。同时，要有意识地引导学生了解相关社会热点和国际形势，通过对热点事件的分析，不断提升边疆民族学生的辩证思维能力，为其坚定"四个自信"打下坚实的基础。

第二，积极应用互联网技术手段。随着互联网的飞速发展，现在的大学生无论在日常生活抑或是在学习中，都不可避免地习惯运用互联网解决实际问题。微信、微博等社交软件已成为不可替代的掌握信息、形成认知的平台。面对互联网时代的新媒介和新渠道，边疆民族地区高校应当充分利用互联网的思维和方式开展"四个自信"的教育。一是针对"四个自信"教育设计校园网站。在网站上开辟介绍"四个自信"的专栏，把"四个自信"的相关理论内容，党史、新中国史、改革开放史、社会主义发展史的重大历史事件，历史上坚定"四个自信"的模范人物的事迹等教育材料，通过视频、图片等展示出来，并在讨论区与学生进行交流对话，及时了解学生的思想动态，向学生答疑解惑关于"四个自信"在内容、逻辑和思想层面的问题。二是创立关于"四个自信"教育的公众号。把此公众号作为"四个自信"教育的平台，发布有关"四个自信"的文章，深入分析"四个自信"的丰富内涵、主要依据等，通过生动形象、活泼多样的表现形态把"四个自信"的核心观点展示出来，增强边疆民族地区大学生的思想认同。三是构建师生互动平台。借助线上课堂的形式，教师临时设立局域网，学生可以进入该网络，教师提出关于"四个自信"的相关问题，采取多种方式使学生能够记忆和理解。学生在充分理解内涵后，对教师的提问进行积极反馈，从而加深了对"四个自信"的认识，更好地坚定"四个自信"。此外还可以借助现有的网络教学平台，促进师生开展"四个自信"问题的交流和互动。

## （二）"情"的体验

### 1.真挚的情感是大学生"四个自信"生成的催化剂

心理学认为，"情感是人对客观事物是否满足自己的需要而产生的态度体验"[①]。人们在认识客观事物的过程中，对现实中的对象和事物常常抱有不同的态度，会产生诸如愉快、赞叹、赞同、愤怒、激愤、恐惧、厌恶等不同形态的体验。如果对一个事物或对象产生愉快、赞叹、赞同等体

---

① 林崇德：《心理学大辞典》，上海教育出版社 2003 年版，第 152 页。

验，那就会对这个事物或对象产生积极的接受和认同；反之则不可能接受和认同。可见情感在人的认识活动中发挥着重要的作用。情感是人们心理结构的核心部分，人们的任何行为都伴随着一定的情感。我们所讲的对"四个自信"的情感，是指大学生在对"四个自信"的科学内涵、基本理论和基本价值形成一定认知后产生的情感上的共鸣，其实质就是大学生对中国特色社会主义道路、理论、制度和文化及其所产生的实践成效符合中国人民的需要而产生积极的、肯定的和稳定的态度体验。对"四个自信"缺乏情感的人，是不可能真正坚定"四个自信"的。所以培养边疆民族地区大学生对"四个自信"的情感，对他们"四个自信"的生成具有重要意义。如果大学生通过各种途径的学习感悟，能够理解和赞同马克思主义的理论品质、鲜明特征和政治立场；理解和赞同"中国特色社会主义道路是实现社会主义现代化、创造人民美好生活的必由之路，中国特色社会主义理论体系是指导党和人民实现中华民族伟大复兴的正确理论，中国特色社会主义制度是当代中国发展进步的根本制度保障，中国特色社会主义文化是激励全党全国各族人民奋勇前进的强大精神力量"[1]。这样的情感共鸣就为他们坚定"四个自信"准备了必要的情感基础。边疆民族地区大学生只有对中国特色社会主义的道路、理论、制度和文化有积极的、肯定的和稳定的情感态度，才能够使他们牢固树立"四个自信"的意志和信念，进而在行动上坚定"四个自信"。这说明，对"四个自信"的真挚情感是大学生"四个自信"生成的催化剂。

## 2.边疆民族地区大学生"四个自信"情感培育的有效途径

既然对"四个自信"的情感是使边疆民族大学生坚定"四个自信"的

---

[1] 习近平：《决胜全面建成小康社会 夺取新时代中国特色社会主义伟大胜利——在中国共产党第十九次全国代表大会上的报告》，人民出版社 2017 年版，第 16—17 页。

关键，那如何培育边疆民族地区大学生对"四个自信"的情感就成为极为关键的问题。

第一，要增强"四个自信"教育内容的丰富性。"四个自信"教育内容的丰富性关系到边疆民族地区大学生对"四个自信"的情感体验。教育内容的肤浅与单一，会使学生产生困惑和迷茫，甚至对"四个自信"教育产生反感或排斥心理，不易产生情感上的共鸣。因此，我们必须增强"四个自信"教育内容的丰富性，除了思政课教材中规定的教学内容外，还必须在下面几个方面加强。一是要加强对大学生进行"四史教育"。"四史教育"即是对大学生进行中共党史、新中国史、改革开放史和社会主义发展史的系统教育，引导和帮助边疆民族地区大学生深入了解中国共产党的奋斗历史、中国共产党领导中国人民建设社会主义社会的历史、中国共产党自身建设的历史、中国共产党不断进行理论创新的历史等，从而让学生更深刻地体会到中国共产党"为人民服务"的宗旨，了解中国选择马克思主义、选择中国共产党领导、选择社会主义道路和选择改革开放的历史必然性，进而增进对"四个自信"的真挚情感。习近平总书记强调："每一代青年都有自己的际遇和机缘，都要在自己所处的时代条件下谋划人生、创造历史。青年是标志时代的最灵敏的晴雨表，时代的责任赋予青年，时代的光荣属于青年。"①"四史"教育对增强边疆民族地区大学生对中国共产党的认同和信任，培养边疆民族地区大学生听党话跟党走，成为有理想、能实践、甘奉献的新时代青年具有重大而深远的战略意义。二是要加强边疆民族地区社会区情教育。让边疆民族地区大学生从心理上对自己所属地区的情况有准确的把握，使他们懂得国家统一和民族团结的重要性，培育并强化国情、区情的大局观念，要将边疆民族地区社会区情教育贯穿于"四个

① 习近平：《青年要自觉践行社会主义核心价值观——在北京大学师生座谈会上的讲话》，人民出版社 2014 年版，第 3 页。

自信"教育之中，还要注重边疆地区的社会发展历史、民族发展史、宗教演变史的教育，让学生懂得各边疆民族地区自古以来都是中国不可分割的一部分，各民族之间唇齿相依、水乳交融、荣辱与共、休戚相关，共同缔造我们伟大祖国。以这样的教育培养边疆民族地区大学生高度的爱国主义情感。三是要加强民族区域自治制度和民族政策教育。边疆民族地区大学生作为边疆民族地区社会和谐发展的中坚力量，拓展大学生的民族区域自治制度和民族政策的相关知识是十分必要的。了解和掌握民族区域自治制度和民族政策，有利于边疆民族地区大学生自觉与民族分裂主义划清界限，有利于大学生正确认识中国特色社会主义制度的优越性，坚定他们对中国特色社会主义制度的自信，增强他们为实现中国特色社会主义共同理想而奋斗的信念，不断夯实对"四个自信"的情感基础。四是要加强优秀传统文化教育与边疆民族地区红色文化教育。习近平总书记指出："中华文化源远流长，积淀着中华民族最深层的精神追求，代表着中华民族独特的精神标识，为中华民族生生不息、发展壮大提供了丰厚滋养。"[1] 加强优秀传统文化教育，是维护国家统一、促进边疆民族地区社会和谐发展以及边疆民族大学生健康成长的重要基石。在对边疆民族大学生开展优秀传统文化教育的过程中，要注意引导边疆民族地区大学生树立正确的文化观，引导他们继承和弘扬优秀传统文化。党的十九大报告指出："文化是一个国家、一个民族的灵魂。文化兴国运兴，文化强民族强。没有高度的文化自信，没有文化的繁荣兴盛，就没有中华民族伟大复兴。"[2] 要建设社会主义先进文化，建设文化强国，就必须继承和弘扬优秀传统文化。将边疆民族地区红色文化融入大学生"四个自信"教育中，不仅有利于边疆民族大学生领会

---

① 《习近平谈治国理政》第一卷，外文出版社 2018 年版，第 164 页。

② 习近平：《决胜全面建成小康社会　夺取新时代中国特色社会主义伟大胜利——在中国共产党第十九次全国代表大会上的报告》，人民出版社 2017 年版，第 40—41 页。

革命精神的真谛，牢记自身的使命，还有助于大学生抵制历史虚无主义、民族虚无主义等错误思潮的影响，同时还深化了民族团结教育，激发了学生的爱国情怀，从而增强了边疆民族地区大学生对"四个自信"的真挚情感。

第二，要优化"四个自信"情感培育的方法。理论教育与实践教育相结合、榜样示范与自我教育相结合、共性教育与个性教育相结合的方法是对大学生进行"四个自信"情感培育的重要方法。一是理论教育与实践教育相结合方法。"四个自信"情感培育不仅仅是理论教育，更是一种行为引导。理论与实践相结合不只是思政课教学的基本方法，也是大学生"四个自信"情感培育过程中的关键着力点。只有将两者统一起来，才能保证"四个自信"情感养成有良好的效果，才能使边疆民族地区大学生在实践中真正坚定"四个自信"。高校以思政课教育教学为主要阵地和主要手段，将"四个自信"理论知识和价值追求传递给大学生，增强他们对中国特色社会主义道路、理论、制度、文化的认同感，继而激发大学生坚定"四个自信"的信念。当然，单纯依靠课堂理论教育是难以达到令人满意的效果的，还需要将其延伸到边疆民族地区大学生的日常生活、专业课程学习、校园内外实践、党团社团活动中。例如在民族特有节日文化活动中开展"四个自信"情感培育，使"四个自信"情感培育与民族地区的文化活动相结合，在潜移默化中更能增强"四个自信"情感培育的效能。二是进行榜样示范与自我教育相结合方法。要以榜样的力量感化与自我教育相结合，对边疆民族地区大学生进行"四个自信"的情感培育。边疆民族地区高校在开展"四个自信"教育时要注重榜样的示范作用，通过典型人物的事迹更为直观地给边疆民族地区大学生指明前进和努力的方向，要让边疆民族大学生从先进典型人物的事迹中吸收榜样的力量，将榜样的崇高精神内化于心、外化于行，激励边疆民族地区大学生向模范人物学习，不断提高自身的能力和品质；同时，大学生要通过自主学习"四个自信"的理论和知识，自觉抵制各种不良社会思想对自己的侵袭，在正确与错误、先进与落后之间总结经验，提高自身的政治觉悟，努力运用马克思主义的立场、观点、方法去明辨是非，在抵制各种错误的社会思潮中增进"四个自信"的情感认同。三是共性教育与个性教育相结合方法。边疆民族地区大学生成长的背景、所受的文化和价值理想的选择，与内地大学生不尽相同，这就决定了边疆民族大学生"四个自信"教育的特殊性，如何解决好这特殊性，需要我们考虑大学生群体的差异性，实现共性与个性的统一，从而使边疆民族大学生对中国特色社会主义道路、制度、理论、文化产生自信。对边疆民族地区高校的大学生进行"四个自信"情感教育，既要覆盖全体大学生又要兼顾不同大学生，以确保"四个自信"情感教育具有较强的实效性、针对性。在教学中要细心观察并掌握边疆民族大学生的思想行为特点，从形色各异的大学生思想认识中看到本质上的共性，善于从表面相似中找到个性；要结合大学生不同的特点因材施教，针对不同学生的具体情况进行教育，使教育与学生自身实际相契合，使其在学习中深刻感受到"四个自信"对于自身及自己家乡的重要意义，形成情感上的共鸣，进而提升边疆民族地区大学生对"四个自信"的情感认同。

### （三）"意"的保持

#### 1. 坚强的意志是大学生"四个自信"生成的精神支撑

意志是人们在实践理想、履行道德义务过程中自觉地克服困难和排除障碍的毅力。它是体现认知、调节行为的精神力量，是产生行为的杠杆。[1]意志是人的意识能动性的集中表现，是人类特有的心理现象。从认知到行为的转化过程中必然会遇到各种困难和干扰，没有坚强的意志就有可能犹

---

[1]　陈万柏、张耀灿：《思想政治教育学原理》，高等教育出版社 2007 年版，第128—129 页。

豫徘徊、畏缩不前，被挫折搞得灰心丧气，这就需要有坚强的意志来支撑。只有在深厚情感基础上形成顽强而持久的意志，才能外化为相应的行为。习近平总书记提出："'天下难事，必作于易；天下大事，必作于细。'成功的背后，永远是艰辛努力。青年要把艰苦环境作为磨炼自己的机遇，把小事当作大事干，一步一个脚印往前走。滴水可以穿石。只要坚韧不拔、百折不挠，成功就一定在前方等你。"① 大学生对"四个自信"的意志，表现为大学生在坚定"四个自信"过程中，不为困难所惧，不被诱惑所扰，在心理上产生对"四个自信"的强烈情感，思想上形成稳定持久的意志，这种意志使他们自觉排除困难抵制干扰，将坚定"四个自信"落实到自己的行动上。对边疆民族地区的大学生来说，只有当他们具备了对"四个自信"的真挚情感和坚定意志，他们才能在面对敌对势力对我国的西化和分化时，面对各种歪曲否定中国特色社会主义道路、理论、制度和文化的错误言论时，面对各种诋毁和丑化中国共产党的领导、诋毁和否定中国特色社会主义建设所取得的伟大成就的行为时，能够勇敢地站出来，将作为一个中国人的骄傲与自豪融进血液中，以民族团结和民族复兴为己任，敢于同各种错误言论和行为作斗争，同各种阻碍国家发展和民族复兴的势力作斗争；在面对各种诱惑时，能够以对"四个自信"的坚定意志，作出无愧于祖国和人民的选择，将自己所学知识应用于建设中国特色社会主义伟大事业中。反之，对"四个自信"没有真挚情感和坚定意志的大学生，则很容易在困难、诱惑、压力等威慑利诱下止步不前，甚至走到党和人民的对立面。可见，坚强的意志是大学生"四个自信"生成的精神支撑。

**2. 边疆民族地区大学生"四个自信"坚强意志的培养锻炼**

习近平总书记指出："实现共产主义是我们共产党人的最高理想，而

---

① 《十八大以来重要文献选编》（中），中央文献出版社 2016 年版，第 8 页。

这个最高理想是需要一代又一代人接力奋斗的。"①"青年兴则国家兴，青年强则国家强。青年一代有理想、有本领、有担当，国家就有前途，民族就有希望。……广大青年要坚定理想信念，志存高远，脚踏实地，勇做时代的弄潮儿。"②大学生作为肩负中华民族伟大复兴的年轻一代，代表着祖国的希望和未来，决定着民族的前途和命运。大学生坚定"四个自信"才能树立起对社会主义和共产主义的理想信念。因此必须注重培养锻炼大学生对"四个自信"的坚强意志，推动他们自觉完成从认知到行动的转化。

第一，在思政课教学中培养学生的坚强意志。比如在"中国近现代史纲要"的教学中，注意引导学生懂得中国革命的胜利和新中国的建立是无数英雄用鲜血和生命换来的，引导学生懂得中国共产党领导中国人民革命过程中出现的种种困难和曲折，感悟中国共产党人在面对困难和曲折时，以坚强的意志和不怕牺牲的精神战胜困难争取胜利。井冈山时期，当"敌军围困万千重"之际，毛泽东却"我自岿然不动"；长征时期，面对敌人重兵"围剿"，征程万险艰难，毛泽东写下了"红军不怕远征难，万水千山只等闲"的诗句；抗日战争时期，面对凶恶强大的日本帝国主义，毛泽东自信作出了"抗日战争是持久战，最后胜利是中国的"这一科学论断；解放战争时期，面对美帝国主义扶持下的国民党反动派，毛泽东作出了"帝国主义和一切反动派都是纸老虎"的英明论断；新中国成立后，在西方帝国主义对我国进行封锁遏制的情况下，毛泽东透视历史规律，昭告世人，"封锁吧，封锁个十年八年，中国的事情就解决了"！实际上，在中国革命历史上，那些英勇牺牲的革命烈士们，都对自己所信仰追求的社会主义和共产主义伟大事业有着高度的自信，从而面对敌人的屠刀从容就义，如夏明翰就义时高喊"砍头不要紧，只要主义真；杀了夏明翰，自有后来

---

① 《习近平谈治国理政》第二卷，外文出版社 2017 年版，第 142—143 页。

② 习近平：《决胜全面建成小康社会　夺取新时代中国特色社会主义伟大胜利——在中国共产党第十九次全国代表大会上的报告》，人民出版社 2017 年版，第 70 页。

人",李大钊临终说的是"我是崇信共产主义者,知有主义不知有家,为主义而死兮也,何函为?"①这些事例反映了革命前辈们对社会主义和共产主义事业,对中国人民革命的前途有强烈深沉的自信。对于边疆民族地区大学生坚定"四个自信"教育,无疑需要帮助他们发展和锤炼对"四个自信"的坚强意志,使"敌军围困万千重,我自岿然不动"的坚强意志和从容自信在他们身上渐渐生成。同时,在思政课教学中,还要有意识地贯穿中华民族勤劳勇敢、自强不息等民族精神的教育,这除了能够增强他们对传统文化的自信,还能促使他们从民族精神中汲取能量,锤炼顽强意志,为实现民族复兴不怕困难、勇往直前、艰苦奋斗。

第二,充分利用各种媒介宣传英模事迹。可以运用各种影视教学片、纪录片等集文字、图像多种优势于一身的载体,充分利用公众号、微博、网站等互联网平台,以这些符合新时代大学生接受特点的渠道调动大学生学习兴趣,促进大学生主动学习中国从积贫积弱的半殖民地半封建社会到如今逐渐强盛的历史,提醒他们不忘昨天,不忘前人的牺牲,传承民族气节,书写新时代的青春故事,以坚定理想信念,塑造不屈的意志信仰。如观看《觉醒年代》,看百余年前中国共产党革命先驱们追求真理的艰辛历程,重温陈延年、陈乔年、邓中夏、赵世炎等革命英烈为革命事业不畏牺牲的事迹,感受他们在内忧外患的艰难年代依然坚守信仰的坚定意志,在救国道路上抛头颅洒热血的伟大精神。然而他们并不是特例,而是寻求中华崛起之路上的代表,在中华民族逐渐强大兴盛的历史征程上有千千万万个这样的人物,为完成各自的时代任务而排艰克难,甚至献出生命。当前时代赋予广大青年的任务是实现中华民族的伟大复兴,边疆民族大学生应该以此为己任,传承革命先烈坚不可摧的顽强意志,在诱惑和干扰前一身正气,把压力、困难、挫折当作磨刀石,以百折不挠的意志将民族复兴大

---

① 何隽:《李大钊殉难目睹记》,《革命人物》1985年第1期。

业向前推进。

第三，组织学生参观爱国主义教育基地。在具备条件的情况下，还可以组织学生参观各类爱国主义教育基地，让学生亲临其境，在革命先烈们曾经生活、训练、战斗的地方追溯中国共产党艰苦奋斗的历史，回忆他们如何在物资紧缺、环境恶劣的条件下仍然以坚定的信念和高昂的斗志与敌人英勇作战，用无数的流血和牺牲把革命事业引向光明未来。参观云南本土的爱国主义教育基地，不仅能够加深边疆民族大学生对历史的认知，避免陷入历史虚无主义，还能对他们的思想和心灵产生强烈震撼。这方面，边疆民族地区有许多爱国主义教育基地，如中共云南一大会址、云南陆军讲武堂旧址、云南红军长征柯渡纪念馆、会泽水城扩红文化生态园、大理祥云王复生王德三烈士故居、罗炳辉将军纪念馆、扎西会议纪念馆、西南联大纪念馆、一二·一运动纪念馆等，充分利用这些爱国主义教育基地的红色文化资源，强化爱国主义教育和红色文化教育功能，讲好中国故事，讲好中国共产党故事，讲好云南故事，用革命先烈的感人故事激发广大边疆民族地区大学生的爱国情、强国志、报国行，进而激励他们秉持革命先烈这种不屈不挠、勇往直前的精神和意志，担负起当代青年的使命和任务，以坚定的意志克服困难，排除障碍，这必然会使学生牢固树立起"四个自信"的坚强意志，为他们坚定"四个自信"奠定牢固基础。除此，还可以组织学生参观新农村、易地扶贫搬迁示范村、绿色农场等，让他们在所见所闻中真实感受到，中国共产党不仅仅是提政策喊口号，而是本着为民族谋复兴为人民谋幸福的初心和使命做实事，如新农村建设、脱贫攻坚等一件件、一桩桩利民惠民大事，亲身感受在中国共产党的带领下，农村民众生活发生了巨大变化，城乡差距进一步缩小，真正将减贫路上不落下任何一个人的目标贯彻到位，创造了人类脱贫史上的奇迹。通过参观学习，能够让边疆民族地区大学生从内心深处坚定对马克思主义的信仰，对中国特色社会主义的信念，自觉以中国特色社会主义理论为指导，为实现中华民族伟大复兴中国梦而奋斗。

### （四）"信"的坚守

#### 1. 坚定的信念是大学生"四个自信"生成的强大动力

信念是人们发自内心地对某种原则和规范的真诚信仰，是人们在深刻认识、强烈情感、坚强意志基础上所形成的对于目标的执着追求。它是连接认知和行为的中心枢纽，在实现二者有效转化过程中居于主导地位。习近平总书记提出："理想指引人生方向，信念决定事业成败。没有理想信念，就会导致精神上'缺钙'。中国梦是全国各族人民的共同理想，也是青年一代应该牢固树立的远大理想。中国特色社会主义是我们党带领人民历经千辛万苦找到的实现中国梦的正确道路，也是广大青年应该牢固确立的人生信念。"[①] 大学生"四个自信"的信念，是大学生在已经形成对"四个自信"充分认知的条件下，将"四个自信"主动升华为内心深处的情感和意志，并自觉以坚强的意志致力于对"四个自信"的坚定信仰和执着追求。大学生对于"四个自信"的认知，只有经过大学生的认知理性和人生经验的过滤转化为信念后，才会成为大学生行为的指南。所以，在培育大学生"四个自信"的过程中，在强调建构认知、升华情感、锻造意志的同时，更要注重培育信念。特别要注意培育大学生对马克思主义的信仰、对中国特色社会主义的信念、对中华民族伟大复兴的信心、对党和政府的信任，这"四信"是大学生理想信念培育的重要内容，正如习近平总书记指出的："宣传思想工作是做人的工作的，要把培养担当民族复兴大任的时代新人作为重要职责。重中之重是要以坚定的理想信念筑牢精神之基，坚定对马克思主义的信仰，对社会主义和共产主义的信念，对中国特色社会

---

　① 《十八大以来重要文献选编》（上），中央文献出版社2014年版，第278页。

主义道路、理论、制度、文化的自信。"① 由此可见，坚定的信念在大学生"四个自信"生成机制中处于核心地位，它是大学生最终生成"四个自信"并在实践中坚定"四个自信"的强大动力。

### 2. 边疆民族地区大学生"四个自信"信念教育的重要途径

当今我国经济迅速发展，科技创新日新月异，全球一体化趋势不断加强，在这样的时代背景下，人们在享受便利成果和更好生活的同时，也面临更大诱惑和不良思潮的冲击，这尤其对于保有新鲜感但又缺乏足够判断力的大学生造成极大影响，部分大学生出现了缺乏思考随大流，甚至被别有用心之人煽动做出不理智、不明智的事等。这从根源上看，是大学生对"四个自信"的信念不坚定，因此采取符合大学生身心特征、灵活多样的方式对大学生进行"四个自信"信念教育，筑牢理想信念之基，以满腔热情和赤诚之心投身于中华民族伟大复兴的历史进程便显得尤为重要。

第一，从学习习近平总书记经典论述中增强"四个自信"的信念。在对大学生进行"四个自信"教育时，要注意引导学生从习近平总书记关于"四个自信"的经典论述中学习感悟。习近平总书记提出和阐述"四个自信"时，呈现的是具有丰富认知、真挚情感和坚定信念的话语表达。他指出："我们要坚信，中国特色社会主义道路是实现社会主义现代化的必由之路，是指引中国人民创造自己美好生活的必由之路。中国特色社会主义理论体系是指导党和人民沿着中国特色社会主义道路实现中华民族伟大复兴的正确理论，是立于时代前沿、与时俱进的科学理论。中国特色社会主义制度是当代中国发展进步的根本制度保障，是具有鲜明中国特色、明显制度优势、强大自我完善能力的先进制度。中国特色社会主义文化积淀着中华民族最深层的精神追求，代表着中华民族独特的精神标识，是中国人

---

① 《习近平谈治国理政》第三卷，外文出版社 2020 年版，第 313 页。

民胜利前行的强大精神力量。"① 这是坚持走社会主义道路的宣言书，更是发自内心的自信力的展现！习近平总书记还指出："全党要坚定道路自信、理论自信、制度自信、文化自信。当今世界，要说哪个政党、哪个国家、哪个民族能够自信的话，那中国共产党、中华人民共和国、中华民族是最有理由自信的。有了'自信人生二百年，会当水击三千里'的勇气，我们就能毫无畏惧面对一切困难和挑战，就能坚定不移开辟新天地、创造新奇迹。"② 他把"四个自信"放在"当今世界""最有理由自信"这个人类自信史上的最高层面上说的，其自信主体"中国共产党、中华人民共和国、中华民族"意味着这种自信有无比深厚的根基。习近平总书记对"四个自信"的经典论述还有许多，需要教师去认真地梳理、学习和感悟，并应用于"四个自信"的教育过程中。

第二，从感悟中国社会主义建设的伟大成就中增强"四个自信"的信念。改革开放 40 年来，大刀阔斧的改革开放"使具有 60 多年历史的新中国建设取得举世瞩目的成就，中国这个世界上最大的发展中国家在短短 30 多年里摆脱贫困并跃升为世界第二大经济体，彻底摆脱被开除球籍的危险，创造了人类社会发展史上惊天动地的发展奇迹，使中华民族焕发出新的蓬勃生机"③。"我国国内生产总值由 3679 亿元增长到 2017 年的 82.7 万亿元，年均实际增长 9.5%，远高于同期世界经济 2.9% 左右的年均增速。我国国内生产总值占世界生产总值的比重由改革开放之初的 1.8% 上升到 15.2%，多年来对世界经济增长贡献率超过 30%。"④ 党的十九届四中

---

① 《习近平谈治国理政》第二卷，外文出版社 2017 年版，第 51 页。

② 《习近平谈治国理政》第二卷，外文出版社 2017 年版，第 36 页。

③ 习近平：《在庆祝中国共产党成立 95 周年大会上的讲话》，人民出版社 2016 年版，第 4 页。

④ 习近平：《在庆祝改革开放 40 周年大会上的讲话》，人民出版社 2018 年版，第 12 页。

全会通过的《决定》指出："党的十八大以来，我们党领导人民统筹推进'五位一体'总体布局、协调推进'四个全面'战略布局，推动中国特色社会主义制度更加完善、国家治理体系和治理能力现代化水平明显提高，为政治稳定、经济发展、文化繁荣、民族团结、人民幸福、社会安宁、国家统一提供了有力保障。"① 今天的中国对世界经济增长平均贡献率位居世界第一位。中国日益成为国际形势的"稳定锚"、世界经济增长的"发动机"、和平发展的"正能量"。在"四个自信"教育过程中，要讲好中国改革开放和社会主义现代化建设取得的伟大成就，在此基础上引导学生坚定"四个自信"。

## （五）"行"的实践

### 1."行"的实践是大学生"四个自信"生成的重要体现

行为是人们在认知、情感、意志和信念的支配下，在实践活动中所付出的实际行动。它是认知的归宿，是一个人思想的外在表现和综合反映，是衡量一个人道德高下的重要标志。② 大学生坚定"四个自信"的行为，是大学生在对"四个自信"具备深刻认知、深厚感情、坚定意志、崇高信念的基础上，自觉实现从认知到行为的转化，是大学生"四个自信"生成的最终结果和重要体现。这里讲的"行"属于"四个自信"教育的显性效果，要从学生的行为表现来观察。边疆民族地区大学生坚定"四个自信"的行为表现在多个方面，可以从两个阶段来观察和测评，即在校期间和走入社会之后。在校期间，从政治表现看，学生能够积极拥护党的路线方针政

---

① 《中共中央关于坚持和完善中国特色社会主义制度　推进国家治理体系和治理能力现代化若干重大问题的决定》，人民出版社 2019 年版，第 2 页。

② 陈万柏、张耀灿：《思想政治教育学原理》，高等教育出版社 2007 年版，第129 页。

策，能与以习近平同志为核心的党中央保持高度一致；主动地学习马克思主义理论，学习习近平新时代中国特色社会主义思想；能够勇敢地与各种诋毁中国共产党的领导、诋毁马克思主义、诋毁中国特色社会主义的错误言行作斗争；日常言语中流露出对国家强烈的热爱，对中国特色社会主义强烈的热爱，对中华民族伟大民族复兴的责任感；积极递交入党申请书，积极向党组织靠拢，积极参加党团组织的各项活动等。从学习状况看，学生有明确的学习目的和浓厚的学习兴趣，对"学什么""为什么学""怎样学"有比较清醒的认识，学习勤奋努力、刻苦钻研，学习成绩优秀。从精神状态看，学生表现出一种积极向上、乐观豁达的精神状态，遇到困难时能够积极地寻求解决，对社会中存在的一些问题能够理性思考，不会抱怨各种所谓的"不公平不自由"等。从道德修养看，更加注意个人道德修养，能够做到文明礼貌、爱护公物、保护环境、关心同学、关心集体、助人为乐、遵纪守法等。当学生走上工作岗位之后，更多地看重履行本职工作的情况。比如在本职工作中，爱岗敬业，有为建设社会主义现代化贡献力量的强烈愿望和动机，有创新意识和创新精神，在工作中能承担重任，有较强的沟通能力、表达能力和心理素质等。毫无疑问，一个坚定"四个自信"的人，将会迎接挑战，奋力拼搏，勇往直前，事业有成。这正是"今日我以母校为荣，他日母校以我为荣"。反之，没有"四个自信"的人就不可能确立崇高的理想信念，也就不会有为建设中国特色社会主义贡献青春和力量的意识和志向。在工作中表现出挑三拣四、斤斤计较、患得患失、自私自利、投机取巧，没有大局意识、服务意识等，这必将会影响到他一生的事业发展。应该注意的是，这里所说的"行"不仅是指他们的个别的某个行为，更重要的是强调一种行为习惯。习近平总书记指出："要笃实，扎扎实实干事，踏踏实实做人。道不可坐论，德不能空谈。"①

---

① 《十八大以来重要文献选编》（中），中央文献出版社 2016 年版，第 8 页。

如果将坚定"四个自信"落到实处，从知行合一上下功夫，把"四个自信"内化为一种精神追求，外化为一种自觉行动，就能发挥双重效应，一方面，通过行为习惯，可以较为全面、客观地衡量他们的知、情、意、信状况；另一方面，行为习惯形成之后可以反过来提高认知、深化情感、锤炼意志、升华信念，促进行为的转化。可见，"四个自信"的"行"与"四个自信"的"知""情""意""信"是相互渗透、相互影响、相互支撑的，这是大学生"四个自信"生成机制的作用原理。大学生"四个自信"的"行"是其"四个自信"生成的重要体现，也是"四个自信"的"知""情""意""信"升华的结果。

### 2. 建立边疆民族地区大学生坚定"四个自信"的长效机制

纵观整个人类历史，任何一种思想，仅仅停留在意识层面是不够的，只有切实将思想落实到行动中去，思想才能发挥它的强大力量。但长期以来，在对学生的教育引导中存在一个误区，那就是往往只强调认知的输送而忽略了学生实践能力的培养，认为只要学生具备正确的认知便自然会去实践它，这是造成目前部分大学生是非混乱、情感不深、信念动摇、意志薄弱的重要原因，这要求要建立一种长效机制，激励他们在学习、生活和工作中坚定"四个自信"，做到知行合一。一是积极参加经常性的志愿者活动。比如，积极参加"三下乡"、"三支一扶"、西部计划等志愿服务活动，并以灵活多样的宣传形式号召学生积极参与，鼓励他们到基层、到广阔西部去努力，去奋斗，在艰苦地区读懂中国。通过直面西部地区变化和与基层民众的面对面交流中，愈加坚定对中国特色社会主义理论、制度和文化的自信，坚定走中国特色社会主义道路的决心，并将其落实到行动上，急民众之所急，想民众之所想，在中国共产党的带领下，为民众办实事，竭尽全力解决民众遇到的困难，用行动改变西部和基层贫穷落后的面貌。正如 60 多年前应国家之需，几代塞罕坝人把荒漠变绿洲的无私行动一样，今天奔赴西部和基层的大学生，也把知识和希望带到落后艰苦地方，用自己的行动为落后地区的发展贡献自己的力量，将青春绽放在祖国和人民最需要的地方。切实参与到这样的事业中，感受自己的行动给当地带来的变化和给民众带来的快乐，能够使大学生从中获得极大的成就感，进而从内心深处将对"四个自信"的认知、情感、意志和信念都提升到更高的程度，并促使自己将这种行动延续为一种行为习惯，把实现中华民族的伟大复兴作为自己的行为指南，并贯彻到实际行动上。二是建立科学完善的奖励机制，在全社会营造坚定"四个自信"的良好氛围，使广大边疆民族大学生在潜移默化中自觉为实现国家富强、民族振兴添砖加瓦。比如，举办诸如"大学生年度人物"之类的推选活动，表彰在危急时刻、在人民需要的地方冲锋在前、奋发有为的大学生，看他们如何接过历史赋予的重任，如何彰显新时代大学生风采，如何把青春融入中国梦。开展这样的推选活动，表彰为社会、为国家发展作出贡献的大学生，既是对受表彰大学生先进事迹的一种肯定，激励他们将这样的行动坚持下去，变为一以贯之的习惯，同时也是对其他大学生的一种示范教育，主动坚定"四个自信"，助力民族复兴大业。所以除了推选和表彰，还应该在全国范围内广泛宣传优秀大学生的先进事迹，以形成强大的引领力，让边疆民族大学生成为"四个自信"的行动派、实践者。

## 二、边疆民族地区大学生"四个自信"生成的规律

"四个自信"是中国特色社会主义信仰体系中的核心内容，是中国特色社会主义共同理想和共产主义远大理想的基础，也是实现中华民族伟大复兴中国梦的精神动力。青年大学生是社会的精英、国家的未来、民族的希望，作为社会主义事业的建设者和接班人，这也内在地规定和要求当代

大学生在信念构建中，要毫不动摇地坚定中国特色社会主义道路、理论、制度、文化的自信，自觉将"四个自信"融入自身成长成才的全过程之中，成为有理想、有本领、有担当的时代新人。前面阐述了边疆民族地区大学生"四个自信"的生成机制，透过这些机制可以看出，大学生"四个自信"的生成是遵循一定的规律不断深入的。

## （一）知识内化与价值建构相统一规律

从育人的本质进行分析，教育意义在于"化"和"行"而不仅是"受"，大学生思想品德的生成要经历认知—认同—内化—外化践行的过程。而内化阶段是大学生内在品质与信仰的生成的重要阶段，要历经知、情、意、信、行各要素的均衡发展。"内化"是思想政治教育学的基本范畴之一。所谓内化"是指人们在思想政治教育过程中，将社会发展要求的思想、观念、规范纳入自己的态度体系，成为自己意识体系有机组成部分的过程"①。"当外在教育信息输入时，学生开始接收，经过选择（加工），再到接受（同化）；在此基础上，学生经过反复心理体验（特别是实践体验），内在需要逐渐升华，从而丰富起情感，对非道德因素干扰的抵抗力加强，逐步形成顽强的意志和坚定的信念，实现了知识的'内化'。"② 大学生"四个自信"教育的目的就是要让大学生自觉地选择、消化、吸收"四个自信"的相关理论及其蕴含的政治立场、理想信念、价值追求、精神风貌等，将其纳入自己的意识体系，进而形成稳定的思想观念和价值观，成为支配、控制自己思想、情感、行为的内在力量。大学生对于"四个自信"的科学

---

① 张耀灿、陈万柏：《思想政治教育学原理》，高等教育出版社 2001 年版，第 9 页。

② 程建平：《思想政治道德知识内化规律探微》，《河西学院学报》2002 年第 3 期。

内涵、主要依据、价值追求等基本理论的认知，是其实现认同内化的基本前提。道路自信就是对中国特色社会主义道路正确性的高度自信，这条道路的形成是历史和人民的选择，而不是主观臆断和照抄照搬的产物，这是近代以来中国由衰落走向富强的必由之路，是实现中华民族伟大复兴的必由之路。理论自信就是对中国特色社会主义理论体系科学真理性的高度自信，理论自信来自对中国特色社会主义理论的历史贡献、内在逻辑、实践经验和群众基础，以及其科学性、人民性、实践性、发展性的理论品格。制度自信就是对中国特色社会主义制度的巨大优越性的高度自信，就是相信中国特色社会主义制度是推动经济发展、维护社会稳定、保障人民权益的根本保障。文化自信就是对中国特色社会主义文化的先进性和强大精神力量的自信。大学生"四个自信"的生成的前提就是要对"四个自信"的"理论知识"进行确证并产生内化，生成"四个自信"的情感意志信念，最终产生"四个自信"的"行"。

大学生对"四个自信"的理论知识进行认知和内化的同时，必然会追问为什么要坚定"四个自信"的问题，这就是价值诉求和价值建构的问题。大学生只有在深入了解坚定"四个自信"的重要价值之后，才会形成"四个自信"的情感意志信念并最终落实在坚定"四个自信"的行为上。因此，我们在对大学生进行"四个自信"教育时，要引导学生深刻领会坚定"四个自信"的重大意义和价值诉求。其一，坚定"四个自信"是坚持和发展中国特色社会主义的政治定力。只有坚定"四个自信"，才能确保中国特色社会主义实现路径的正确性，确保中国特色社会主义指导思想的科学性，确保中国特色社会主义制度体系的优越性，确保中国特色社会主义文化的先进性，从而不断把中国特色社会主义伟大事业推向前进。其二，坚定"四个自信"是实现中华民族伟大复兴的强大精神力量。中国特色社会主义进入新时代，中国经济社会发展进入新阶段，面临世界百年未有之大变局的时代背景，面对来自文化碰撞、利益多元、公共安全和矛盾凸显等方面的困境,面对在网络迅猛发展的背景下人们的思想、认识和观念的转变,如何实现社会共识的凝聚和社会力量的整合,需要坚定"四个自信"。实现中华民族的伟大复兴是亿万中华儿女共同的梦,需要每一位中华儿女共同发力,共筑中国梦。如何把全国人民的力量聚集到对马克思主义的信仰、对中国特色社会主义的信念上,聚焦在实现中华民族伟大复兴的伟大事业上,这就需要我们坚定中国特色社会主义道路自信、理论自信、制度自信、文化自信。其三,坚定"四个自信"是实现培育有理想、有本领、有担当的时代新人的重要保障。坚定中国特色社会主义"四个自信",是大学生全面发展的内在要求,是能担当民族复兴大任时代新人的精神底蕴,因此坚定"四个自信"有利于青年一代的健康成才成长。大学生坚定"四个自信",必然需要以"四个自信"在国家、社会、个人等维度的价值认知为基础,并在此基础上使"四个自信"的价值实现在他们的思想、行为层面得到彰显。可见,大学生"四个自信"生成过程体现出知识内化与价值构建相统一的规律,知识内化是价值构建的基础,只有实现了一定程度上的知识内化,才有可能实现价值构建。价值构建又是知识内化的必然趋势,也只有完成实现了价值构建,知识内化才算是有了最终的落脚点。这就告诉我们,对大学生进行"四个自信"教育时要遵循"价值性和知识性相统一"的原则,正如习近平总书记指出的:"知识是载体,价值是目的,要寓价值观引导于知识传授之中。"①

## (二)"三进"互动与协同生效相统一规律

大学生对"四个自信"的"知""情""意""信"等不是天然地在自

---

① 习近平:《论党的青年工作》,中央文献出版社 2022 年版,第 192 页。

己的头脑中产生，而是要通过传授者借助一定的方式和手段进行传授教育才可能产生。推动"四个自信"，"三进"并使之协调生效是"四个自信"教育的基本手段和基本途径，也是大学生"四个自信"生成的一个重要规律。第一，"四个自信"进教材。教材是实现理论体系向教学体系转化的重要桥梁与载体，是实现"三进"的重要基础。就是要把"四个自信"的科学内涵、主要依据、价值立场和基本要求等内容，有机地融入"思想道德与法治""毛泽东思想和中国特色社会主义理论体系概论""中国近现代史纲要""马克思主义基本原理""形势与政策"等五门思政课以及其他课程的教材之中，并在教材中凸显其重要地位。从目前的情况看，四门思政课的教材体系中并没有专门的章节来阐述"四个自信"的理论问题。在教材编写中"四个自信"的内容占多大篇幅，作多少论述，是专门集中阐述还是在各章节中有机贯穿渗透，怎样贯通渗透等，都是需要不断创新研究的。第二，"四个自信"进课堂。单纯依靠教材的编排设定还是不够的，坚持"四个自信"必须贯穿教育教学活动的始终，其中，思政课的课堂教学是重要的阵地。"四个自信"进课堂，这是大学生坚定"四个自信"的内在要求。这就要求教师在课堂上要结合教学内容讲清楚中国特色社会主义道路、理论、制度和文化的科学内涵，讲清楚坚定"四个自信"的底气和依据是什么，讲清楚为什么要坚定"四个自信"，大学生怎样坚定"四个自信"等相关问题，使大学生对这些问题做到学懂弄通，真正融入自身的思想觉悟、理想信念、价值构建和实践行动中。比如在"毛泽东思想和中国特色社会主义理论体系概论"课堂教学中，要对中国特色社会主义道路、理论、制度和文化的科学内涵进行阐述；在"中国近现代史纲要"课堂教学中，要从历史的角度讲清楚中国特色社会主义道路、理论、制度和文化是历史的选择、人民的选择，有深厚的历史依据和文化根据；在"马克思主义基本原理"课堂教学中，在讲清楚人类社会发展规律和资本主义发展规律的基础上，深刻认识社会主义代替资本主义的历史必然性，而中国特色社会主义正是这种必然性在中国大地上的生动表现，从而增强中国特色社会主义"四个自信"；在"思想道德与法治"课堂教学中，讲清楚大学生要建立正确的人生观、价值观、道德观和法治观，讲清楚"中国精神""中华优秀传统文化""革命文化"等科学内涵，引导大学生对中国特色社会主义文化的认同。而其他类的课程也可以根据课程的学科专业特点，有效融入"四个自信"的相关内容，如数学课堂可以将中国数学家华罗庚、陈景润等在国际上有重要影响的数学研究成果与荣誉通过课程引入、教学案例等方式告知学生，使大学生进一步提升荣誉感与尊严感，坚定"四个自信"。第三，"四个自信"进头脑。进头脑是"三进"中最根本的问题，大学生坚持"四个自信"的根本目的和逻辑归宿，就是要入脑。在进教材、进课堂之后，只有"四个自信"的观念深深扎根于大学生的头脑之中，才能在对科学理论的理解认同上、对历史规律的正确认识上、对基本国情的准确把握上，实现大学生对中国道路、理论、制度和文化的认知、认同、内化、实践的转变，坚定大学生中国特色社会主义的道路自信、理论自信、制度自信、文化自信。

在推进"四个自信""三进"的过程中可以看出"三进"之间有互补性与依赖性，体现出"三进"互动与协同生效的规律。"三进"中包含"进教材""进课堂""进头脑"的三个过程与内容，这三者本质上是一个有机的整体。所谓协同生效强调的是"三进"并不是简单地并列叠加，而是构成一个相互作用的协同机制，即在大学生生成"四个自信"信念的过程中，进教材、进课堂、进头脑之间功能协同，相互依赖。首先，"进教材"是"进课堂"和"进头脑"的逻辑前提，教材是进行教育教学的前提基础，也是开展课堂教学的重要载体，"四个自信"必须融会贯通于教材之中，通过内容设计、案例设置、方法运用等方面凸显"四个自信"的相关要求，为"进课堂"和"进头脑"做好准备。其次，"进课堂"是"进教材"的必然要求，也是"进头脑"的关键环节。教师通过教学设计和课堂讲授，运用潜移默化、润物无声的方式进行"四个自信"的知识传授和价值建构。在这个环节中，以教师为主导力量，以高校思政课教学为主渠道，以"课程思政"为重要辅助，不断增强"四个自信"进课堂的实效性与可行性。最后，"进头脑"是"进教材"和"进课堂"的内在要求和必然结果。"四个自信"的最终生成并真正成为影响新时代大学生健康成长的重要因素，必须实现"进头脑"，将对中国特色社会主义的理论、道路、制度和文化的自信有机内化到自身的思想观念之中，成为影响自身的认识、习惯、信仰以及指导自身行为的重要因素。可见，"进教材""进课堂"的全过程和全要素，必须是围绕"进头脑"展开的，而"进头脑"的要求也势必规定选择什么样的内容、运用什么样的方式开展"进教材""进课堂"的活动，充分体现了"三进"互动与协同生效规律。这就要求我们在对大学生进行"四个自信"教育的过程中，要充分认识"四个自信""三进"的重大意义，积极推动"四个自信"的"三进"工作。

## （三）核心引领与多层互动相统一规律

中国特色社会主义是改革开放以来党的全部理论和实践的主题，党的十八大以来，我们党的全部理论和实践探索是围绕坚持和发展中国特色社会主义这个主题来展开、深化和拓展的。"中国特色的社会主义"这个命题是 1981 年 7 月邓小平会见著名武侠小说家、香港《明报》社长查良镛（金庸）先生时提出来的。所谓核心就是指"中国特色社会主义"这个核心，而中国特色社会主义有机地包含中国特色社会主义道路、理论、制度、文化四个方面的内容。坚定"四个自信"本质上说就是坚定对中国特色社会主义的全面自信。核心引领就是要引导学生坚定对中国特色社会主义的发展前景高度自信，对实现中华民族伟大复兴的高度自信。党的十八大报告指出："中国特色社会主义，既坚持了科学社会主义基本原则，又根据时代条件赋予其鲜明的中国特色，以全新的视野深化了对共产党执政规律、社会主义建设规律、人类社会发展规律的认识，从理论和实践结合上系统回答了在中国这样人口多底子薄的东方大国建设什么样的社会主义、怎样建设社会主义这个根本问题，使我们国家快速发展起来，使我国人民生活水平快速提高起来。实践充分证明，中国特色社会主义是当代中国发展进步的根本方向，只有中国特色社会主义才能发展中国。"[①] 习近平总书记强调："中国特色社会主义，是科学社会主义理论逻辑和中国社会发展历史逻辑的辩证统一，是根植于中国大地、反映中国人民意愿、适应中国和时代发展进步要求的科学社会主义，是全面建成小康社会、加快推进社会主义现代化、实现中华民族伟大复兴的必由之路。"[②] 因此，大学生坚定"四个自信"本质上说就是要坚定对中国特色社会主义的自信，并以此为核心展开，这也是深化与提升大学生坚定"四个自信"的总依据。从全局上把握好中国特色社会主义的发展逻辑、主要内涵、价值意义和实践成效，树立起对中国特色社会主义的高度认同与高度自信，有助于提升大学生对中国特色社会主义的道路、理论、制度和文化的自信，这充分体现出核心引领的功能和价值。

　　运用辩证唯物主义的观点审思，"四个自信"是一个相辅相成的有机统一体，既相对独立，又相互支撑、相互补充。因此坚定大学生"四个自信"，不仅要发挥"坚定中国特色社会主义自信"的核心引领功能，也需要通过增强道路、理论、制度和文化四个方面的自信以多层发展和协同推进，呈现出多层互动的规律。第一，道路自信是理论自信、制度自信、文化自信的根本前提。道路事关国家的前途、命运与未来，中国特色社会主义道路自信，保证了社会主义的本色底蕴，保证了党的基本路线不动摇，

---

① 《十八大以来重要文献选编》（上），中央文献出版社 2014 年版，第 10—11 页。
② 《习近平谈治国理政》第一卷，外文出版社 2018 年版，第 21 页。

保证了中国现代化进程的正确方向，坚决抵制了改旗易帜的邪路和封闭僵化的老路。同时，道路本身具有极强的实践属性，内在地规定了理论、制度及文化的发展方向、目标及方式这些基本问题，中国特色社会主义道路开辟和取得成功，无疑在实践上夯实了理论、制度和文化自信的基础。第二，理论自信是道路自信、制度自信、文化自信的思想基础。马克思主义理论具有科学性、革命性、人民性、实践性和发展性等鲜明特征，是指导人们认识世界与改造世界的科学理论，是引领人类解放与个体自由而全面发展的理论。而马克思主义中国化的理论成果毛泽东思想和中国特色社会主义理论体系，是与马克思主义一脉相承而又与时俱进的科学理论体系，是中国共产党领导中国人民进行革命、建设和改革的理论指南，是指引中国实现"站起来""富起来"并迎来了"强起来"的思想基础。第三，制度自信是道路自信、理论自信、文化自信的有力支撑。中国特色社会主义制度，是酝酿于中华民族五千年文明史的进程之中，是建立在近代以来无数仁人志士的探索之中，是立足于当代中国的国情、民情之中的，是由中国特色社会主义的根本制度、基本制度、重要制度、法律体系以及经济、政治、文化、社会、生态、国防与外交等一系列体制机制组成。中国特色社会主义制度体系是社会主义性质的集中体现，既能发挥举国体制集中力量办大事，又能有效调动各方积极性与创造力，符合当代中国社会发展的规律。制度自信是坚定道路自信、理论自信和文化自信的重要支撑，从实践的维度来看，改革开放以来中国能出现经济快速发展奇迹和社会长期稳定奇迹，正是我国国家制度和国家治理体系显著优势充分发挥的必然结果。第四，文化自信是道路自信、理论自信、制度自信的重要根基。中国特色社会主义文化，来源于中华优秀传统文化，形成于革命文化，形塑于社会主义先进文化，是中国特色社会主义伟大实践的精神表达，文化自信是更基础、更广泛、更深厚的自信，是道路自信、理论自信、制度自信的内在诉求与综合形态，而道路自信、理论自信、制度自信最终要达到的精神境界就是文化自信，只有对自己民族的自尊感、认同感和尊崇感达到一定的高度，才会产生文化自信，这也是中华民族在世界文化激荡中站稳脚跟的坚实基础。可见，大学生"四个自信"的生成，既要注重从总体上引导学生深刻理解中国特色社会主义的生成逻辑、主要内涵、深远意义和实践成效以发挥核心引领之功能，还需要从道路自信、理论自信、制度自信和文化自信的多层互动中引导学生去认知、感悟和内化，以达到最终坚定"四个自信"的行为上。

### （四）渐进生成与内驱推动相统一规律

"四个自信"作为一种社会意识和精神状态，想要占据人的思想层面，并不是一蹴而就的。这里讲的"渐进"是指在"四个自信"生成总体进程上，必将遵循马克思主义哲学关于量变质变规律的原理，经历一个由浅及深、由外到内、从感性到理性的逐渐发展过程；同时还要遵循大学生思想品德形成的规律，经历一个"知""情""意""信""行"的渐进发展过程，体现出渐进生成的特征。如前所述，大学生"四个自信"的生成经历了"知"的确证、"情"的体验、"意"的保持、"信"的坚守、"行"的实践的渐进发展过程。"知"的确证是"四个自信"生成的发端，"情"的体验是"四个自信"生成的催化剂，"意"的保持是"四个自信"生成的精神支撑，"信"的坚守是"四个自信"生成的强大动力，"行"的实践是"四个自信"生成的重要体现，其中的每一个环节都是一个逐渐积累不断生成的过程。

从对"四个自信"的认知来看，"四个自信"包含极为丰富的知识信息，横向上包括经济、政治、文化、社会、生态、党建等诸多方面，纵向上要追溯社会主义 500 年、中国近现代 180 多年、中国共产党 100 多年、新中国发展 70 多年和改革开放 40 多年的历史。对这些知识的认知就需要一个逐渐积累不断深化的过程。再从"四个自信"情感意志和信念的生成来看，这是一个由感性认识到理性认识渐进演变的过程。改革开放40多年以来的成功实践证明我们所选择的道路的正确性，我国的政治、经济、文化、社会、生态文明建设与发展，特别是应对各类突发公共安全事件的成效，都是发生在我们今天的社会现实之中，是大学生可感可触的，是大学生获得的关于"四个自信"的感性的认识。而进一步探求支撑中国道路成功背后的"理论密码"，则是大学生夯实"四个自信"的逻辑指向。中国特色社会主义理论体系是与马克思主义、毛泽东思想一脉相承又与时俱进的科学理论体系，不论从历史还是从现实上看，世界上没有哪一个民族、哪一个国家、哪一个政党，在几十年的发展进程中，在创造伟大物质财富的同时，创造出如此丰富的科学理论成果，这是当代大学生理直气壮地坚定理论自信的坚实基础。而体现社会主义性质、符合国情民意的制度设置，保证了中国不走改旗易帜的邪路，也不走封闭僵化的老路。坚定制度自信既是基于对中国特色社会主义的深刻理解，也是立足对现实生活环境不断优化的认可，这是实现"四个自信"的重要环节。为什么我们会选择这样的道路，选择和信仰这样的理论，构建和坚持这样的制度体系，说到底是源于中国5000多年的文明传承，源于中国共产党创建的革命文化和社会主义先进文化，这就是坚定文化自信的深厚依据。大学生坚定道路自信、理论自信、制度自信，必然会形成对中国特色社会主义文化的坚定自信，这是一个循序渐进、由浅入深、由感性到理性的认识发展过程。由于社会生活中各种复杂的矛盾和问题，由于意识形态领域复杂的斗争以及大学生自身的认知能力和接受能力不足等原因，对"四个自信"的情感意志和信念的生成，绝不是轻松顺利、自然而然地完成的，要经历一个思想碰撞、求证反思、价值重构的积累变化和发展过程。

在大学生"四个自信"渐进生成的过程中，大学生的内在需要是一个不能忽视的因素。是什么力量驱动着大学生去对"四个自信"进行认知、认同、内化和践行呢？这就是我们讲的"内驱推动"。"内驱推动"是指在构建自身信仰体系或价值体系过程中，遵循马克思主义哲学关于内因外因关系原理，通过内在动机激发、内在需求发掘与引导，来达到最终的认可、认同和信仰。"四个自信"不是一般意义上的知识体系，更多地呈现出价值体系或信仰体系的属性，因此，坚定"四个自信"的真正驱动力不可能主要依靠外部灌输和影响，尤其是对已经有一定的认知能力和判断力标准的大学生群体，简单直观的外部刺激、外在灌输难以激发他们坚定"四个自信"的动机与能力，只有当他们的内在需要和动机参与到其中，才能内在地推动他们对"四个自信"的生成。对边疆民族地区大学生来说，他们当然也有追求物质利益的需要，但更重要的是他们渴望自身的品德优化和潜能释放，渴望能够健康成长，成为中国特色社会主义的合格建设者和接班人，在为国家、为人民、为社会奉献青春和力量的过程中获得心理的满足和幸福。作为青年一代，他们真诚地希望中华民族伟大复兴的中国梦能够如期实现。因为中国梦是国家的梦、民族的梦，也是每一个中国人的梦，更是每一个大学生的梦。因为每个人的前途命运都与国家和民族的前途命运紧密相连，只有国家好、民族好，大家才会好。这种高层次的内在需要和由此而生的学习动机是他们进行思想接受的内在强大力量，是大学生"四个自信"生成的"内驱动力"。他们在日常的学习生活中切实深刻地感受到中国特色社会主义道路、理论、制度、文化对推动经济发展、社会稳定、人民幸福的重大意义，对实现中华民族伟大复兴中国梦的重大意义，以及对于大学生健康成长和成才的重要意义，就会产生强大的内在驱动力，促使他们从内心深处、从理性层面坚定对中国特色社会主义的道路自信、理论自信、制度自信、文化自信。这种"内驱动力"才是大学生坚定"四个自信"的最重要基础，是任何外在的灌输和影响难以企及的。可见大学生"四个自信"的生成过程体现出渐进生成和内驱推动相统一的规律。这就告诉我们，在对大学生进行"四个自信"

教育时，要遵循提高认知、陶冶情感、锻炼意志、坚守信念、开展实践的顺序进行，而在这个过程中，一定要充分关注大学生多方面的内在需求，特别是关注他们高层次的内在需要，以激发和点亮他们坚定"四个自信"的强大内驱动力。

# 第五章 "四个自信"教育对思政课改革创新提出的新要求

习近平总书记指出:"办好思政课,就是要开展马克思主义理论教育,用新时代中国特色社会主义思想铸魂育人,引导学生增强中国特色社会主义道路自信、理论自信、制度自信、文化自信,厚植爱国主义情怀,把爱国情、强国志、报国行自觉融入坚持和发展中国特色社会主义、建设社会主义现代化强国、实现中华民族伟大复兴的奋斗之中。"① 可见,"四个自信"教育是思政课教学的重要内容和重要目标,是思政课教学的题中应有之义。思政课教学中要更好地开展"四个自信"教育,必须遵循习近平总书记提出的"八个统一"。本章主要结合习近平总书记提出的"八个统一",来分析思政课改革创新的问题。

## 一、"八个统一"的科学内涵和基本要求

如何"推动思想政治理论课改革创新,不断增强思政课的思想性、理论性和亲和力、针对性"②,如何把思政课办得"有虚有实、有棱有角、有

---

① 习近平:《思政课是落实立德树人根本任务的关键课程》,人民出版社 2020 年版,第 6—7 页。

② 习近平:《思政课是落实立德树人根本任务的关键课程》,人民出版社 2020 年版,第 17 页。

情有义、有滋有味、有己有人"①，如何更好地在思政课教学中开展"四个自信"教育，如何落实思政课立德树人根本任务，这些问题是思政课改革创新必须思考的重大问题。习近平总书记用"八个统一"为我们提供了基本遵循。在学校思政课教师座谈会上，习近平总书记强调，推动思政课改革创新，要坚持做到"八个统一"：即"坚持政治性和学理性相统一、价值性和知识性相统一、建设性和批判性相统一、理论性和实践性相统一、统一性和多样性相统一、主导性和主体性相统一、灌输性和启发性相统一、显性教育和隐性教育相统一"②。这"八个统一"是指引思政课不断改革创新的重要遵循，为当前形势下推动思政课改革创新、推进"四个自信"教育指明了方向。

## （一）坚持政治性和学理性相统一

政治性和理论性是思政课的基本特征。习近平总书记指出："政治引导是思政课的基本功能。强调思政课的政治引导功能，并不是要把课讲成简单的政治宣传，而要以透彻的学理分析回应学生，以彻底的思想理论说服学生，用真理的强大力量引导学生。"③首先，政治性是思政课教学的重要底色，思政课的根本所在是"解决好培养什么人、怎样培养人、为谁培养人这个根本问题"④。思政课是落实立德树人根本任务的关键课程，办好

---

① 陈宝生：《以"三巡六创优"为抓手　办好新时代学校思政课》，《中国教育报》2019年4月9日。
② 习近平：《思政课是落实立德树人根本任务的关键课程》，人民出版社2020年版，第17—23页。
③ 习近平：《思政课是落实立德树人根本任务的关键课程》，人民出版社2020年版，第17—18页。
④ 习近平：《思政课是落实立德树人根本任务的关键课程》，人民出版社2020年版，第9页。

思政课的目标是要培养一代又一代拥护中国共产党领导和我国社会主义制度、立志为中国特色社会主义事业奋斗终身的有用人才。为此，"要坚持马克思主义指导地位，贯彻新时代中国特色社会主义思想，坚持社会主义办学方向，落实立德树人的根本任务，坚持教育为人民服务、为中国共产党治国理政服务、为巩固和发展中国特色社会主义制度服务、为改革开放和社会主义现代化建设服务"[①]。在这个问题上绝不能含糊，必须旗帜鲜明，必须理直气壮。思政课教师必须站稳立场，要有清醒的政治意识和正确的政治方向。如果一个思政课教师在课堂上声称自己没有政治立场，坚持所谓价值中立，说自己与政治"绝缘"，是不可思议的。其次，思政课的政治性要靠透彻的学理性来支撑。要实现思政课的政治引领功能，只靠单纯的政治宣传是不够的，思政课教师必须学会用学术来讲政治，必须以透彻的学理分析来回应学生的关切，以马克思主义真理的强大力量来征服学生。"马克思主义理论就是彻底的理论。思政课教师所讲的理论、观点、结论要经得起学生各种'为什么'的追问，这样效果才能好。"[②] 思政课教育教学不是一种讲故事似的口头传达，而是要通过深入的学理研究，深刻地揭示和阐明马克思主义理论的真理性和科学性，以真理的魅力和逻辑的魅力打动人。没有学理性上的阐释论证，就不可能有政治上的坚定，"以力压人"和"以势压人"的空洞政治说教是不会收到实效的。有的老师讲的课很受学生欢迎，原因在于他能把思政课讲出理论深度、讲出历史厚度、讲出文化底蕴、讲出时空变幻等。而要收到这样的效果是以其深入的学理研究和深厚的学术底蕴为支撑的。思政课的特殊使命决定了必须坚持政治性与学理性的统一：一方面要坚持思政课教育教学的政治性和意识形

---

① 习近平：《思政课是落实立德树人根本任务的关键课程》，人民出版社2020年版，第9—10页。

② 习近平：《思政课是落实立德树人根本任务的关键课程》，人民出版社2020年版，第18页。

态性；另一方面要充分挖掘政治理论的学理性和内在的科学逻辑，不断增强理论的说服力和阐释力，用理论的魅力和真理的力量引导学生增强政治认同。

### （二）坚持价值性和知识性相统一

思政课是具有鲜明价值性的课程。习近平总书记指出："思政课重在塑造学生的价值观，这一点必须牢牢抓住。强调思政课的价值性，不是要忽视知识性，而是要通过满足学生对知识的渴求加强价值观教育。只有空洞的价值观说教，没有科学的知识作支撑，价值观教育的效果也会大打折扣。"① 首先，价值引领是思政课的灵魂与核心。2018 年教育部颁发的《新时代高校思想政治理论课教学工作基本要求》明确规定："思想政治理论课承担着对大学生进行系统的马克思主义理论教育的任务，是巩固马克思主义在高校意识形态领域指导地位、坚持社会主义办学方向的重要阵地，是全面贯彻党的教育方针、落实立德树人根本任务的主干渠道和核心课程。"② 这就进一步明确了思政课的主要功能，即思政课是"两个巩固"的重要阵地，是"立德树人"的主干课程和核心课程。习近平总书记在学校思政课教师座谈会上指出："思政课是落实立德树人根本任务的关键课程。"③ 可见，落实立德树人根本任务是思政课最核心的价值诉求，思政课教育教学要紧紧围绕立德树人这个根本任务对学生进行价值观的塑造，要使学生自觉树立社会主义核心价值观，促使学生

---

① 习近平：《思政课是落实立德树人根本任务的关键课程》，人民出版社 2020 年版，第 18 页。

② 《新时代高校思想政治理论课教学工作基本要求》，中华人民共和国教育部网：http://www.moe.gov.cn/srcsite/A13/moe_772/201804/t20180424_334099.html。

③ 习近平：《思政课是落实立德树人根本任务的关键课程》，人民出版社 2020 年版，第 2 页。

形成正确的世界观、人生观和价值观，树立中国特色社会主义共同理想和共产主义远大理想，增强对中国特色社会主义的道路自信、理论自信、制度自信、文化自信，把实现个人价值同党和国家的前途命运紧密联系在一起，成为社会主义合格建设者和可靠接班人。其次，要寓价值观引导于知识传授之中。习近平总书记还指出："知识是载体，价值是目的，要寓价值观引导于知识传授之中。"[1] 也就是说，在重视思政课价值引领的同时，不能忽视知识的传授，如果没有完整缜密的知识体系的支撑，价值观教育的效果也会大打折扣，价值引导也就成了"无源之水、无本之木"。从学生的思想品德形成和发展规律来看，思想品德的形成发展是以认知为开端的，沿着认知、情感、信念、意志、行为的一般顺序发展。科学信仰的形成是在对相关知识的正确理解基础上才能形成，即先理解后信仰，而不是先信仰后理解。一种价值观的形成也是建立在对价值客体正确认知和理解的基础上，价值尺度必须以真理尺度为前提。正如习近平总书记所讲到的："认识真理，掌握真理，信仰真理，捍卫真理，是坚定理想信念的精神前提。"[2] 因此，思政课教学要坚持价值性和知识性的统一，把价值观引导寓于知识传授之中。思政课教师要努力做到"视野要广"，要有广博的知识视野、宽广的国际视野和深远的历史视野，要通过广博的知识视野探究马克思主义为什么行；通过宽广的国际视野和国际比较，回答中国特色社会主义为什么好；通过深远的历史视野讲清马克思主义和中国特色社会主义的历史渊源和文化底蕴，引导学生对马克思主义理论从真学到真知，从真知到真懂，从真懂到真信，从真信到真行。

---

① 习近平：《思政课是落实立德树人根本任务的关键课程》，人民出版社 2020 年版，第 19 页。

② 《习近平谈治国理政》第二卷，外文出版社 2017 年版，第 50 页。

### （三）坚持建设性和批判性相统一

思政课教学中建设性与批判性的关系通俗地讲就是"立"与"破"的关系。习近平总书记指出："思政课的任务是传导主流意识形态，建设性是其根本。同时，彻底的批判精神是马克思主义本质特征，马克思主义就是在同各种错误思潮的不断斗争中开辟前进道路的。思政课要在传播马克思主义立场、观点、方法的基础上用好批判的武器，直面各种错误观点和思潮，旗帜鲜明进行剖析和批判。"[①]首先，思政课的任务是传导主流意识形态。中国特色社会主义的主流意识形态就是以马克思主义为核心内容和理论指导的意识形态。高校思政课承担着对大学生进行系统的马克思主义理论教育的任务，承担着用习近平新时代中国特色社会主义思想铸魂育人的任务，承担着对大学生进行社会主义核心价值观教育，引导学生自觉树立正确的世界观、人生观和价值观等任务，这本身就是传导主流意识形态，是坚持建设性的体现。习近平在全国宣传思想工作会议上强调："建设具有强大凝聚力和引领力的社会主义意识形态，是全党特别是宣传思想战线必须担负起的一个战略任务。要做好做强马克思主义宣传教育工作，特别是要在学懂弄通做实新时代中国特色社会主义思想上下功夫。要把坚定'四个自信'作为建设社会主义意识形态的关键。"[②]其次，思政课要直面各种错误观点和思潮。既然高校思政课是政治性与学理性相统一、价值性与知识性相统一的一门课程，必然也体现为建设性与批判性相统一。在当前复杂的国际国内形势下，意识形态领域的斗争更加复杂，社会主义主流意识形态教育面临着巨大挑战，受到各种错误观点和思潮的干扰。各种反马克思主义的社会思潮仍然存在，诸如西方宪政民主、"普世价值"论、

---

① 习近平：《思政课是落实立德树人根本任务的关键课程》，人民出版社 2020 年版，第 19 页。

② 《习近平谈治国理政》第三卷，外文出版社 2020 年版，第 312 页。

公民社会、新自由主义、西方新闻观、历史虚无主义等，这些错误社会思潮归结起来就是要推销西方资本主义政治制度、经济制度，否定马克思主义的指导，否定中国共产党的历史和新中国的历史，质疑改革开放和质疑中国特色社会主义的社会主义性质等。对于这些错误的社会思潮，思政课教师不能无动于衷，更不能"事不关己高高挂起"，而是要以批判斗志和批判精神对其作出科学的分析和批判，引导学生认清这些错误思潮的实质和危害，提高抵制错误思潮的能力和水平。因此，在思政课教学中要坚持建设性和批判性的统一，既要传导好中国特色社会主义主流意识形态，增强大学生对马克思主义的信仰、对社会主义的信念、对共产党领导和走中国特色社会主义道路的信心，又要旗帜鲜明地批判和抵制各种错误思潮和错误观点，在"立"和"破"的比较中帮助学生提高运用马克思主义的立场、观点和方法分析问题和解决问题的能力。

### （四）坚持理论性和实践性相统一

习近平总书记指出："思政课要用科学理论培养人，遵循不同学段学生的认知规律，把马克思主义基本原理讲清楚、讲透彻。同时，马克思主义是在实践中形成并不断发展的，要高度重视思政课的实践性。把思政小课堂同社会大课堂结合起来，在理论和实践的结合中，教育引导学生把人生抱负落实到脚踏实地的实际行动中来，把学习奋斗的具体目标同民族复兴的伟大目标结合起来，立鸿鹄志，做奋斗者。"[1]首先，理论性是高校思政课的重要特征。理论性"是指思政课内容具有很强的理性属性，特别是马克思主义理论及其中国化理论成果作为思政课教学的核心内容有着突出

---

[1] 习近平:《思政课是落实立德树人根本任务的关键课程》，人民出版社 2020 年版，第 20—21 页。

的理论性"①。办好思政课就要坚持其理论性，要对学生进行系统的马克思主义理论教育和党的创新理论的教育，特别是要用习近平新时代中国特色社会主义思想铸魂育人，提高学生的马克思主义理论素养。马克思主义是一个博大精深而又逻辑严密的科学的理论体系，它包含马克思主义哲学、马克思主义政治经济学和科学社会主义三个基本组成部分，这三个部分有机统一共同构成了马克思主义理论的主体内容。此外，马克思主义还包含着其他许多知识领域，如历史学、政治学、法学、文化学、新闻学、军事学等。党的创新理论包括毛泽东思想、邓小平理论、"三个代表"重要思想、科学发展观、习近平新时代中国特色社会主义思想等。毫无疑问，这样的教学内容决定了思政课教学具有鲜明理论性特征。用科学理论武装学生，就是要帮助学生理解和把握马克思主义的创立与发展、科学含义、基本原理、鲜明特征和当代价值，帮助学生掌握马克思主义的立场、观点和方法。用习近平新时代中国特色社会主义思想铸魂育人，就是要帮助学生理解和把握习近平新时代中国特色社会主义思想的整体性内容、鲜明特色和重大的现实指导意义，认同它是当代中国的马克思主义、21世纪马克思主义，不断增强大学生对中国特色社会主义道路自信、理论自信、制度自信、文化自信。因此，思政课教师要用足用好思政课课堂教学，课堂教学中要注重教学的政治性、学理性和理论性。其次，要高度重视思政课的实践性。因为马克思主义不是书斋里的学问，而是从实践中来，到实践中去，在实践中接受检验，并随着实践而不断发展的科学理论，它直接服务于无产阶级和广大人民群众改造世界的实践活动。实践的观点是马克思主义首要和基本的观点，马克思主义始终强调理论与实践的统一，这是活学活用马克思主义、坚持和发展马克思主义的最基本的原则。这就决定了思

---

① 刘建军：《论高校思想政治理论课教育教学的"八个统一"》，《教学与研究》2019年第7期。

政课教学不能脱离实际，要坚持理论性和实践性相统一，要求在教学中既要注重用科学理论武装人、培养人，又要重视思政课的实践性，注重把思政小课堂与社会大课堂结合起来，引导学生关注社会、了解社会、深入社会，正确了解新时代的世情、国情和党情，感悟和领会中国改革开放和现代化建设取得的巨大成就，让学生深刻地领会到马克思主义理论的实践成效和实践价值，从而加深对马克思主义科学理论的理解和把握。可见，思政课的理论性和科学性是其魅力和力量源泉所在，而实践是对科学理论的验证，是对理想信念的强化，缺乏实践性支撑必然会使理论教学陷入空洞说教的泥潭。只有坚持理论性和实践性相统一，才能使思政课教学真正具有理论性、针对性、亲和力。

### （五）坚持统一性和多样性相统一

习近平总书记指出："思政课的教学目标、课程设置、教材使用、教学管理等方面有统一要求，但具体落实要因地制宜、因时制宜、因材施教，结合实际把统一性要求落实好，鼓励探索不同方法和路径。"[1] 首先，思政课必须坚持统一性。思政课是思想政治教育的主渠道和主阵地，它体现的是党和国家的意志，是为党育人、为国育才，因此必须强调统一性，这种统一性体现在教学目标、课程设置、教材使用和教学的管理等，都要由国家有关部门来确定，以确保思政课的政治性、思想性、方向性。从教学目标看，思政课教育教学是为了更好地培养德智体美劳全面发展的中国特色社会主义合格建设者和可靠接班人。从教材使用和课程设置看，它必须使用全国统编的马克思主义理论研究和建设工程重点教材，严格按照教

---

① 习近平：《思政课是落实立德树人根本任务的关键课程》，人民出版社 2020 年版，第 21 页。

育部印发的《新时代高校思想政治理论课教学工作基本要求》的精神来设置课程并保证学时，在这一点上是不能打任何折扣的。从教学管理看，必须坚持规范化建设和管理，确保思政课各门课程之间有序衔接，坚持实行教研室集体备课制度，对重点难点问题实行集中研讨，对思政课教师进行专门的培训和指导，要求思政课教师遵守教学纪律、政治纪律等，以上这些都体现为坚持统一性方面。其次，思政课教学也要注重多样性。就是要按照习近平总书记所说的，要因地制宜、因时制宜、因材施教。在今天的时代，各种"多样化"特征突出，经济成分多样化、经济利益多样化、社会生活多样化、就业方式多样化，再加上世界范围的文化交流交锋交融的形势，必然会对大学生的价值追求、理想选择、文化选择、精神需求等产生深刻影响，这决定了思政课教学要注意多样性。从教学内容看，"思政课教师在教学中要把统编教材作为依据，确保教学的规范性、科学性、权威性，同时也不能简单照本宣科"①。教师要对教学内容进行整合创新，要结合实际把学生关心的社会热点问题、时政大事整合到教学内容中。要在坚持正确的政治方向的前提下，将一些最新的理论研究成果引进教学中，以增加思政课的学术含量。从教学方法看，要根据老师自己的特长和学生的特点，采取灵活多样的教学方法，综合运用专题教学法、案例教学法、讨论教学法、情境教学法、实践感悟法等，特别要利用现代教育技术手段，积极运用微课、慕课等方式，将理论内容以生动、鲜活、亲切的形象呈现出来，努力实现教学"配方"先进、"工艺"精湛、"包装"时尚。除此，边疆民族地区的高校还要结合民族地区的实际，充分考虑并尊重民族学生的文化习惯和生活方式，在教学内容上要更加强调民族团结进步政策的教育、中华民族共同体意识的教育以及"五个认同"教育；在教学方法方式

---

① 习近平：《思政课是落实立德树人根本任务的关键课程》，人民出版社 2020 年版，第 21 页。

上要灵活多样，充分利用优秀的民族文化，注重发挥实践教学的作用，使民族文化和红色文化充分融合；在教材的编写和使用上，民族地区高校在利用好四本教材的基础上，也可以编写具有本土文化特征的辅助读本作为补充，比如各民族历史上的经典故事、优秀民族文化、民族英雄等，同时要讲清楚中华文化与各民族文化的相互关系。

### （六）坚持主导性和主体性相统一

习近平总书记指出："思政课教学离不开教师的主导，同时要坚持以学生为中心，加大对学生的认知规律和接受特点的研究，发挥学生主体性作用。"[1] 推动思政课改革创新，要坚持主导性和主体性相统一。首先，思政课教学离不开教师的主导性。主导性体现为教师在思政课教学中发挥指导、引导、统领作用。在思政课教学过程中，教师要在教学内容的组织、教学目标的确定、教学方法的选择运用、教学环节的设计等方面发挥主导作用。从课程属性看，思政课与一般的课程不同，它不仅仅是传播知识，更要注重学生的思想认同、信仰塑造、品德塑造、价值引领等，这一课程属性决定了必须发挥教师主导作用；从思政课的崇高使命看，思政课承担着"培养担当民族复兴大任的时代新人"和"培养德智体美劳全面发展的社会主义建设者和接班人"的崇高使命，决定了教师必须发挥好主导作用，紧紧抓住"培养什么人、怎样培养人、为谁培养人"这个根本问题，用马克思主义科学理论武装学生头脑，用习近平新时代中国特色社会主义思想铸魂育人。从青少年的成长阶段看，青少年阶段是人生的"拔节孕穗期"，"这一时期心智逐渐健全，思维进入最活跃状态，最需要精心引

---

① 习近平：《思政课是落实立德树人根本任务的关键课程》，人民出版社 2020 年版，第 2 页。

导和栽培"①。一方面,大学生思维非常活跃,求知欲望强,获取信息的能力强;但另一方面他们处于青春叛逆期,对于思想理论的灌输具有天然的逆反性,很容易陷入思想困惑,或者被裹进价值漩涡,或者坠入信仰虚无之中,这就需要教师发挥主导作用,充分把握和遵循不同年龄阶段学生的认知规律,对他们进行正确思想指导和价值引导,帮助他们树立正确的世界观、人生观和价值观。因此,思政课教师需要全身心投入思政课教学,要锻造过硬的政治素质、厚植深厚的家国情怀、储备宽广的专业知识、打造精湛的业务能力和高超的育人水平,坚定对马克思主义理论的学科自信和对思政课教育教学的职业自信,做真正的马克思主义理论教育工作者。要探索并把握学生成长的规律和思政课教育教学的规律,不断增强思政课的思想性、理论性、亲和力和针对性。其次,要充分发挥学生的主体性作用。主体性"是受教育者作为思想政治教育主体的本质属性,是受教育者自觉认同教育目标和教育要求,独立作出判断和选择,自主调节行为,并在实践中完善自身品德、丰富和发展社会道德规范的自主性、能动性和创造性"②。思政课教育教学落实立德树人根本任务,归根结底要落实到学生能够自觉接受思政课所传授的思想理论并内化于心外化于行。从接受理论的视域看,所谓思政课教学的接受"就是大学生接受马克思主义、毛泽东思想、中国特色社会主义理论体系以及党的路线、方针和政策,认同社会主义法律和社会主义道德规范并外化践行的过程"③。在接受过程中,大学生不是消极被动地接受,而是将自己的主体意识、主体价值和主体能力等要素作用于接受过程中,也就是说,大学生的认知结构、需要意识、价值

---

① 习近平:《思政课是落实立德树人根本任务的关键课程》,人民出版社 2020 年版,第 2 页。

② 张耀灿、郑永廷、吴潜涛、骆郁廷等:《现代思想政治教育学》,人民出版社 2006 年版,第 276 页。

③ 刘丽琼:《思想政治理论课教学接受论》,人民出版社 2009 年版,第 8 页。

取向、心理特点等因素，深刻地影响着他们对思政课教育教学的接受状况。教师要对学生的接受特点和接受能力进行深入研究，以更好地发挥学生的主体性作用。在具体的教学过程中，教师要注重师生之间的互动性，采用课堂讨论、课堂辩论、小组研学、情景展示等丰富多样的形式，充分调动学生的积极性和主动性，让学生参与到教学活动中，教师要在尊重学生主体性的基础上因势利导，用马克思主义的立场、观点和方法引导学生辩证地分析问题。可见，思政课教育教学要坚持教师主导性和主体性的有机统一，缺少任何一方都不利于落实"立德树人"根本任务。

### （七）坚持灌输性和启发性相统一

习近平总书记强调，思政课教学要坚持灌输性和启发性相统一，指出："灌输是马克思主义理论教育的基本方法。……让学生接受马克思主义，离不开必要的灌输，但这不等于搞填鸭式的'硬灌输'。要注重启发式教育，引导学生发现问题、分析问题、思考问题，在不断启发中让学生水到渠成得出结论。"[1]首先，灌输是马克思主义理论教育的基本方法。灌输原意是把水引流到需要水的地方，也就是输送的意思。思政课堂是进行思想政治教育的主渠道，灌输是思政课教学的一种重要的基本的方法。灌输教育法或称理论教育法，就是教育者有目的、有计划地向受教育者传授马克思主义、毛泽东思想和中国特色社会主义理论体系，帮助学生逐步树立正确的世界观、人生观和价值观，提高思想觉悟和政治素质的一种教育方法。教师的知识传授和理论灌输是实现思政课教育教学目标的重要途径，是学生进行理论内化和价值内化并外化践行的必不可少的重要环

---

① 习近平：《思政课是落实立德树人根本任务的关键课程》，人民出版社 2020 年版，第 22 页。

节。从人类教育规律来看，教育作为人类文化传承的重要活动，传承内容有层次性，在主要以语言文字符号直接承载的知识信息层面，灌输性教育起主导作用、占主导地位，比如思政课各门课程的基本概念界定、基本原理表述、重要理论的阐发等，这些内容必须采用灌输的方法，将正确的思想理论和价值观传授给学生，使学生获得正确认知并深刻领会。在思政课教学中，教师要通过有效的灌输，把中国共产党为什么能、中国特色社会主义为什么好、马克思主义为什么行这些道理讲明白。青少年不会自发地产生科学的理论和先进的思想，更不可能自发地形成正确的世界观、人生观、价值观，如果没有老师的有效灌输、有效传导，学生不可能仅靠教师的启发就能形成和构建起一个完整的科学的理论体系，更谈不上运用马克思主义立场、观点和方法分析问题和思考问题，可见思政课灌输教育的重要性。其次，有效灌输离不开启发式教育。灌输不等于搞填鸭式的"硬灌输"，不等于把学生变成一个可任由教师灌输知识的存储器。灌输也从来不是空洞的教条主义的说教，更不是那种假大空的片面宣传，而是蕴含着规律性、渗透着启发性、体现着自觉性的教学方法和教学过程。所谓启发性教育就是指教师在充分尊重学生认知规律和思想政治教育规律的基础上，采取各种有效的方式激发学生的学习兴趣，引导学生发现问题、分析问题和思考问题，并对学生进行价值引领，促进学生的全面发展。比如对于基本概念界定、基本原理表述、重要理论的阐发等背后的东西，就必须通过讲授中的引经据典、分析论证、纵横比较、讨论辩论、情绪感染等，来启发和引导学生理解体会并获得思想上的触动。如果没有启发性教育，教师在课堂上所传授的理论观点和价值观念就会失去鲜活材料的支撑，就会变成空洞的宣传说教而难以令人信服。可见，灌输和启发是一对相互成全的范畴。坚持灌输性和启发性相统一，是落实思政课立德树人根本任务的必然要求，要求思政课教师在教学中要理直气壮地将马克思主义、毛泽东思想和中国特色社会主义理论体系，特别是习近平新时代中国特色社会主义思想的科学理论灌输给广大学生，用这些先进的科学的理论来武装学生头脑。同时，注重启发式教育方式，引导学生发现问题、分析问题、思考问题，让学生在不断启发中水到渠成地得出结论。坚持灌输性和启发性相统一，既可以保证教学内容的思想性、理论性和系统性，又能体现出亲和力和针对性，从而提高思政课教育教学的实效性，使思政课真正成为学生"真心喜爱且终身受益"的课程。

### （八）坚持显性教育和隐性教育相统一

习近平总书记在学校思政课教师座谈会上强调："坚持显性教育和隐性教育相统一。思政课要做思想政治教育的显性课程。……同时，要挖掘其他课程和教学方式中蕴含的思想政治教育资源，实现全员全程全方位育人。"① 这里强调了"思政课程"与"课程思政"的充分结合，强调了"三全育人"的重要思想，极大地拓展了思想政治教育的有效路径。首先，思政课要做思想政治教育的显性课程。一般来讲，显性课程是指列入学校的教学计划里的课程，是学校有目的、有计划安排的课程。"显性教育是指充分利用各种公开的手段、公开的场所，有组织、有系统、有阵地地开展思想政治教育的方法。"② 思政课是思想政治教育的显性课程，是思想政治教育的主渠道主阵地，它有特定的教学计划、教学内容、教学目标和教学场域，通过思政课教师的灌输和传授，将系统科学的理论内容、价值观念、道德规范等传授给学生，彰显了思政课的政治性、理论性、价值性、主导性、灌输性等特征。我国是社会主义国家，我们的教育是社会主义的

---

① 习近平：《思政课是落实立德树人根本任务的关键课程》，人民出版社 2020 年版，第 23 页。

② 冯刚：《坚持"八个统一" 推动思政课改革创新（之一）》，《中国高等教育》2019 年第 9 期。

教育，教育的根本目标是培养中国特色社会主义事业的合格建设者和可靠接班人。高校思政课作为思想政治教育的显性课程，承担着立德树人的根本任务，思政课教师在课堂上讲授的是国家的主导意识形态，有鲜明的政治性、理论性和价值性，不能采取隐晦的方式含糊其词地进行，更不能以某种借口来削弱甚至取消思政课，而是要大张旗鼓、理直气壮地办好思政课，正如习近平总书记所讲的："有人提出把思政课变成隐性课程，完全融入其他人文素质课程中，这是不对的。"①其次，要挖掘其他课程和教学方式中蕴含的思想政治教育资源。这就是说在坚持思政课显性教育的同时，要注重隐性教育的方式。"隐性教育是指充分利用各种隐性资源和环境，运用非常规和隐蔽的方式，使得教育对象在不知不觉中潜移默化地受到教育和影响，进而达到教育目的的过程。"②隐性教育最突出的特点是潜移默化、润物无声。如果说思政课程是思想政治教育的显性教育，那么其他课程中贯穿思政教育既是隐性教育，也叫"课程思政"。习近平总书记指出："其他各门课都要守好一段渠、种好责任田，使各类课程与思想政治理论课同向同行，形成协同效应。"③"思政课程"和"课程思政"只有形成协同效应，才能在立德树人方面收获最大的效果。这就要求我们要重视挖掘其他课程中的思想政治教育元素，使得学校各专业课与思政课同向同行、同频共振。如果学生从思政课中获得的理论知识和价值观念与其他课程中获得的不一样，就会导致学生价值观念的冲突，进而产生思想上的困惑和迷惘，这对学生的成长是极为不利的，也极大地影响了思政课教育教学的实效性。习近平总书记在全国高校思想政治工作会议上还提出：

---

① 习近平:《思政课是落实立德树人根本任务的关键课程》,人民出版社 2020 年版,第 23 页。

② 冯刚:《坚持"八个统一" 推动思政课改革创新（之一）》,《中国高等教育》2019 年第 9 期。

③ 《习近平谈治国理政》第二卷,外文出版社 2017 年版,第 378 页。

"要坚持把立德树人作为中心环节，把思想政治工作贯穿教育教学全过程，实现全程育人、全方位育人。"①2017 年 2 月 27 日中共中央、国务院印发的《关于加强和改进新形势下高校思想政治工作的意见》进一步强调："坚持全员全过程全方位育人。把思想价值引领贯穿教育教学全过程和各环节，形成教书育人、科研育人、实践育人、管理育人、服务育人、文化育人、组织育人长效机制。"②2017 年 12 月 4 日，中共教育部党组印发的《高校思想政治工作质量提升工程实施纲要》又指出："充分发挥课程、科研、实践、文化、网络、心理、管理、服务、资助、组织等方面工作的育人功能，挖掘育人要素，完善育人机制，优化评价激励，强化实施保障，切实构建'十大'育人体系。"③　这十大育人体系的提出，极大地拓展了思想政治教育的路径，表明了党中央非常重视思想政治的隐性教育方式，也为实现显性教育与隐性教育的结合提供了保障。总之，新时代推动思政课改革创新需要坚持显性教育与隐性教育相统一，既发挥思政课主渠道主阵地铸魂育人的关键作用，也要发挥其他课程思政元素育人的重要功能，实现全员全程全方位育人。

## 二、"八个统一"的鲜明特征

以上对"八个统一"的科学内涵和基本要求进行了深入分析，从总体上看，"八个统一"围绕一个主题展开，即"推动思想政治理论课改革创

---

①　《习近平谈治国理政》第二卷，外文出版社 2017 年版，第 376 页。

②　中共中央、国务院：《关于加强和改进新形势下高校思想政治工作的意见》，人民网：http://politics.people.com.cn/n1/2017/0228/c1001-29111314.html。

③　《高校思想政治工作质量提升工程实施纲要》，中华人民共和国教育部网：http://www.moe.gov.cn/srcsite/A12/s7060/201712/t20171206_320698.html。

新，不断增强思政课的思想性、理论性和亲和力、针对性"①。这"八个统一"充分彰显了规律性、整体性、辩证性等鲜明特征。

## （一）"八个统一"的规律性特征

"八个统一"是习近平总书记从规律层面上对如何办好思政课进行的科学总结。习近平总书记指出："做好高校思想政治工作，要因事而化、因时而进、因势而新。要遵循思想政治工作规律，遵循教书育人规律，遵循学生成长规律，不断提高工作能力和水平。"②"八个统一"遵循并充分体现了这"三大规律"。首先，"八个统一"遵循并体现了思想政治工作的规律。思想政治工作规律是指思想政治工作系统中各要素之间所固有的、本质的、必然的联系，它包括基本规律和一系列具体规律，其基本规律可以表述为社会适应规律，即"思想政治教育工作的目标和内容必须适应社会发展的需要"③的规律。一系列具体规律有：双向互动规律、内化外化规律、要素协同规律等。遵循思想政治工作规律最基本的要求就是要解决好"培养什么人、怎样培养人、为谁培养人"这个根本问题。办好思政课就是要培养中国特色社会主义事业的合格建设者和可靠接班人，培养能够担当民族复兴大任的时代新人。"八个统一"强调坚持政治性与学理性相统一、价值性与知识性相统一、建设性与批判性相统一、统一性与多样性相统一等，就是从思政课的政治属性、建设原则和教学方法等方面回答了"培养什么人、怎样培养人、为谁培养人"这个根本问题，充分遵循和

---

① 习近平：《思政课是落实立德树人根本任务的关键课程》，人民出版社2020年版，第17页。

② 《习近平谈治国理政》第二卷，外文出版社2017年版，第378页。

③ 陈秉公：《21世纪思想政治教育工作创新理论体系》，吉林教育出版社2000年版，第337页。

体现了思想政治工作规律。换句话说，思想政治工作基本规律就是关于培养社会主义建设者和接班人的规律，就是说思想政治工作的大方向和大目标是不能偏离的。其次，"八个统一"遵循并体现了教书育人规律。教书育人规律就是指教书育人活动中各要素之间所固有的、本质的、必然的联系，一般说来，教书育人规律包括因材施教规律、言教与身教统一规律、灌输与启发统一规律、"三全育人"规律等。遵循教书育人规律，实际上就是要解决"如何培养人"这一关键性问题，要求教师要处理好教书和育人之间的关系，要"坚持教书和育人相统一，坚持言传和身教相统一，坚持潜心问道和关注社会相统一，坚持学术自由和学术规范相统一"[①]，要因地制宜、因时制宜、因材施教，注重启发学生积极思考，注重价值引领和信仰塑造，并将思想政治工作贯穿到教书育人的各个环节中。"八个统一"强调价值性与知识性相统一、理论性与实践性相统一、灌输性与启发性相统一、主导性与主体性相统一、显性教育与隐性教育相统一等，充分体现了教书育人规律的要求。最后，"八个统一"遵循并体现了学生成长规律。学生成长规律是指学生成长过程中各要素之间固有的、本质的、必然的联系，一般包括学生成长过程和阶段规律、学生成长的内在因素及其规律、学生成长的外在因素及其规律、学生成长的机制规律等。[②] 遵循学生成长规律就要充分认识学生成长的各个阶段及其特征，把握影响学生成长的内在因素和外在因素，懂得学生思想品德形成和发展的机制和过程等。高校思政课的教育对象是当代大学生，由于他们家庭环境、所受教育背景、所属民族背景、风俗习惯和文化传统、自身主观条件等多方面因素不同，在其成长过程中必然呈现出不平衡性和个体差异性。从接受学视域看，当代大学生主体性特征非常突出，他们思想活跃、参与意识强烈、接受能力

---

① 《习近平谈治国理政》第二卷，外文出版社 2017 年版，第 379 页。

② 何孟飞：《深刻认识把握"三个规律"　提升思想政治理论课教学的亲和力》，《思想政治课研究》2018 年第 2 期。

强、价值诉求多样。"他们的知识体系搭建尚未完成,价值观塑造尚未成形,情感心理尚未成熟,正需要社会主义核心价值观的浸润引导,需要以积极向上的正能量涵养心灵"①,这就要求教师要遵循学生成长规律,根据学生的思想特点和接受能力选择多样化的教学方法,教学中注重启发性,积极推动实践教学,积极探索隐性教育路径等。"八个统一"强调统一性与多样性相统一、主体性与主导性相统一、灌输性与启发性相统一、显性教育与隐性教育相统一等,都充分遵循和体现了学生成长规律。

## (二)"八个统一"的系统性特征

系统就是由许多要素构成并与周围环境发生相互关系的具有稳定结构和特定功能的有机整体。系统思维以确认事物的普遍联系为前提,进而具体把握事物的系统存在、系统联系与系统规律,遵循以整体性、结构性、层次性、开放性和风险性等为基本内容的思维原则。系统思维是习近平总书记治国理政的科学思维方式,他所讲到的"八个统一"思想深刻、内涵丰富、高屋建瓴、系统全面,呈现出系统性特征。首先,"八个统一"构成有机统一的整体系统。"八个统一"是思政课教育教学实践经验的系统而科学的总结。"八个统一"作为整体的系统而存在,涉及思政课的教学目标、教学内容、教学规律、教学原则、教学方式、教学过程、教学方法、教学路径等,涵盖了思政课教育教学的方方面面。而且这"八个统一"在实践中是相互依存、相互支撑而共同发生作用的,具有整体性的功能和作用。坚持政治性与学理性相统一是确立教学目标的基本遵循,强调思政课要培养中国特色社会主义合格建设者和可靠接班人,要"坚持社会主义办学方向,落实立德树人的根本任务,坚持教育为人民服务、为中国

---

① 人民日报评论员:《始终充满积极向上的正能量》,《人民日报》2017 年 5 月 7 日。

共产党治国理政服务、为巩固和发展中国特色社会主义制度服务、为改革开放和社会主义现代化建设服务"①；坚持价值性和知识性相统一是选择和组织教学内容的重要标准，强调要选择蕴含着正确世界观、人生观和价值观的故事、案例和素材，寓价值观引导于知识传授之中；坚持建设性和批判性相统一是思政课建设的基本遵循，建设性是根本，批判性也不能少，要坚持正面教育，积极传导主流意识形态，用马克思主义的立场、观点和方法批判错误思潮；坚持理论性和实践性相统一是思政课教学原则的基本遵循，强调要注重理论与实践的结合，要联系实际去讲授理论内容，更要注重实践教学的功能和作用；坚持统一性和多样性相统一是教学方法方式的基本遵循，强调的是思政课的总体要求和教学方法方式的具体要求；坚持主导性和主体性相统一是思政课教学过程的基本遵循，强调教师在思政课教学中的主导地位和学生的主体性特征及其要求；坚持灌输性和启发性相统一是思政课教学方法的基本遵循，强调灌输是思政课教育教学的基本方法，而启发式教育则彰显教学的艺术，能有效调动学生学习的积极性和主动性；坚持显性教育和隐性教育相统一是教学路径的基本遵循，强调的是思政教育的多元路径问题，强调要将思政教育渗透在各门课程之中，要形成全员全程全方位育人的大思政格局。可见，"八个统一"是一个整体系统，它们之间是相互联系有机统一的，系统性特征非常突出。同时，每一个"统一"又都具有十分丰富和深刻的内容，本身又独具系统性，"这都可以说是一种结构关系，也可以说是一种动态变化。把握这种关系或结构，看似容易，其实困难。因为当微观结构展开的时候，我们就会发现它可能比宏观结构更为复杂，而且甚至深不见底。"② 这也体现了"八个统一"

---

① 习近平：《思政课是落实立德树人根本任务的关键课程》，人民出版社 2020 年版，第 9—10 页。

② 刘建军：《论高校思想政治理论课教育教学的"八个统一"》，《教学与研究》2019 年第 7 期。

的系统性特征。其次,"八个统一"对思政课改革创新指导的系统性。"八个统一"是从全局视野和系统思维出发来思考思政课改革创新问题的。从大原则、大方向上看,它要求我们必须明确思政课的课程定位和根本目标,解决好"培养什么人、怎样培养人、为谁培养人"的问题,必须明确思政课教育教学承担着"传播知识、传播思想、传播真理,塑造灵魂、塑造生命、塑造新人的时代重任"[①];从具体的教学环节看,"八个统一"要求我们要遵循思想政治教育规律、教书育人规律和学生成长规律,不断完善教学内容,积极探索灵活有效的教学方法,做到因地制宜、因时制宜、因材施教;要求我们拓展思政教育的路径,推动其他课程与思政课的同向同行,建立"全员全程全方位育人"和"大中小学思政课一体化建设"的"大思政"的格局;从对教师队伍建设来看,办好思政课关键在教师,教师不仅要努力做到政治强、情怀深、思维新、视野广、自律严、人格正,还要深刻理解和把握"八个统一"的科学内涵和具体要求,以高度的责任感和使命感,培养德智体美劳全面发展的社会主义建设者和接班人。总的看,"八个统一"的视野非常开阔,既有大原则、大方向上的宏观视野和总体要求,又有对教学过程、教学方法和路径的入微细致的分析和要求,整体性、层次性和开放性特征非常突出,我们必须从整体上深刻理解"八个统一"的系统性特征,实践中注重整体协调、系统推进思政课的改革创新。

### (三)"八个统一"的辩证性特征

"八个统一"实际上是"八对矛盾",体现了马克思主义的唯物辩证法。辩证思维就是以唯物辩证法为指导,发现矛盾、分析矛盾、解决矛盾、把

---

① 习近平:《思政课是落实立德树人根本任务的关键课程》,人民出版社 2020 年版,第 12 页。

握本质、遵循规律、推动工作。习近平总书记"八个统一"的论述，充分体现出唯物辩证法的辩证性思维特征。"八个统一"是辩证的统一、矛盾的统一，矛盾双方既对立又统一，共存于一个统一体中。"政治性和学理性相统一"强调政治性是思政课教育教学的底色，而政治性要靠透彻的学理性来支撑，要用学术来讲政治，把政治做成学术，"政治必须是通过学理展现的政治，学理必须是表达政治的学理"①，政治和学理相互依存、相互支撑。习近平总书记指出："以透彻的学理分析回应学生，以彻底的思想理论说服学生，用真理的强大力量引导学生。"② 就是强调必须尊重规律、遵循学理、以理服人，政治和学理的辩证统一凸显了思政课的本质属性。"价值性和知识性相统一"体现了思政课知识教育与信仰教育的辩证统一，"知识是载体，价值是目的，要寓价值观引导于知识传授之中"③，实现价值观教育与知识教育的同步发展和同频共振。"建设性与批判性相统一"体现了思政课在教学使命上"立"和"破"的辩证统一，"立"就是要传导好主流意识形态，实现思政课的教学目标，引导学生树立对中国特色社会主义的全面自信，"破"就是要批判各种反马克思主义的错误观点和错误思潮，"破"是为了"立"，二者的出发点和落脚点都是为了办好思政课。"理论性和实践性相统一"体现了认识与实践的辩证关系，思政课不是单纯地讲理论，更不是教条主义式的空洞说教，而是面向实践立足实践，贯彻理论联系实际的原则，把思政小课堂同社会大课堂结合起来。"统一性与多样性的统一"强调在教学内容和教学方法上多样性的统一。思政课作为一个由教学目标、教学内容、教学方法、教学管理等多要素

---

① 田鹏颖：《高校思想政治理论课要坚持政治性和学理性相统一》，《中国高等教育》2019年第9期。

② 习近平：《思政课是落实立德树人根本任务的关键课程》，人民出版社2020年版，第18页。

③ 习近平：《思政课是落实立德树人根本任务的关键课程》，人民出版社2020年版，第19页。

构成的矛盾系统，统一性和多样性是其重要的属性，"统一性"确保思政课的政治性、权威性、思想性和方向性，"多样性"则体现因地制宜、因时制宜、因材施教，两者相互依存、相互支撑。"主导性与主体性相统一"体现了思政课教学过程中教师和学生的辩证统一，思政课是教师与学生双向互动的活动，教师主导作用是推进思政课改革创新的关键，发挥学生主体性是深化学习效果的关键，两者也是相互作用、相互支撑的。"灌输性与启发性相统一"强调了思政课教学过程中灌输方法和启发方法的辩证统一。灌输是马克思主义理论教育的基本方法，但这不等于搞填鸭式的"硬灌输"，而是蕴含着规律性、渗透着启发性、体现着自觉性的灌输，灌输和启发相互依存、互为前提。"显性教育和隐性教育的统一"体现了"思政课程"和"课程思政"的辩证统一、主渠道育人和各方面协同育人的辩证统一，显性教育是保证思政课发挥好其主渠道作用的必然要求，隐性教育是保证思政课发挥好协同育人功能的需要，两者也是相辅相成、缺一不可的。可见，"八个统一"揭示了思政课教育教学中八对矛盾的辩证统一关系，这就要求我们要用唯物辩证法的方法论，特别是要用矛盾分析的方法来辩证地把握每一对矛盾的关系，以更好地指导思政课教学改革创新。

## 三、"八个统一"视域下思政课改革创新的新思考

"八个统一"是对新中国成立以来思政课建设的规律性认识，它科学总结了我们党思政课建设的成功经验，分析和解答了思政课建设面临的"八大矛盾"，回应了新时代广大思政课教师关注的热点和焦点问题，为思政课的改革创新指明了方向，为"四个自信"教育指明了方向，是新时代思政课改革创新的根本遵循，也是党和国家思想政治教育和意识形态工作

的指导方针和重要原则。从"八个统一"视域出发思考思政课教学改革创新问题，要求我们必须认真审视思政课的课程定位、育人目标、建设原则、教学规律、教学方法、教学格局等方面的问题，以更好地推进思政课改革创新。

## （一）把握好思政课的课程定位和育人目标

认真梳理近几年来中宣部、教育部印发的相关文件和习近平总书记的相关重要讲话，可以清晰地看出关于思政课的课程定位，即思政课是落实立德树人根本任务的关键课程。2015 年中宣部、教育部印发的《普通高校思想政治理论课建设体系创新计划》，对课程新定位是："思想政治理论课是巩固马克思主义在高校意识形态领域指导地位，坚持社会主义办学方向的重要阵地，是全面贯彻落实党的教育方针，培养中国特色社会主义事业合格建设者和可靠接班人，落实立德树人根本任务的主干渠道，是进行社会主义核心价值观教育、帮助大学生树立正确世界观人生观价值观的核心课程。"[1]2018 年 4 月教育部印发的《新时代高校思想政治理论课教学工作基本要求》对思政课的新定位为："思想政治理论课承担着对大学生进行系统的马克思主义理论教育的任务，是巩固马克思主义在高校意识形态领域指导地位、坚持社会主义办学方向的重要阵地，是全面贯彻党的教育方针、落实立德树人根本任务的主干渠道和核心课程，是加强和改进高校思想政治工作、实现高等教育内涵式发展的灵魂课程。"[2]2019 年 3月，习近平总书记在学校思政课教师座谈会上对思政课作了定位："思政

---

[1]　《普通高校思想政治理论课建设体系创新计划》，中华人民共和国教育部网：http://www.moe.gov.cn/srcsite/A13/moe_772/201508/t20150811_199379.html。

[2]　《新时代高校思想政治理论课教学工作基本要求》，中华人民共和国教育部网：http://www.moe.gov.cn/srcsite/A13/moe_772/201804/t20180424_334099.html。

课是落实立德树人根本任务的关键课程，思政课作用不可替代。"① 而立什么德、树什么人，这是思政课育人目标的问题。习近平总书记指出："我们党立志于中华民族千秋伟业，必须培养一代又一代拥护中国共产党领导和我国社会主义制度、立志为中国特色社会主义事业奋斗终身的有用人才。"② 这就明确了思政课的育人目标："努力培养担当民族复兴大任的时代新人，培养德智体美劳全面发展的社会主义建设者和接班人。"③ 从"八个统一"的视域来看，坚持政治性与学理性相统一、坚持价值性与知识性相统一、坚持建设性与批判性相统一、坚持统一性与多样性相统一等，都明确了思政课是落实立德树人根本任务的关键课程这个课程定位，并从思政课的政治属性、建设原则和教学方法等层面，科学回答了"培养什么人、怎样培养人、为谁培养人"这个根本问题。可见，办好思政课关系到坚持和发展中国特色社会主义、全面建设社会主义现代化强国、实现中华民族伟大复兴的伟大事业。思政课教师要以高度的责任感和使命感，把握好思政课的课程定位和育人目标，理直气壮地办好思政课、讲好思政课。

### （二）把握好思政课建设的根本原则

所谓原则，一般来讲是指说话或做事所依据的法则或标准，思政课建设的原则即是思政课建设需要遵循的法则或标准。"八个统一"突出强调了思政课建设需要遵循的政治引领原则、价值引领原则、正面宣传原则、

① 习近平:《思政课是落实立德树人根本任务的关键课程》，人民出版社 2020 年版，第 2 页。

② 习近平:《思政课是落实立德树人根本任务的关键课程》，人民出版社 2020 年版，第 5 页。

③ 习近平:《思政课是落实立德树人根本任务的关键课程》，人民出版社 2020 年版，第 10 页。

理论联系实际原则、守正创新原则等。"坚持政治性和学理性相统一"强调的是思政课的政治引领原则。政治引导不仅是思政课的基本功能，也是思政课建设的重要原则。思政课要突出解决学生的政治方向和政治立场问题，要以透彻的学理分析回应学生，以彻底的思想理论说服学生，用真理的强大力量引导学生，培养担当民族复兴大任的时代新人，培养德智体美劳全面发展的社会主义建设者和接班人，在这一点上是绝不能含糊的。"坚持价值性和知识性相统一"强调的是思政课的价值引领原则。思政课教育教学像其他课程教学一样，也要传播知识，但"思政课重在塑造学生的价值观，这一点必须牢牢抓住"①，要寓价值观引导于知识传授之中，要通过知识的传授引导学生形成正确的世界观、人生观和价值观，树立科学的理想信念。"坚持建设性和批判性相统一"强调的是思政课的正面宣传原则。"所谓建设性，是指正面教育，站在党和国家立场上传导社会主义主流意识形态。"②思政课要弘扬主旋律，传播正能量，激发全社会团结奋进的强大动力，为 14 亿中国人民投身改革开放和现代化建设的伟大实践加油鼓劲。思政课的建设性是其根本，作为原则问题，这一点也是不能含糊的。"坚持理论性和实践性相统一"强调的是思政课的理论与实际相结合原则。马克思主义始终强调理论与实践的结合，这是活学活用马克思主义、坚持和发展马克思主义的最基本的原则，也是思政课教育教学的基本原则。办好思政课就要坚持其理论性，要对学生进行系统的马克思主义理论教育和党的创新理论教育，提高学生的马克思主义理论素养。但同时要高度重视思政课的实践性，要引导学生关注社会、了解社会、深入社会，实现理论与实践的有效对接。"坚持统一性和多样性相统一"强调的是思政课的守

---

① 习近平：《思政课是落实立德树人根本任务的关键课程》，人民出版社 2020 年版，第 18 页。

② 刘建军：《论高校思想政治理论课教育教学的"八个统一"》，《教学与研究》2019 年第 7 期。

正创新原则。思政课是思想政治教育的主渠道主阵地，它体现的是党和国家的意志，是为党育人，为国育才。坚持统一性就是要守住教育的根本，守住党的根本，要坚持马克思主义的一元化指导，在教学目标、课程设置、教材使用等方面强调统一性。多样性则是强调创新，强调因地制宜、因时制宜、因材施教，只有两者的统一才能有效推进思政课的课程建设。"主导性与主体性相统一""灌输性和启发性相统一""显性教育和隐性教育相统一"，强调的是思政课教学过程、教学方法、教学路径等方面必须遵循的原则。需要说明的是，"八个统一"就是"八对矛盾"，一般来讲，矛盾的前项即政治性、价值性、建设性、理论性、统一性、主导性、灌输性、显性教育等是矛盾的主要方面，是思政课建设的重点和重要原则；而矛盾的后项即学理性、知识性、批判性、实践性、多样性、主体性、启发性、隐性教育等对增强思政课教学的亲和力和吸引力非常重要，也是思政课建设的重点和重要遵循，"前项作为重点是战略层面的，后项作为重点则是战术层面的"①。因此，对于"八个统一"所彰显的思政课建设的原则来讲，需要我们辩证地来理解。2019 年 8 月中共中央办公厅、国务院办公厅印发的《关于深化新时代学校思想政治理论课改革创新的若干意见》对思政课改革创新的原则有明确规定："一是坚持党对思政课建设的全面领导，把加强和改进思政课建设摆在突出位置。二是坚持思政课建设与党的创新理论武装同步推进，全面推动习近平新时代中国特色社会主义思想进教材进课堂进学生头脑，把社会主义核心价值观贯穿国民教育全过程。三是坚持守正和创新相统一，落实新时代思政课改革创新要求，不断增强思政课的思想性、理论性和亲和力、针对性。四是坚持思政课在课程体系中的政治引领和价值引领作用，统筹大中小学思政课一体化建设，推动各

---

① 刘建军：《论高校思想政治理论课教育教学的"八个统一"》，《教学与研究》2019 年第 7 期。

类课程与思政课建设形成协同效应。五是坚持培养高素质专业化思政课教师队伍，积极为这支队伍成长发展搭建平台、创造条件。六是坚持问题导向和目标导向相结合，注重推动思政课建设内涵式发展，全面提升学生思想政治理论素养，实现知、情、意、行的统一。"①这六条原则是对习近平总书记提出的"八个统一"的凝练和升华，也需要我们深刻领会和正确把握。

### （三）把握好思政课教育教学的规律

如前所说，"八个统一"具有规律性特征，首先，从"八个统一"本身来看，就是对思政课教学的八个方面的规律性认识。"'八个统一'体现的是思政课教育教学中的八对重大关系，它们不是现象层面的关系，而是本质层面的关系；它们是客观存在的关系，不是主观臆造的关系；它们是具有必然性的关系，而不是偶然性的关系；它们在思政课教育教学中是反复出现的关系，而不是偶尔遇到的关系。找出这八对关系，并揭示每一对关系的内在联系，就是找到并揭示了思政课教育教学的规律。"②而且这八个方面涉及思政课的教学目标、教学内容、教学规律、教学原则、教学方式、教学过程、教学方法、教学路径等方面，涵盖了思政课教育教学的方方面面，是思政课教育教学各个层面上必须遵循的原则和规律。其次，"八个统一"遵循并充分体现了思想政治工作的规律、教书育人规律、学生成长规律，这三大规律是办好思政课必须遵循的基本规律。思想政治工作的基本规律表述为社会适应规律，即"思想政治教育工作的目标和内容

---

① 《关于深化新时代学校思想政治理论课改革创新的若干意见》，中华人民共和国中央人民政府网：http://www.gov.cn/zhengce/2019-08/14/content_5421252.htm。

② 刘建军：《论高校思想政治理论课教育教学的"八个统一"》，《教学与研究》2019年第7期。

必须适应社会发展的需要"①的规律。除此还有一系列具体规律：双向互动规律就是教育过程中教育者的主导作用与受教育者的主体作用双向互动辩证统一的规律；内化外化规律就是指教育过程中受教育者的内化和外化辩证统一的规律；要素协同规律指教育过程中的教育者、受教育者、教育内容、教育方法、教育手段、教育环境等各种要素协同发挥作用的规律。教书育人规律包括一系列具体规律：因材施教规律就是根据学生的年龄特征、个体差异、思政动态等选择恰当的内容和方法，有的放矢地开展教育的规律；言教与身教统一规律就是通过传播真理用真理的力量教育人，通过为人师表用人格的力量感染人，两者相辅相成辩证统一的规律；灌输与启发统一规律就是通过灌输用先进的科学的理论来武装学生头脑，又注重启发引导学生发现问题、分析问题、思考问题的规律；"三全育人"规律就是指全员育人、全程育人、全方位育人，把思想价值引领贯穿教育教学全过程和各环节的规律。只有深入研究和深刻把握好教书育人规律，才能克服教育教学的盲目性，发挥好教书育人的作用。学生成长规律一般包括：学生成长过程和阶段规律，是指学生成长过程呈现出顺序性、阶段性、个体差异性等特征的规律；学生成长的内在因素及其规律，是指学生成长成才过程中受思想、理念、学识、创新、实践等诸因素综合影响的规律；学生成长的外在因素及其规律，是指学生成长过程中受家庭环境、学校教育、大众传媒、社会环境等因素综合影响的规律。可见，大学生成长过程是一个相对复杂的系统，包含着诸多构成要素以及各要素之间的相互作用。遵循学生成长规律就要充分认识学生成长的各个阶段及其特征，把握影响学生成长的内在因素和外在因素，懂得学生思想品德形成和发展的机制和过程等。除此，在本书稿的第四章中我们专门阐述了大学生"四个

---

① 陈秉公：《21世纪思想政治教育工作创新理论体系》，吉林教育出版社2000年版，第337页。

自信"生成的规律：知识内化与价值建构相统一规律、"三进"互动与协同生效相统一规律、核心引领与多层互动相统一规律、渐进生成与内驱推动相统一规律等，要讲好思政课，对大学生进行"四个自信"教育，也要正确认识和把握好这些规律。最后，从接受理论的视域来看，还有各种接受规律，笔者曾在《接受理论视阈中的马克思主义大众化研究》一书中提出了主体能动规律、需要驱动规律、价值导向规律、情感调节规律和社会认同规律等。"主体能动规律指在接受活动中，接受主体的主体性因素决定了主体不是消极被动地接受，而是积极能动地接受的规律。"[1]"需要驱动规律指在接受活动中，主体由于对某个目标的欲望和渴求而产生强烈的接受动机进而推进接受活动的规律，也就是接受主体本身的需要意识构成接受活动的动力的规律。"[2]"价值导向规律是指在接受活动中，接受主体根据自身内在的以价值观为核心的观念体系，选择和决定自身接受活动的发展方向和价值取向的规律。"[3]"情感调节规律是指接受主体的情感、意志等心理因素在接受活动中起重要调节作用的规律等。"[4]"社会认同规律是指接受主体的接受活动总是伴随着对社会的不断认同而展开的规律。"[5]要办好思政课，要提高思政课教育教学实效性，要有效推进"四个自信"教育，思政课教师也要正确认识和把握这些规律。

---

[1] 刘丽琼：《接受理论视阈中的马克思主义大众化研究》，人民出版社2016年版，第266页。

[2] 刘丽琼：《接受理论视阈中的马克思主义大众化研究》，人民出版社2016年版，第267页。

[3] 刘丽琼：《接受理论视阈中的马克思主义大众化研究》，人民出版社2016年版，第269页。

[4] 刘丽琼：《接受理论视阈中的马克思主义大众化研究》，人民出版社2016年版，第270页。

[5] 刘丽琼：《接受理论视阈中的马克思主义大众化研究》，人民出版社2016年版，第272页。

### （四）积极探索思政课教育教学的新方法

"八个统一"是推动思政课改革和创新的基本遵循，认真践行"八个统一"的要求，除了要把握好思政课建设的原则和遵循思政课教学的规律外，还要注重教学方法的多样性和灵活性，坚持因地制宜、因时制宜、因材施教，积极探索思政课教育教学的新方法，提升思政课的亲和力、吸引力、感染力。习近平总书记对广大思政课教师在教学方法方面的探索给予充分肯定，指出："很多学校在思政课上积极采用案例式教学、探究式教学、体验式教学、互动式教学、专题式教学、分众式教学等，运用现代信息技术等手段建设智慧课堂等，取得了积极成效。这些都值得肯定和鼓励。"① 笔者以为，除了上述这些方法手段外，教师还要结合教学实际、针对学生思想特点、认知特点，根据时代特征，积极探索行之有效的教学方法，不断推动教学方法的改革和创新。要综合运用启发式教学法、讨论式教学法、问答式教学法、影视感染法、榜样示范法、情感教学法、情境教学法、审美教学法等，还要采用各种各样的实践教学方式，包括参观考察、社会调查、志愿者服务、班级团队活动等。教师可以根据实际"八仙过海，各显神通"，这里面有很深的学问需要认真钻研。同时，随着互联网应用技术的发展，慕课、微课、微电影以及各种学习平台的出现，大学生学习和获得知识的方式和手段发生了巨大变化，不再单一依靠纸质书籍的传统介质，而是借助各种网络媒介，其接受知识的方式越来越现代化、技术化和多样化。思政课教师要积极运用现代教育技术手段，建立和完善"互联网＋思政课"教学模式和教学体系，来丰富和弥补以往教学形式单一、教学手段落后等方面的不足。比如建立和运用"思政课"各门课程的

---

① 习近平：《思政课是落实立德树人根本任务的关键课程》，人民出版社 2020 年版，第 17 页。

精品课程网站、可视化精品课程网站、各类网络辅教辅学平台等，充分利用学生所关注的网站、博客、微博等载体传播教学内容，还要积极开发和运用慕课、微课、微电影等，实施翻转课堂、混合式教学，做到线上教学与线下教学的有机结合，将思政课教学内容以鲜活、生动、通俗、亲切的形象展现给学生，以调动学生的学习热情和积极性，提高教学的实效性，努力让思政课"有虚有实、有棱有角、有情有义、有滋有味、有己有人"。此外，要坚持显性教育和隐性教育的统一，积极探索各种隐性思政教育的方法，比如利用校园文化、社团活动、文体活动、学校及学院的网站、班级公众号、班级 QQ 群、校报校刊、广播站等载体开展隐性思想政治教育，使思政教育绽放出新的生机和活力，让思政教育显示其润物无声的效果。不管采用哪一种教学方法，都要充分注重思政课的政治性、价值性、理论性等，思政课应该具有触及灵魂和思想的启发性，要注意启发学生的思维，调动学生的学习积极性，在循循善诱中引导学生发现问题、分析问题、思考问题，最终水到渠成地得出结论和感悟。积极探索思政课教育教学的新方法是一个艰苦的过程，思政课教师要以"工匠精神"认真钻研教学的各个细节，认真设计好每一堂课，不断总结成功经验和存在的问题，当好教书育人的表率。

### （五）积极推进"思政课程"与"课程思政"同向同行

"八个统一"中坚持显性教育和隐性教育相统一，强调了"思政课程"与"课程思政"的充分结合。思想政治教育绝不是思政课的"一家独大"和"一家之言"，而需要各类课程通力合作，使"思政课程"与"课程思政"同向同行。这里所谓的"思政课程"就是指作为思想政治教育主渠道的思政课，"课程思政"就是指将思想政治教育融入各类课程教学的各环节，在课程教学中发挥思政教育的作用，在日常的课程学习中实现立德树人的目的。2020 年 6 月教育部印发的《高等学校课程思政建设指导纲要》明确指出："要紧紧抓住教师队伍'主力军'、课程建设'主战场'、课堂教学'主渠道'，让所有高校、所有教师、所有课程都承担好育人责任，守好一段渠、种好责任田，使各类课程与思政课程同向同行，将显性教育和隐性教育相统一，形成协同效应，构建全员全程全方位育人大格局。"① 强调"课程思政"当然不是用思想政治教育取代各类专业课，而是在开展专业课教育的同时正确引领学生的政治方向和价值追求。"思政课程"和"课程思政"同向同行，就是指在政治方向上要有一致性，任务目标上要有共同性，内容要求上要有契合性。政治方向上的一致性，就是强调两者都要贯彻党的教育方针，要坚持马克思主义指导地位，坚持社会主义核心价值体系的理论引导和社会主义核心价值观的实践引领，坚持社会主义办学方向，坚持教育为人民服务、为巩固和发展中国特色社会主义制度服务。任务目标上的共同性，就是强调两者都必须要以立德树人为目标，努力培养担当民族复兴大任的时代新人，培养德智体美劳全面发展的社会主义建设者和接班人。教学内容上的契合性，就是指要充分挖掘各类专业课和公共通识课中的思想政治教育元素，在教学内容上与思政课保持高度契合性。《高等学校课程思政建设指导纲要》还指出："课程思政建设内容要紧紧围绕坚定学生理想信念，以爱党、爱国、爱社会主义、爱人民、爱集体为主线，围绕政治认同、家国情怀、文化素养、宪法法治意识、道德修养等重点优化课程思政内容供给。"② 不管是"课程思政"还是"思政课程"都要求我们要在课程教学中坚定道路自信、理论自信、制度自信、文化自信，只有坚定"四个自信"，才能培养出中国特色社会主义建设者和接班

---

① 《高等学校课程思政建设指导纲要》，中华人民共和国中央人民政府网：http://www.gov.cn/zhengce/zhengceku/2020-06/06/content_5517606.htm。

② 《高等学校课程思政建设指导纲要》，中华人民共和国中央人民政府网：http://www.gov.cn/zhengce/zhengceku/2020-06/06/content_5517606.htm。

人。当然，在推进课程思政体系建设时要从各专业具体情况出发，不能搞"一刀切"，要具有针对性，要注重实效。值得注意的是，对"课程思政"的理解不能简单地归于课堂教学，还包括课堂以外，要做到全程育人、全员育人、全方位育人。从教学系统上讲，要打通思政课、专业课、公共通识课"三位一体"的育人体系，要在所有课程中恰当地融入思政教育的元素。从管理系统上讲，要推动学校各部门、各课程、各环节在立德树人方面的工作协同，建立"课程、科研、实践、文化、网络、心理、管理、服务、资助、组织等十大育人体系"①。这就要求我们要破除思政教育只是思政课教师的责任的认知误区，所有教职员工都要建立自己"教育人"的角色意识，学校所有教育活动中都要渗透思想政治教育，努力实现显性教育和隐性教育相统一。要广泛整合思政教育资源，从博大精深的中华优秀传统文化中汲取营养，从丰富多彩的民族文化中提炼素材，从各行各业建设中挖掘各种模范人物和爱国故事等。总之，推进"思政课程"与"课程思政"同向同行，有助于建立和完善高校思想政治教育工作体系，有利于确保社会主义大学办学目标的实现，有利于巩固马克思主义在意识形态建设中的指导地位。

---

① 《高校思想政治工作质量提升工程实施纲要》，中华人民共和国教育部网：http://www.moe.gov.cn/srcsite/A12/s7060/201712/t20171206_320698.html。

# 第六章 "四个自信"教育对思政课教师
提出的新要求

　　2018 年 4 月教育部印发的《新时代高校思想政治理论课教学工作基本要求》指出："思想政治理论课承担着对大学生进行系统的马克思主义理论教育的任务，是巩固马克思主义在高校意识形态领域指导地位、坚持社会主义办学方向的重要阵地，是全面贯彻党的教育方针、落实立德树人根本任务的主干渠道和核心课程，是加强和改进高校思想政治工作、实现高等教育内涵式发展的灵魂课程。"①"办好思政课，就是要开展马克思主义理论教育，用新时代中国特色社会主义思想铸魂育人，引导学生增强中国特色社会主义道路自信、理论自信、制度自信、文化自信，厚植爱国主义情怀，把爱国情、强国志、报国行自觉融入坚持和发展中国特色社会主义、建设社会主义现代化强国、实现中华民族伟大复兴的奋斗之中。"②而办好思政课关键在教师，广大的思政课教师是对学生进行系统的马克思主义理论教育的重要主体，当然也是对大学生进行"四个自信"教育的重要力量。百年大计，教育为本，教育大计，教师为本。办好思政课，急需一支政治觉悟高、理论功底深、教学能力强、师德修养高的专业化思政课教师队伍。本章结合新时代的历史特点，结合习近平总书记、党和国家对思

---

　　① 《新时代高校思想政治理论课教学工作基本要求》，中华人民共和国教育部网：http://www.moe.gov.cn/srcsite/A13/moe_772/201804/t20180424_334099.html。

　　② 习近平：《思政课是落实立德树人根本任务的关键课程》，人民出版社 2020 年版，第 6—7 页。

政课教师提出的新要求，从"四个自信"教育的视域分析新时代思政课教师的素质。

## 一、新时代、新形势、新任务对思政课教师提出新要求

习近平总书记指出："当前形势下，办好思政课，要放在世界百年未有之大变局、党和国家事业发展全局中来看待，要从坚持和发展中国特色社会主义、建设社会主义现代化强国、实现中华民族伟大复兴的高度来对待。我们正在为实现'两个一百年'奋斗目标而努力。未来30年，我们培养的人要能够完成"两个一百年"的伟业。这就是教育的历史责任。"①因此，我们要从世界百年未有之大变局和中华民族伟大复兴的战略全局这"两个大局"来思考思政课教学和思政课教师队伍建设的问题。

### （一）百年未有之大变局下世界进入动荡变革期

习近平总书记指出："当今世界正经历百年未有之大变局。当前，新冠疫情全球大流行使这个大变局加速变化，保护主义、单边主义上升，世界经济低迷，全球产业链供应链因非经济因素而面临冲击，国际经济、科技、文化、安全、政治等格局都在发生深刻调整，世界进入动荡变革期。"②世界进入动荡变革期的战略判断说明百年未有之大变局下世界和平与发展面临的挑战与风险日益增多。

---

① 习近平：《思政课是落实立德树人根本任务的关键课程》，人民出版社2020年版，第5页。

② 习近平：《在经济社会领域专家座谈会上的讲话》，中国新闻网：https://www.chinanews.com.cn/gn/2020/08-24/9273232.shtml。

### 1. 各种不稳定性和不确定性因素日益增多

世界进入动荡变革期，国际局势出现新特点，世界面临百年未有之大变局。第一，和平与发展的时代主题没有变，但是不稳定性和不确定性更加突出。新一轮科技革命和产业变革深入发展，世界格局深度调整，国际力量对比发生重大变化，全球治理体系发生深刻变革，各国相互联系相互依存的程度空前加深，和平赤字、发展赤字、治理赤字、信任赤字仍然是人类面临的主要问题。第二，世界多极化趋势没有变，但构建更加公正合理的国际秩序任重道远。单边主义、霸权主义和强权政治明显抬头，传统安全和非传统安全威胁相互交织，地区冲突和局部战争此起彼伏。第三，经济全球化方向没有变，但遭遇波折和逆流。一方面，发达国家主导的经济全球化导致全球生态恶化、贫富差距扩大，特别是发展中国家必须直面经济全球化带来的负面影响。另一方面，西方一些国家自保倾向上升，右翼民粹主义、新孤立主义、贸易保护主义抬头，形成反全球化逆流。第四，文明交流互鉴大势没有变，但"西方中心主义"对人类文明进步的威胁加大。"文明冲突论""文明优越论"沉渣泛起。特别是一些发达国家借助其在经济、科技、军事等方面的优势，极力向世界推销其意识形态、价值观念和社会制度，以图"塑造"其他国家的经济政治制度。"两个大局"同步交织、相互激荡，本质上是"两种制度、两种道路"竞争日趋激烈的结果。中国始终推动世界各国携手共建人类命运共同体，发展全球伙伴关系，拓展友好合作，走出一条相互尊重、公平正义、合作共赢的国与国交往新路。而某些西方大国从自身利益出发，总是在逃避自己应负的历史责任。逃避使 2020 年新冠疫情在全球蔓延，西方国家制度的自我调节能力不断下降，其基本矛盾带来的各种问题也日益激化，种族歧视、社会动乱、族群冲突、枪击事件等频发。面对复杂多变的国际形势，如何讲好中国故事是思政课教师必须认真思考和回答的问题。

### 2.意识形态斗争异常尖锐复杂

改革开放以来,西方错误的社会思潮借机大举进入中国并发展演变,成为西方国家对中国进行意识形态渗透、和平演变的重要方式。当前,这些错误思潮主要包括:西方宪政民主、历史虚无主义、新自由主义、"普世价值"、公民社会、西方新闻观等,这些错误思潮不断变化形式,但实质上都是否定中国共产党领导和社会主义制度,其根源是对西方的盲目崇拜,这说明意识形态领域的斗争异常尖锐复杂。正如习近平总书记指出的:"随着我国日益扩大开放、日益走近世界舞台中央,我国同世界的联系更趋紧密、相互影响更趋深刻,意识形态领域面临的形势和斗争也更加复杂。学校是意识形态工作的前沿阵地,可不是一个象牙之塔,也不是一个桃花源。"①高校历来是国内外社会思潮争夺的主要阵地,国内外各种思潮也都会在高校寻找并能找到"代言人"。特别是信息技术高度发达的今天,各种自媒体的传播呈现"碎片化""去中心化""去权威化"的特征,每个个体都变成了信息源和话语主体,信息传播更为直接快速,信息交流更为便捷,世界范围内各种思想文化交流交融交锋更加频繁激烈,西方一些国家把我国的发展壮大视为对其价值观和制度模式的挑战,利用其综合国力构成的整体优势,利用其长期垄断的国际话语权优势,利用其维持文化霸权的强势地位,加紧对我国进行思想文化渗透,以图达到和平演变之目的。他们把重点放在我们的青少年身上,通过各种手段争夺青年、争夺人心,瓦解我们的软实力。西方敌对势力通过灭偶像、灭历史、灭自信、瓦解公信力等手段来诋毁中国,唱衰中国。而青年学生普遍存在"五强五弱"的现象:即时代感强,责任意识弱;认同感强,辨别能力弱;参与意识强,实践能力弱;主体意识强,集体意识弱;个性特征强,承受能力弱

---

① 习近平:《思政课是落实立德树人根本任务的关键课程》,人民出版社 2020 年版,第 6 页。

等，这些特点意味着他们极易受到西方错误社会思潮的影响，他们在国家认同、民族认同、政治认同、理论认同等方面出现一些问题，这对思政课教学提出了更高的要求，更对思政课教师提出了更高的要求。深刻揭露和批判错误社会思潮的表现、本质及其危害是我国意识形态建设的重要任务，也是思政课教师的重要职责。

## （二）中华民族伟大复兴处于关键时期

党的十八大以来，中国特色社会主义进入新时代，这是当代中国发展的新的历史方位。这一重大判断是根据中国特色社会主义进入新的历史阶段、中国社会的主要矛盾发生新变化、中国国际环境发生新变化等方面的情况作出的。党的十八大以来，"我们党团结带领全国各族人民不懈奋斗，推动我国经济实力、科技实力、国防实力、综合国力进入世界前列，推动我国国际地位实现前所未有的提升，党的面貌、国家的面貌、人民的面貌、军队的面貌、中华民族的面貌发生了前所未有的变化，中华民族正以崭新姿态屹立于世界的东方"[1]。中国社会的主要矛盾已经由人民日益增长的物质文化需要同落后的社会生产之间的矛盾，转化为人民日益增长的美好生活需要和不平衡不充分的发展之间的矛盾。世界正处于大发展、大变革、大调整时期，中国发展仍处于重要战略机遇期和历史机遇期，中国已经不再是国际秩序的被动接受者，而是积极参与者、建设者、引领者。中国日益走近世界舞台中央，世界对中国的关注从未像今天这样广泛、深切和聚焦。这一切都说明中国特色社会主义进入新时代，这"意味着近代以来久经磨难的中华民族迎来了从站起来、富起来到强起来的伟大飞跃，迎

---

① 习近平：《决胜全面建成小康社会　夺取新时代中国特色社会主义伟大胜利——在中国共产党第十九次全国代表大会上的报告》，人民出版社 2017 年版，第 10 页。

来了实现中华民族伟大复兴的光明前景；意味着科学社会主义在二十一世纪的中国焕发出强大生机活力，在世界上高高举起了中国特色社会主义伟大旗帜；意味着中国特色社会主义道路、理论、制度、文化不断发展，拓展了发展中国家走向现代化的途径，给世界上那些既希望加快发展又希望保持自身独立性的国家和民族提供了全新选择，为解决人类问题贡献了中国智慧和中国方案"[1]。"今天，我们比历史上任何时期都更接近、更有信心和能力实现中华民族伟大复兴的目标。行百里者半九十。中华民族伟大复兴，绝不是轻轻松松、敲锣打鼓就能实现的。"[2]坚持和发展中国特色社会主义是一项长期的艰巨的任务，必须培养一代又一代拥护中国共产党领导和我国社会主义制度、立志为中国特色社会主义事业奋斗终身的有用人才，我们必须从中华民族伟大复兴的高度，从培养千千万万中国特色社会主义合格建设者和可靠接班人的高度来领会思政课的重要作用，来思考思政课教师的队伍建设问题。

### （三）高校思政课教师队伍存在的问题

多年来，思政课建设成效是显著的，教学方法不断创新，教师乐教善教、潜心育人，教师队伍规模和素质稳步提升。广大思政课教师自觉贯彻党的教育方针，教书育人，呕心沥血，默默奉献，为国家发展和民族振兴作出了巨大贡献。但还是存在少部分教师的个人素质和育人水平不够高，以及教师队伍建设质量和水平发展不充分不平衡的问题，不能很好地适应新时代讲好思政课的需要。

---

[1] 习近平：《决胜全面建成小康社会　夺取新时代中国特色社会主义伟大胜利——在中国共产党第十九次全国代表大会上的报告》，人民出版社2017年版，第10页。
[2] 习近平：《决胜全面建成小康社会　夺取新时代中国特色社会主义伟大胜利——在中国共产党第十九次全国代表大会上的报告》，人民出版社2017年版，第15页。

### 1. 政治素质有待提高

一是理想信念弱化。表现为少部分教师信念不坚定，旗帜不鲜明，政治坚定性不强等。思政课教师承担着对大学生进行系统的马克思主义理论教育的任务，承担着对大学生进行"四个自信"教育的重要任务，如果理想信念出现问题，甚至怀疑马克思主义理论的科学性，那么在课堂教学中很难避免出现不当言论的情况，或者会有意无意地诋毁党的路线方针和政策，或者会不分场合地宣泄个人情绪，尖酸刻薄地骂社会等，这种情况会造成各种不良后果。二是政治敏锐性不强，底线思维和红线意识不强。对一些错误思潮不能或者不敢给予有力的驳斥，而是采取消极躲避的态度和模棱两可的立场。三是理论学习不足。少部分教师对马克思主义没有真学真懂真信真用，没有系统地掌握马克思主义的科学理论，缺乏扎实的理论功底，以至于课堂教学缺乏理论内涵和理论底气。理想信念弱化和政治敏锐性不强都是马克思主义理论学习不够导致的。马克思主义学习不够还必然导致"四个意识"不强，缺乏"四个自信"，因而很难做到"两个维护"。习近平总书记指出："对马克思主义的学习和研究，不能采取浅尝辄止、蜻蜓点水的态度。有的人马克思主义经典著作没读几本，一知半解就哇啦哇啦发表意见，这是一种不负责任的态度，也有悖于科学精神。"① 这对于思政课教师来说更是一种警示。

### 2. 职业使命感有待增强

思政课教师要给学生心灵埋下真善美的种子，引导学生扣好人生第一粒扣子，要把培养社会主义合格建设者和可靠接班人作为自己的职责和使命。但仍有少部分教师没有这种崇高的职业使命感，他们把从事思政课仅

---

① 习近平：《在哲学社会科学工作座谈会上的讲话》，人民出版社 2016 年版，第12 页。

仅当成一份获取报酬的工作，没有把其上升为一份光荣神圣的事业，对自己的思政课教师职业身份没有产生悦纳感、认同感和自豪感，没有表现出应该有的职业态度，因此在教学中必然会出现动力不强、热情不够、追求不高甚至消极应付，更谈不上潜心问道和教学创新，也必然忽视思政课教学的价值引领和塑造功能；有的教师在课堂上热衷于讲花边新闻，热衷于揭短和传播负面内容，或者哗众取宠装模作样，表面上热热闹闹，气氛活跃，实则没有任何价值；还有的教师对教学中的难点、重点、疑点和热点问题缺乏思考，对思政课教学规律和大学生成长规律缺乏研究，教学过程只是照本宣科，语言平淡乏味，学生听课味同嚼蜡，昏昏欲睡；还有的教师惯于运用学术话语和学术概念，没有考虑学生的接受特点和接受能力，没有考虑马克思主义大众化的问题，显得理性有余而亲和力不足，让学生不知所云、一头雾水，从而产生畏难情绪和厌学情绪；等等。这样的教学难以入脑入心，直接削弱了思政课教学效果，更谈不上落实立德树人根本任务。此外，部分教师忙于拿课题、发文章、出专著，无暇顾及教学工作，没有处理好教学和科研的关系；还有部分教师注重自身个人利益的得失，专注于职务的升迁和职称的晋升，或者忙于各种校外兼职，对从事思政课教学和教书育人的本职工作不重视；等等。这些都是思政课教师职业使命感不强的体现，都是导致课堂教学实效性不高的重要原因。

### 3. 知识结构有待完善

习近平总书记在学校思政课教师座谈会上说："思政课教学涉及马克思主义哲学、政治经济学、科学社会主义，涉及经济、政治、文化、社会、生态文明和党的建设，涉及改革发展稳定、内政外交国防、治党治国治军，涉及党史、国史、改革开放史、社会主义发展史，涉及世界史、国际共运史，涉及世情、国情、党情、民情，等等。这样的特殊性对教师综合素质要求很高。"① 特别是对教师的知识结构提出了更高的要求，要求教师具备马克思主义理论以及政治学、经济学、哲学、法学、历史学、社会学、教育学、心理学、传播学、接受学甚至文学、美学等学科的相关知识。但很少有教师的知识结构能够涵盖以上全部学科，特别是对文学、美学、传播学、接受学等知识较为薄弱。事实上，高校马克思主义学院真正从马克思主义理论专业毕业的思政课教师占比并不高，甚至部分老教师是理科或工科出身。而教育部要求高等学校应当根据全日制在校生总数，严格按照师生比不低于1：350的比例核定专职思政课教师岗位，有的学校便把与马克思主义相关的学科和专业的教师拉进思政课教师队伍，甚至把没有马克思主义理论学科背景和研究专长的一些行政干部、专职副书记、辅导员等也安排到思政课教师的岗位上，这就形成了似乎"谁都可以上思政课"的局面。这对于上好思政课来说是很不利的因素，必然会影响思政课教学效果。即便是马克思主义理论学科博士研究生毕业的教师，其知识结构也还需要不断完善，他们对一些跨学科知识也并不熟悉，比如传播学和接受学等，倘若思政课教师没有较为全面完善的知识结构，他的教学活动必然显得后劲不足没有底气，必然缺乏吸引力。因此思政课教师只有不断完善自己的知识结构，拓展知识视野，讲起课来才可能旁征博引、融会贯通，才可能让学生更好地接受。

### 4. 专业素养有待提高

扎实深厚的科研能力是高校思政课教师的必备的专业素养，高水准科研能力是提高思政课教学实效的重要一环。2020年1月教育部印发的《新时代高等学校思想政治理论课教师队伍建设规定》明确强调要严把思政

---

① 习近平：《思政课是落实立德树人根本任务的关键课程》，人民出版社2020年版，第10—11页。

课教师政治关、师德关、业务关，指出："思政课教师应当加强教学研究。坚持以思政课教学为核心的科研导向，紧紧围绕马克思主义理论学科内涵开展科研，深入研究思政课教学方法和教学重点难点问题，深入研究坚持和发展中国特色社会主义的重大理论和实践问题。"① 这里明确提出了思政课教师要开展好"两个科研"，一方面要对马克思主义理论和中国特色社会主义的重大理论和实践问题进行科学研究；另一方面要对教育教学规律、学生成长成才规律以及教学方法进行科研研究。但事实上，高校还有部分教师没有静下心来潜心问道做科研，学术功底不深，科研能力低下，没有沉下身子研究马克思主义专业理论，缺乏对马克思主义和思想政治教育学科前沿知识的探索和研究，更不可能从科研的高度来审视和讲好思政课，导致在课堂上照本宣科、空洞说教、硬性注入、阐释能力不足、观点讲不透彻，课堂教学浮于表面。还有的思政课教师缺乏创新精神，灵活运用多种教学方法的意愿不足，教学方法和教学手段单一，无法与信息化手段和新媒体技术有效对接，不能调动学生学习的主动性和积极性，导致思政课教学缺乏实效性，学生没有获得感。相关调查显示："思政课教师不能有效地驾驭课堂氛围和秩序，应用启发式、分享式、情境式教学的艺术还不够；比照教育部的高线要求，省属（市属）高校的相当一部分思政课教师还没有练就'一身本领'。"② 这些都说明了思政课教师的专业素质还存在一定的短板。

### 5. 家国情怀有待加深

习近平总书记曾多次谈到"情怀"问题，不仅要求思政课教师"情怀

---

① 《新时代高等学校思想政治理论课教师队伍建设规定》，中华人民共和国教育部网：https://www.moe.gov.cn/srcsite/A02/s5911/moe_621/202002/t20200207_418877.html。

② 周凯、朱健：《发挥"择优资助计划"在思政课质量和水平攻坚战中的重要支撑作用》，《中国高等教育》2017 年第 11 期。

要深",而且希望思政课教师"要在厚植爱国主义情怀上下功夫,让爱国主义精神在学生心中牢牢扎根"①。情怀问题不仅是高校思政课教师队伍素质的重要方面,而且直接关乎高校的整个思政教育,只有情怀深厚的教师才能引导大学生成为有情怀的人。思政课教师的家国情怀和仁爱情怀应该包含着对马克思主义真理的不懈追求和坚定信仰,对教育事业深厚的热爱和使命感,以及对学生深切的博爱和责任感。但现实中我们看到少部分教师家国情怀、仁爱情怀不够深厚,为人师表做得不到位。比如有的老师在思政课教学中有意无意地回避我们国家坚持和发展中国特色社会主义的鲜明主题,不讲中华民族伟大复兴的伟大梦想及伟大的历史征程,不讲中国特色社会主义现代化建设取得的辉煌成就,没有在课堂上传播正能量和唱响主旋律,没有培养学生关注时代和社会、投身伟大实践而报效祖国的使命感和责任感,这样的教学是不可能培养学生深厚的家国情怀的。还有的老师缺乏仁爱之心,无视学生对知识的渴求和成长的需要,对学生的思想和心理状况漠不关心,在思政课堂上抒发自己的悲观情绪和不满情绪;还有教师在教学中疏于课堂管理,针对课堂上学生玩手机、睡觉、不专心的现象,教师不是晓之于理、动之以情地进行教育和引导,而是大发雷霆地骂个狗血淋头,或者就干脆不管不问放任自流。再加上思政课的教学方式大多采取100人左右的大班上课,不同学院、不同专业的学生在一起,有的教师不能根据不同专业学生特点采取相应的教学调整,做到因材施教。还有部分教师更多地注重自身课时量和课时报酬,却没有真正投入精力讲好思政课,每周20多节课,疲于奔命和应付,不得已时就整堂课放视频。这些都体现为教师缺乏对学生的关心和关爱,这样的思政课必然缺乏情怀和温度。

---

① 《习近平出席全国教育大会并发表重要讲话》,《人民日报》2018年9月11日。

### 6.道德境界有待升华

习近平总书记讲的自律要严、人格要正都是从道德修养方面来说的，并强调："有人格，才有吸引力。亲其师，才能信其道。思政课教师要有堂堂正正的人格，用高尚的人格感染学生、赢得学生。"① 所谓言传身教就是说教师要有高尚的道德情操，要用自己的优秀品质和模范行为影响学生。乌申斯基说过，"教师个人的范例，对于青年人的心灵，是任何东西都不可能代替的最有用的阳光"。这就要求思政课教师要不断地进行道德修养，升华自己的道德境界。但在思政课教师队伍中，有少部分教师思想觉悟不够高，奉献精神不足；还有少部分教师自律意识不强，不讲教学纪律和政治纪律，表里不一，课上课下不一致，网上网下不一致；还有部分教师思维陈旧，视野狭窄，抱残守缺，不思进取；等等。2014年10月，教育部印发的《关于建立健全高校师德建设长效机制的意见》划出了对高校教师具有警示教育意义的师德禁行行为"红七条"，即"损害国家利益，损害学生和学校合法权益的行为；在教育教学活动中有违背党的路线方针政策的言行；在科研工作中弄虚作假、抄袭剽窃、篡改侵吞他人学术成果、违规使用科研经费以及滥用学术资源和学术影响；影响正常教育教学工作的兼职兼薪行为；在招生、考试、学生推优、保研等工作中徇私舞弊；索要或收受学生及家长的礼品、礼金、有价证券、支付凭证等财物；对学生实施性骚扰或与学生发生不正当关系"②。这些都是有悖于思政课师德要求的，但在少部分思政课教师中也不同程度地存在。由此可见，针对高校思政课教师的道德问题要从多个方面进行反思。

---

① 习近平：《思政课是落实立德树人根本任务的关键课程》，人民出版社2020年版，第16页。

② 《教育部关于建立健全高校师德建设长效机制的意见》，中华人民共和国教育部网：http://www.moe.gov.cn/srcsite/A10/s7002/201409/t20140930_175746.html。

### （四）党和国家对思政课教师提出的新要求

党的十八大以来，习近平总书记高度重视教师队伍建设，提出了"四有好老师""四个引路人""四个相统一""六个要""八个统一"等一系列要求，教育部、中共中央办公厅、国务院办公厅等部门先后印发了一系列重要文件，为教师队伍建设特别是为思政课教师队伍建设指明了方向。

### 1. 从"四有好老师"到"四个引路人"和"四个相统一"

2014 年 9 月，习近平总书记视察北京师范大学，发表了"四有"好老师重要讲话。习近平指出："教师重要，就在于教师的工作是塑造灵魂、塑造生命、塑造人的工作。……国家繁荣、民族振兴、教育发展，需要我们大力培养造就一支师德高尚、业务精湛、结构合理、充满活力的高素质专业化教师队伍，需要涌现一大批好老师。"[1] 怎样才能成为好老师呢？习近平总书记强调：做好老师一要有理想信念，二要有道德情操，三要有扎实学识，四要有仁爱之心。"四有"好老师体现出思想育人、道德育人、知识育人、和谐育人的导向，是办好中国特色社会主义教育的重要任务，更是广大教师的职责所在。2016 年 9 月 9 日习近平总书记到北京市八一学校考察时，要求广大教师做"四个引路人"，即"要做学生锤炼品格的引路人，做学生学习知识的引路人，做学生创新思维的引路人，做学生奉献祖国的引路人"[2]。2016 年 12 月习近平总书记在全国高校思想政治工作会议上强调："教师是人类灵魂的工程师，承担着神圣使命。传道者自己

---

[1] 习近平:《做党和人民满意的好老师——同北京师范大学师生代表座谈时的讲话》,《人民日报》2014 年 9 月 10 日。

[2] 《习近平总书记在北京市八一学校考察时的讲话引起热烈反响》,新华网:http://www.xinhuanet.com/politics/2016-09/10/c_1119542690.htm。

首先要明道、信道。高校教师要坚持教育者先受教育，努力成为先进思想文化的传播者、党执政的坚定支持者，更好担起学生健康成长指导者和引路人的责任。要加强师德师风建设，坚持教书和育人相统一，坚持言传和身教相统一，坚持潜心问道和关注社会相统一，坚持学术自由和学术规范相统一，引导广大教师以德立身、以德立学、以德施教。"①所谓坚持教书和育人相统一，就是既做传播知识、思想和真理的工作，更做塑造灵魂、生命和人的工作；坚持言传和身教相统一，就是要用自己的真才实学和人格魅力在传道授业解惑中启发学生、引导学生；坚持潜心问道和关注社会相统一，就是要有"衣带渐宽终不悔，为伊消得人憔悴"的自觉，耐得住寂寞，潜心研究学问，时刻关注社会现象，在实践中汲取养分；坚持学术自由和学术规范相统一，就是课堂上怎么讲要有规范，教师的言行要对国家、对社会、对学生负责。这"四个统一"是新时代师德师风建设的四个基本要求。

## 2. 从"五项任务"到"六个功夫"

习近平总书记在全国宣传思想工作会议上的讲话中提出了宣传思想工作的五项任务，指出："做好新形势下宣传思想工作，必须自觉承担起举旗帜、聚民心、育新人、兴文化、展形象的使命任务。举旗帜，就是要高举马克思主义、中国特色社会主义的旗帜，坚持不懈用新时代中国特色社会主义思想武装全党、教育人民、推动工作，在学懂弄通做实上下功夫，推动当代中国马克思主义、21世纪马克思主义深入人心、落地生根。聚民心，就是要牢牢把握正确舆论导向，唱响主旋律，壮大正能量，做大做强主流思想舆论，把全党全国人民士气鼓舞起来、精神振奋起来，朝着党中央确定的宏伟目标团结一心向前进。育新人，就是要坚持立德树人、以

---

① 《习近平谈治国理政》第二卷，外文出版社 2017 年版，第 379 页。

文化人，建设社会主义精神文明、培育和践行社会主义核心价值观，提高人民思想觉悟、道德水准、文明素养，培养能够担当民族复兴大任的时代新人。兴文化，就是要坚持中国特色社会主义文化发展道路，推动中华优秀传统文化创造性转化、创新性发展，继承革命文化，发展社会主义先进文化，激发全民族文化创新创造活力，建设社会主义文化强国。展形象，就是要推进国际传播能力建设，讲好中国故事、传播好中国声音，向世界展现真实、立体、全面的中国，提高国家文化软实力和中华文化影响力。"① 在全国教育大会上习近平总书记强调："培养什么人，是教育的首要问题。我国是中国共产党领导的社会主义国家，这就决定了我们的教育必须把培养社会主义建设者和接班人作为根本任务，培养一代又一代拥护中国共产党领导和我国社会主义制度、立志为中国特色社会主义奋斗终身的有用人才。这是教育工作的根本任务，也是教育现代化的方向目标。"② 并要求教育工作者要下"六个功夫"：即"要在坚定理想信念上下功夫，教育引导学生树立共产主义远大理想和中国特色社会主义共同理想，增强学生的中国特色社会主义道路自信、理论自信、制度自信、文化自信，立志肩负起民族复兴的时代重任。要在厚植爱国主义情怀上下功夫，让爱国主义精神在学生心中牢牢扎根，教育引导学生热爱和拥护中国共产党，立志听党话、跟党走，立志扎根人民、奉献国家。要在加强品德修养上下功夫，教育引导学生培育和践行社会主义核心价值观，踏踏实实修好品德，成为有大爱大德大情怀的人。要在增长知识见识上下功夫，教育引导学生珍惜学习时光，心无旁骛求知问学，增长见识，丰富学识，沿着求真理、悟道理、明事理的方向前进。要在培养奋斗精神上下功夫，教育引导学生树立高远志向，历练敢于担当、不懈奋斗的精神，具有勇于奋斗的精神状

---

① 《习近平谈治国理政》第三卷，外文出版社 2020 年版，第 312 页。

② 《习近平出席全国教育大会并发表重要讲话》，中华人民共和国中央人民政府网：http://www.gov.cn/xinwen/2018-09/10/content_5681848.htm。

态、乐观向上的人生态度，做到刚健有为、自强不息。要在增强综合素质上下功夫，教育引导学生培养综合能力，培养创新思维"①。这"六个功夫"既规定了教育发展的方向，也是思政课教师自我发展和提高素质的方向。

### 3. 从"六个要"到"八个统一"

2019年3月18日，习近平总书记在学校思想政治理论课教师座谈会上指出："思政课是落实立德树人根本任务的关键课程，思政课作用不可替代，思政课教师队伍责任重大。"② 并强调："办好思想政治理论课关键在教师，关键在发挥教师的积极性、主动性、创造性。"③ 并对思政课教师提出了"政治要强""情怀要深""思维要新""视野要广""自律要严""人格要正"④ 的要求。习近平总书记提出的"六要"素养具有很强的针对性和指向性，是对思政课教师提出的更高的标准和要求，也是对之前提出的教师一般素质的总结升华。同时，习近平总书记还强调：推动思想政治理论课改革创新，不断增强思政课的思想性、理论性和亲和力、针对性，思政课要遵循坚持政治性和学理性相统一、价值性和知识性相统一、建设性和批判性相统一、理论性和实践性相统一、统一性和多样性相统一、主导性和主体性相统一、灌输性和启发性相统一、显性教育和隐性教育相统一⑤。这"八个统一"是思政课教学的基本遵循，也是思政课教师必须把

① 《习近平出席全国教育大会并发表重要讲话》，中华人民共和国中央人民政府网：http://www.gov.cn/xinwen/2018-09/10/content_5681848.htm。

② 习近平：《思政课是落实立德树人根本任务的关键课程》，人民出版社2020年版，第2页。

③ 习近平：《思政课是落实立德树人根本任务的关键课程》，人民出版社2020年版，第10页。

④ 习近平：《思政课是落实立德树人根本任务的关键课程》，人民出版社2020年版，第12—15页。

⑤ 习近平：《思政课是落实立德树人根本任务的关键课程》，人民出版社2020年版，第17—23页。

握的教学原则。

### 4."四个重要文件"推进思政课教师队伍培养

为深入贯彻落实全国教育大会、全国高校思想政治工作会议、学校思想政治理论课教师座谈会精神,2019年4月,教育部印发了《普通高等学校思想政治理论课教师队伍培养规划(2019—2023年)》(以下简称《规划》)。《规划》的指导思想是:"坚持以马克思列宁主义、毛泽东思想、邓小平理论、"三个代表"重要思想、科学发展观、习近平新时代中国特色社会主义思想为指导,教育引导广大思政课教师树牢'四个意识',坚定'四个自信',坚决做到'两个维护',用习近平新时代中国特色社会主义思想铸魂育人,贯彻党的教育方针,落实立德树人根本任务,传播知识、传播思想、传播真理,塑造灵魂、塑造生命、塑造新人,努力成为马克思主义理论教育家,培养担当民族复兴大任的时代新人,培养德智体美劳全面发展的社会主义建设者和接班人。"①《规划》提出的工作目标是:"进一步完善国家、省(区、市)、校三级思政课教师培养体系,优化培养模式,创新培养举措,丰富培养资源,压实培养责任,使新时代思政课教师理想信念更坚定、马克思主义理论功底更扎实、教书育人水平整体提升,切实做到政治要强、情怀要深、思维要新、视野要广、自律要严、人格要正。"②2019年8月中共中央办公厅、国务院办公厅印发的《关于深化新时代学校思想政治理论课改革创新的若干意见》中,又明确指出:"要建

---

① 《普通高等学校思想政治理论课教师队伍培养规划(2019—2023年)》,中华人民共和国教育部网:http://www.moe.gov.cn/srcsite/A13/moe_772/201904/t20190428_379873.html。

② 《普通高等学校思想政治理论课教师队伍培养规划(2019—2023年)》,中华人民共和国教育部网:http://www.moe.gov.cn/srcsite/A13/moe_772/201904/t20190428_379873.html。

设一支政治强、情怀深、思维新、视野广、自律严、人格正的思政课教师队伍。"①并从加快壮大学校思政课教师队伍、切实提高思政课教师综合素质、切实改革思政课教师评价机制、加大思政课教师激励力度、大力加强思政课教师队伍后备人才培养工作等方面提出具体的措施。2019年11月，教育部等七部门印发了《关于加强和改进新时代师德师风建设的意见》，提出了加强师德师风建设的总体要求，强调要"把立德树人的成效作为检验学校一切工作的根本标准，把师德师风作为评价教师队伍素质的第一标准，将社会主义核心价值观贯穿师德师风建设全过程，严格制度规定，强化日常教育督导，加大教师权益保护力度，倡导全社会尊师重教，激励广大教师努力成为'四有'好老师，着力培养德智体美劳全面发展的社会主义建设者和接班人"②。强调要全面加强教师队伍思想政治工作，坚持思想铸魂，用习近平新时代中国特色社会主义思想武装教师头脑；坚持价值导向，引导教师带头践行社会主义核心价值观；坚持党建引领，充分发挥教师党支部和党员教师作用。强调要大力提升教师职业道德素养，突出课堂育德，在教育教学中提升师德素养；突出典型树德，持续开展优秀教师选树宣传；突出规则立德，强化教师的法治和纪律教育等。2020年1月，教育部印发的《新时代高等学校思想政治理论课教师队伍建设规定》明确了思政课教师的岗位职责："思政课教师的首要岗位职责是讲好思政课。思政课教师要引导学生立德成人、立志成才，树立正确世界观、人生观、价值观，坚定对马克思主义的信仰，坚定对社会主义和共产主义的信念，增强中国特色社会主义道路自信、理论自信、制度自信、文化自信，厚植爱国主义情怀，把爱国情、强国志、报国行自觉融入坚持和发展中国特色社

---

① 《关于深化新时代学校思想政治理论课改革创新的若干意见》，中华人民共和国中央人民政府网：http://www.gov.cn/zhengce/2019-08/14/content_5421252.htm。

② 《关于加强和改进新时代师德师风建设的意见》，中华人民共和国教育部网：http://www.moe.gov.cn/srcsite/A10/s7002/201912/t20191213_411946.html。

会主义事业、建设社会主义现代化强国、实现中华民族伟大复兴的奋斗之中，为培养德智体美劳全面发展的社会主义建设者和接班人作出积极贡献。"① 这一方面体现了思政课教师队伍素质建设的重要性，另一方面也指明了思政课教师队伍素质建设的方向。

总的来看，百年大计，教育为本。教育大计，教师为本。努力培养造就一大批一流教师，不断提高教师队伍整体素质。打造一支"可信、可敬、可靠、乐为、敢为、有为"② 的高素质思政课教师队伍，是当前和今后一段时间我国教育事业发展的紧迫任务。习近平总书记关于教师队伍建设的重要论述，以及教育部、中央办公厅、国务院等印发的一系列文件，高屋建瓴，意义深远，深刻阐述了办好思政课的重大意义，阐述了加强思政课教师队伍建设的重要遵循和重要意义，充分体现了习近平总书记和党中央对思政课教师的殷切期望和要求，这为建设一支高素质专业化思政课教师队伍指明了方向，也是思政课教师队伍建设的基本遵循。

## 二、"四个自信"教育视域下高校思政课教师必备的素质

如前所述，习近平总书记对思政课教师提出的"政治要强""情怀要深""思维要新""视野要广""自律要严""人格要正"③ 的要求，具有很强的针对性和指向性，是对思政课教师提出的最高标准和总体要求。新时代思政

---

① 《新时代高等学校思想政治理论课教师队伍建设规定》，中华人民共和国教育部网：http://www.moe.gov.cn/srcsite/A02/s5911/moe_621/202002/t20200207_418877.html。

② 习近平：《思政课是落实立德树人根本任务的关键课程》，人民出版社 2020 年版，第 9 页。

③ 习近平：《思政课是落实立德树人根本任务的关键课程》，人民出版社 2020 年版，第 12—15 页。

课教师队伍建设就是"要建设一支政治强、情怀深、思维新、视野广、自律严、人格正的思政课教师队伍"①。在新时代要更好地创新思政课教育教学，推进"四个自信"教育，思政课教师必须以此作为努力的方向，努力提高和完善这六个方面的素养。

## （一）政治要强就是要求思政课教师要具有过硬的政治素质

习近平总书记在学校思想政治理论课教师座谈会上强调政治要强就是："要让有信仰的人讲信仰。对马克思主义的信仰，对社会主义和共产主义的信念，只有首先在思政课教师心中扎下根，才能在学生心中开花结果。思政课教师只有自己信仰坚定，对所讲内容高度认同，做学习和实践马克思主义的典范，才能讲得有底气，讲深讲透，才能有效引导学生真学、真懂、真信、真用。要善于从政治上看问题，自觉用新时代中国特色社会主义思想武装头脑，在大是大非面前保持政治清醒。"②可见，政治素质是思政课教师必备的首要素质，是思政课教师的立身之本，它体现着思政课教师的政治信仰、政治意识和理论素养等。

### 1.具有坚定的政治信仰

坚定正确的政治信仰是讲好马克思主义信仰的前提，正如习近平总书记所说的："正确理想信念是教书育人、播种未来的指路明灯。不能想象一个没有正确理想信念的人能够成为好老师。"③正是从这个意义上讲，政

---

① 《关于深化新时代学校思想政治理论课改革创新的若干意见》，中华人民共和国中央人民政府网：http://www.gov.cn/zhengce/2019-08/14/content_5421252.htm。

② 习近平：《思政课是落实立德树人根本任务的关键课程》，人民出版社 2020 年版，第 12—13 页。

③ 习近平：《做党和人民满意的好老师——同北京师范大学师生代表座谈时的讲话》，《人民日报》2014 年 9 月 10 日。

治素质是高校思政课教师的首要素质。首先，要坚定对马克思主义信仰、对社会主义和共产主义的信念。习近平总书记强调，要让有信仰的人讲信仰。他多次强调理想信念就是共产党人精神上的钙，没有理想信念或理想信念不坚定，精神上就会缺钙就会得软骨病。他始终认为："坚定理想信念，坚守共产党人精神追求，始终是共产党人安身立命的根本。对马克思主义的信仰，对社会主义和共产主义的信念，是共产党人的政治灵魂，是共产党人经受住任何考验的精神支柱。"① 思政课教师只有坚定对马克思主义的信仰，对社会主义和共产主义的信念，才能为学习和把握马克思主义科学理论提供不竭动力，才能真正成为马克思主义理论的实践者，才能为造就千百万社会主义事业建设者和接班人作出贡献。反思高校思政课教育教学中存在的一些问题，一个重要的原因就是高校部分思政课教师自身没有树立坚定的社会主义和共产主义政治信仰，缺乏对政治前沿问题的敏锐性和洞察力，不能保持清醒的政治意识，对待一些敏感问题抓不住关键，政治信仰有所动摇，这一切与思政课教师的角色和任务极不相称。"从某种意义上讲，思想政治理论课教师端的是'政治碗'，吃的是'政治饭'，干的'职业革命家'的活，其终生所做的，就是为社会主义意识形态服务，特殊的职业标志着思想政治理论课教师特殊的信仰。思想政治理论课教师必须是'坚定的马克思主义者'。"② 作为高校思政课教师，其职责和使命就是传播马克思主义，培养社会主义合格建设者和可靠接班人，他们更应该坚定社会主义和共产主义理想信念。其次，要坚定中国特色社会主义道路自信、理论自信、制度自信、文化自信。这"四个自信"是坚定社会主义和共产主义理想信念的重要基础。"面对当下生机勃勃的中国道路，优越先进的中国制度，与时俱进的中国理论，厚重智慧的中国文化，深谙于

---

① 《习近平谈治国理政》第一卷，外文出版社 2018 年版，第 15 页。

② 黄元全：《高校思想政治理论课教师角色意识探析》，《思想理论教育导刊》2010 年第 4 期。

此的老师们实在没有理由不自信。"① 教师只有始终坚定"四个自信",授课才会有底气,才能有足够的动力和底气去讲好"四个自信"。只有教师自身对中国特色社会主义充满自信,对实现中华民族伟大复兴充满自信,才能以满满的自信和昂扬的精神打动学生、感染学生,将对中国特色社会主义的坚定信仰传递给学生。社会上曾经存在一些别有用心的人故意抹黑中国的现象,特别是网络上出现了一些人,他们对新中国成立以来特别是改革开放以来所取得的辉煌成就视而不见,不择手段否定中国特色社会主义政治制度;他们还对中国共产党的若干历史问题指手画脚,还通过污蔑和丑化重要领导人物的正面形象,来解构和否定中国革命、建设与改革的成就史,进而否定中国特色社会主义制度,否定中国共产党的领导和执政地位,其中包藏的祸心昭然若揭。思政课堂上绝对不能成为传播历史虚无主义的地方,思政课教师必须成为抵制历史虚无主义的坚强斗士。"四个自信"必然成为抵制历史虚无主义的重要武器。"四个自信"来源于实践、来源于人民、来源于真理、来源于成就。新中国成立以来特别是改革开放以来在政治、经济、科技、军事、民生等各个领域取得了举世瞩目的成就,人民生活水平发生了翻天覆地的变化,这种大规模的沧桑巨变在人类历史上是绝无仅有的。思政课教师坚定"四个自信"才能激励学生对中国特色社会主义的高度认同,引导学生树立社会主义和共产主义理想信念。

### 2.具有清醒的政治意识

清醒的政治意识首先体现在牢固树立政治意识、大局意识、核心意识、看齐意识这"四个意识"上。习近平总书记多次提到这"四个意识",

---

① 胡宇齐:《讲好思想政治课首先要坚定"四个自信"》,《北京日报》2016年12月14日。

在建党 95 周年大会上的讲话中明确指出："全党同志要增强政治意识、大局意识、核心意识、看齐意识，切实做到对党忠诚、为党分忧、为党担责、为党尽责。"① 在中央政治局民主生活会上又提出："要牢固树立政治意识、大局意识、核心意识、看齐意识，坚持以党的旗帜为旗帜、以党的方向为方向、以党的意志为意志，当政治上的明白人。"② 党的十九大报告又强调："必须增强政治意识、大局意识、核心意识、看齐意识，自觉维护党中央权威和集中统一领导，自觉在思想上政治上行动上同党中央保持高度一致。"③ 可见，"四个意识"是党的十八大以来以习近平同志为核心的党中央根据世情、国情、党情变化，对广大党员、干部和各级党组织提出的一项基本要求。而思政课教师是传播马克思主义理论、宣传党的路线方针政策、培养中国特色社会主义合格建设者和可靠接班人的主要力量，当然也必须做到牢固树立"四个意识"，并作为思政课教师政治要强的基本要求。署名秋石的作者在《求是》杂志发表文章指出："战场上没有开明绅士，在大是大非问题上也没有开明绅士。在事关党和国家前途命运的思想政治斗争中，所有领导干部都不能作旁观者，而要作党和人民的忠诚卫士。对重大政治原则和大是大非问题，支持什么、反对什么，必须旗帜鲜明、态度坚定。"④"决不允许各种攻击诽谤党的领导、抹黑社会主义的言论在大学课堂出现；决不允许各种违反宪法和法律的言论在大学课堂蔓延；决不允许教师在课堂上发牢骚、泄怨气，把各种不良情绪传导给学生。"⑤2017 年 2 月中共中央、国务院印发的《关于加强和改进新形势下

---

① 《习近平谈治国理政》第二卷，外文出版社 2017 年版，第 44 页。

② 《习近平谈治国理政》第二卷，外文出版社 2017 年版，第 188 页。

③ 习近平：《决胜全面建成小康社会　夺取新时代中国特色社会主义伟大胜利——在中国共产党第十九次全国代表大会上的报告》，人民出版社 2017 年版，第 20 页。

④ 秋石：《意识形态工作要紧紧抓在手上》，《求是》2014 年第 4 期。

⑤ 《教育部长：决不允许教师在课堂上发牢骚、泄怨气》，人民网：http://politics.people.com.cn/n/2015/0130/c70731-26478923.html。

高校思想政治工作的意见》中明确指出："切实加强和改善党的领导，全面提升思想政治工作水平，紧密团结在以习近平同志为核心的党中央周围，牢固树立政治意识、大局意识、核心意识、看齐意识，坚定不移维护党中央权威和党中央集中统一领导，为实现'两个一百年'奋斗目标、实现中华民族伟大复兴的中国梦，培养又红又专、德才兼备、全面发展的中国特色社会主义合格建设者和可靠接班人。"①这就更明确地强调了高校思政课教师必须牢固树立"四个意识"。所谓政治意识主要指坚持政治原则，站稳政治立场，保持政治清醒和政治定力，增强政治敏锐性和政治鉴别力。就是"要善于从政治上看问题，自觉用新时代中国特色社会主义思想武装头脑，在大是大非面前保持政治清醒"②。大局意识主要指自觉站在党和国家大局上想问题、看问题，把工作放到大局中去思考。核心意识主要指在思想上认同核心、在政治上围绕核心、在组织上服从核心、在行动上维护核心，就是要始终坚持、切实加强党的领导特别是党中央的集中统一领导，更加紧密地团结在以习近平同志为核心的党中央周围，更加坚定地维护党中央权威，更加自觉地在思想上政治上行动上同党中央保持高度一致。看齐意识主要指要自觉向以习近平同志为核心的党中央看齐，向党中央的路线方针政策看齐，向党中央各项决策部署看齐。"四个意识"归结到一句话，就是要坚持以党的旗帜为旗帜、以党的方向为方向、以党的意志为意志，自觉在思想上政治上行动上同以习近平同志为核心的党中央保持高度一致，坚决维护习近平总书记党中央的核心、全党的核心地位，坚决维护党中央权威和集中统一领导，坚决贯彻党中央决策部署，做政治上的明白人。思政课教师要"自觉用'四个意识'导航，用'四个自信'强

①　中共中央、国务院：《关于加强和改进新形势下高校思想政治工作的意见》，人民网：http://politics.people.com.cn/n1/2017/0228/c1001-29111314.html。

②　习近平：《思政课是落实立德树人根本任务的关键课程》，人民出版社2020年版，第13页。

基，用'两个维护'铸魂"①，才能在"培养什么样的人、如何培养人、为谁培养人"这一重大问题上站稳脚跟、把准航向、保持定力，才能教育引导广大青年学生增强"四个意识"、坚定"四个自信"、做到"两个维护"，真正做到为党育才，为国家的兴旺发达育才。

### 3. 具有深厚的理论功底

思政课教师的政治素质还表现在具有深厚的马克思主义理论功底。要筑牢马克思主义信仰、社会主义和共产主义信念，就要求思政课教师要真学、真懂、真信、真用马克思主义，做学习和实践马克思主义的典范。习近平总书记说，"传道者自己首先要明道、信道"②，因为"理论上清醒，政治上才能坚定。坚定的理想信念，必须建立在对马克思主义的深刻理解之上，建立在对历史规律的深刻把握之上"③。2018 年 5 月 2 日，习近平总书记在视察北京大学时强调："要抓好马克思主义理论教育，深化学生对马克思主义历史必然性和科学真理性、理论意义和现实意义的认识，教育他们学会运用马克思主义立场观点方法观察世界、分析世界，真正搞懂面临的时代课题，深刻把握世界发展走向，认清中国和世界发展大势，让学生深刻感悟马克思主义真理力量，为学生成长成才打下科学思想基础。"④这样的角色定位要求思政课教师必须把"信马讲马"作为自己的职责和使命，理直气壮地宣传马克思主义，敢于回应各种错误思潮的挑战，筑牢马克思主义在意识形态领域的指导地位。而要做到"信马讲马"，必须对马克思主义真学、真懂、真信、真用，真学是基础，真懂是前提，真信是关

---

① 《关于加强和改进新时代师德师风建设的意见》，中华人民共和国教育部网：http://www.moe.gov.cn/srcsite/A10/s7002/201912/t20191213_411946.html。

② 《习近平谈治国理政》第二卷，外文出版社 2017 年版，第 379 页。

③ 《习近平谈治国理政》第二卷，外文出版社 2017 年版，第 35 页。

④ 习近平：《在北京大学师生座谈会上的讲话》，人民出版社 2018 年版，第 6 页。

键,真用是目的。所谓"真学",就是认真学习马克思主义,学习习近平新时代中国特色社会主义思想,要真正学懂弄通。思政课教师要成为马克思主义的行家里手,就要在学习上下功夫,不仅要读懂、读透马克思主义原著,还要读懂、读透马克思主义中国化的理论成果。要按照习近平总书记的要求,把学习马克思主义经典著作作为必修课、基本功,练就和提高思想境界和理论素养,提升研究新情况、解决新问题的能力水平。要带着问题学、联系实际学,运用马克思主义世界观和方法论改造主观世界和客观世界,更好地推动共产党人的伟大自我革命和伟大社会革命。所谓"真懂",就是要求要努力吃透精神、把握精髓、融会贯通,做到学有所思、学有所悟、学有所成,要做到不仅了解马克思主义的每一个基本原理,理解每一个原理的科学内涵及其来龙去脉,而且做到通晓马克思主义科学原理的体系,从而真正领会马克思主义的立场、观点和方法。作为思政课教师,只有自己真正对马克思主义学懂弄通了,才能把深奥的道理讲得深入浅出、通俗易懂,才能使学生感受到真理带来的愉悦,才能使思政课变为学生喜欢上且终身受益的课程。所谓"真信",就是对马克思主义要有坚定的信仰,这是更高的思想境界。只有真学才能真懂,只有真懂才能真信。真信马克思主义的关键性和根本性的问题,就是要解决理想信念问题。只有坚信马克思主义真理,牢固树立了科学社会主义信念、中国特色社会主义共同理想、共产主义远大理想,并且立志为之奋斗终身,才算真懂马克思主义。所谓信之愈坚,学之愈深,懂之愈透,用之愈实。陈先达教授曾讲过:"只有'信马'才能真正'姓马'。"① 这里所说的"姓马"是学习研究的专业,"信马"是滋养灵魂的信仰,只有"信马"才能真正"姓马"。可见,对马克思主义理论的"真信",是做一名合格思政课教师的前提。所谓"真用",就是要以马克思主义为指导,要深刻领会马克思

① 陈先达:《"姓马"与"信马"》,《光明日报》2014年1月13日。

主义立场、观点、方法，能够将马克思主义理论运用于实践中，用马克思主义指导自己的教学工作，以高度的责任感、使命感和科学精神开展思政课教学活动，真正将马克思主义理论的科学真谛、马克思主义理论的逻辑力量准确地传授给大学生，使其对马克思主义的真理性产生深刻的认识。可见，真学、真懂、真信、真用马克思主义理论，是高校思政课教师履行"信马讲马"职责和使命的根本要求。思政课教师只有做学习和实践马克思主义的典范，才能有效引导学生真学、真懂、真信、真用。

## （二）情怀要深就是要求思政课教师要心里装着国家和人民

"所谓情怀，是指超出个人利益之外的情感关切和精神追求。所谓有情怀，是指一个人有精神内涵、有宽广胸襟、有人间大爱。"[1] 习近平总书记要求思政课教师要有家国情怀、传道情怀和仁爱情怀。思政课教师只有具有深厚的家国情怀、炽热的传道情怀和温暖的仁爱情怀，才能在课堂上讲好中国故事，才能把自己所从事的教育工作看成是神圣的事业，才能把思政课讲成一门有情感、有温度的课。

### 1. 深厚的家国情怀

习近平总书记在学校思政课教师座谈会上强调："思政课教师要有家国情怀，心里装着国家和民族，在党和人民的伟大实践中关注时代、关注社会，汲取养分、丰富思想。"[2] 所谓家国情怀是对伟大祖国、中华民族、中华文化、中国共产党、中国特色社会主义的认同感、归属感、尊严感与荣誉感的统一，就是爱祖国的大好河山、爱自己的骨肉同胞、爱祖国的灿

---

① 刘建军：《思政课教师要做有深广情怀的人》，《中国教育报》2019年4月4日。

② 习近平：《思政课是落实立德树人根本任务的关键课程》，人民出版社2020年版，第13页。

烂文化、爱自己的国家，就是坚持爱祖国、爱人民、爱党、爱社会主义的统一。它要求思政课教师心里要装着国家和人民，要关注时代和社会，要关心国家发展和大众民生，要不负党和人民的重托，为党育才，为国家的兴旺发达育才。在 2018 年 9 月的全国教育大会上，习近平总书记提出培养社会主义事业建设者和接班人要在六个方面下功夫，其中之一就是要"在厚植爱国主义情怀上下功夫"。在学校思政课教师座谈会上，习近平总书记再次强调要"引导学生增强中国特色社会主义道路自信、理论自信、制度自信、文化自信，厚植爱国主义情怀，把爱国情、强国志、报国行自觉融入坚持和发展中国特色社会主义、建设社会主义现代化强国、实现中华民族伟大复兴的奋斗之中"①。2019 年 11 月，中共中央、国务院印发的《新时代爱国主义教育实施纲要》指出："思想政治理论课是爱国主义教育的主阵地。要紧紧抓住青少年阶段的'拔节孕穗期'，理直气壮开好思想政治理论课，引导学生把爱国情、强国志、报国行自觉融入坚持和发展中国特色社会主义事业、建设社会主义现代化强国、实现中华民族伟大复兴的奋斗之中。……让有信仰的人讲信仰，让有爱国情怀的人讲爱国。"② 这一切体现了习近平总书记和党中央对思政课教师的家国情怀的高度重视。新时代思政课教师承担着培养一代又一代拥护中国共产党领导和中国特色社会主义制度、立志为中国特色社会主义事业奋斗终身的有用人才的重要职责。"要让有爱国情怀的人讲爱国"，就是要让思政课教师成为有精神追求的人，有家国情怀的人，并且能够通过自己的教学活动把这种深厚的家国情怀和精神追求传递给学生，使爱国主义成为大学生的坚定信念、精神力量和自觉行动，帮助学生树立对伟大祖国、中华民族、中华文化、中国共产党、中国特色社会主义的高度认同，从这个意义上讲，家国情怀就是

---

① 习近平：《思政课是落实立德树人根本任务的关键课程》，人民出版社 2020 年版，第 7 页。

② 《新时代爱国主义教育实施纲要》，人民出版社 2019 年版，第 10 页。

政治情怀。这样的职责和使命必然要求思政课教师要在厚植学生爱国主义情怀上下功夫。一是要深刻理解和把握家国情怀的实质内容和基本要求，特别要深刻理解爱国主义科学内涵、爱国主义的实质和基本要求；二是要在深入学习中国共产党百年历史的过程中来感悟中国共产党人伟大的家国情怀、伟大的精神力量，并将其汇聚成坚定的道路自信、理论自信、制度自信和文化自信；三是要深刻理解和把握中华 5000 多年的文明传承所积淀的优秀传统文化，中国共产党带领人民在革命、建设和改革中创造的革命文化和社会主义先进文化，不断增强中国特色社会主义文化自信；四是要深入学习马克思主义基本理论，深刻理解和把握人民群众是历史的创造者和社会变革的伟大力量，深刻把握党的群众路线和群众方法，树立人民至上和以人民为中心的思想；五是要以饱满的热情投身到教书育人、立德树人的教学实践中，把小我融入建设中国特色社会主义、实现中华民族伟大复兴的伟大实践中。

### 2. 炽热的传道情怀

习近平总书记要求思政课教师"要有传道情怀，对马克思主义理论教育事业投入真情实感，对思政课教育教学有执着追求"[①]。所谓传道情怀是指思政课教师的职业情怀和教育情怀，就是思政课教师对自己所从事的思政课教育教学这个职业的高度认同和情感归依。思政课教师是否具有传道情怀，有什么样的传道情怀，在一定程度上决定着思政课能否完成立德树人的根本任务。面对世界发生百年未有之大变局以及大变局下的世情、国情、党情、民情的深刻变化，面对中华民族伟大复兴关键时期多元社会思潮的激烈碰撞、意识形态领域斗争尖锐复杂的新形势，"思政课作用不可

---

① 习近平：《思政课是落实立德树人根本任务的关键课程》，人民出版社 2020 年版，第 13 页。

替代,思政课教师队伍责任重大"①。作为思想政治教育的主渠道主阵地,思政课教学所要解决的是大学生的世界观、人生观和价值观的问题,解决的是大学生的思想问题、灵魂问题、理想信念问题、道德品质问题,培养的是能够担当民族复兴大任的时代新人。这意味着思政课教师在教学活动中不仅要传播知识,更要传播真理、传播思想;不仅要做传道授业解惑的教书匠,而且要成为以身作则率先垂范的人类灵魂工程师。这就要求思政课教师不能仅仅把所从事的思政课教育教学工作看成是一种职业、一个"饭碗",而是要站在"培养担当民族复兴大任的时代新人"的高度,认识到自己所肩负的光荣使命,发自内心地热爱这份职业,真正树立起高度的职业认同感、自豪感和使命感。如果"教师对自己的事业,对自己的教育职务,并不是真正地爱好,则无论教师怎样想在学生中争取威信与爱戴,他决不会达到目的的"②,特别是对思政课教育教学这个领域来说更是如此。可见,习近平总书记强调的这种传道情怀,是建立在对思政课教育教学工作高度的职业认同基础之上,建立在对思政课立德树人的使命感高度自觉之上,是对立德树人根本任务的自觉担当。作为思政课教师,要把思政课教育教学工作视为一份光荣而神圣的事业而去苦心经营。一是要深入研究思想政治教育规律、教书育人规律、学生成长规律,在教学中做到因事而化、因时而进、因势利导;二是要"坚持教书与育人相统一、坚持言传与身教相统一、坚持潜心问道和关注社会相统一、坚持学术自由和学术规范相统一"③;三是要认真践行"守土有责、守土负责、守土尽责"④的

① 习近平:《思政课是落实立德树人根本任务的关键课程》,人民出版社 2020 年版,第 2 页。
② [苏]彼得洛夫:《论人民教师的威信》,方德厚译,作家书屋 1951 年版,第 222—223 页。
③ 《习近平谈治国理政》第二卷,外文出版社 2017 年版,第 379 页。
④ 《习近平谈治国理政》第一卷,外文出版社 2018 年版,第 156 页。

使命，自觉巩固马克思主义在意识形态领域的指导地位，巩固全党全国人民团结奋斗的共同思想基础。总之，思政课教师用心投入勇于担当，以炽热的传道情怀和职业自信培养学生对国家和民族、对中国特色社会主义的认同感和自豪感，引导他们成为志存高远报效祖国的有用人才。

### 3. 温暖的仁爱情怀

习近平总书记要求思政课教师"要有仁爱情怀，把对家国的爱、对教育的爱、对学生的爱融为一体，心中始终装着学生，让思政课成为一门有温度的课"①。"仁爱"的一般含义是宽仁慈爱，它是一种美好的感情。对于思政课教师来说，仁爱就是爱学生、爱本职工作，爱世间美好的一切事物。思政课教师的仁爱情怀首先要体现在爱学生。思政课教师是学生心灵真善美种子的播种者，是学生"扣好人生第一粒扣子"的引路人，他们首先要对学生充满无尽的爱。习近平总书记指出："教育是一门'仁而爱人'的事业，爱是教育的灵魂，没有爱就没有教育。好老师应该是仁师，没有爱心的人不可能成为好老师。"② 他还指出："好老师要用爱培育爱、激发爱、传播爱，通过真情、真心、真诚拉近同学生的距离，滋润学生的心田，使自己成为学生的好朋友和贴心人。"③ 因为思政课不是单一的知识传授，它面对的是人的精神世界，是要帮助大学生树立正确的世界观、人生观和价值观，树立正确的理想信念，解决他们思想上的困惑和成长中的苦恼，这就需要思政课教师用爱心来传播爱和培养爱。课堂上老师的眼神应该是慈爱、友善、温情的，透着智慧、透着真情，这样才能动之以情，晓

---

① 习近平：《思政课是落实立德树人根本任务的关键课程》，人民出版社 2020 年版，第 14 页。

② 习近平：《做党和人民满意的好老师——同北京师范大学师生代表座谈时的讲话》，《人民日报》2014 年 9 月 10 日。

③ 习近平：《做党和人民满意的好老师——同北京师范大学师生代表座谈时的讲话》，《人民日报》2014 年 9 月 10 日。

之以理，这样才能让学生感受到温暖和喜悦。思政课教学传的是马克思主义的真理之道，但要把马克思主义的真理之"道"传授给学生，还需要思政课教师入情入理地有温度地传"道"，所谓"亲其师，信其道"就是这个道理。其次是尊重学生。"好老师应该把自己的温暖和情感倾注到每一个学生身上，用欣赏增强学生的信心，用信任树立学生的自尊，让每一个学生都健康成长，让每一个学生都享受成功的喜悦。"①学生来自不同的地方，他们有不同的家庭背景、文化背景和经济处境，他们更是有血有肉、有情感需求的生命个体，教师要对此进行认真细致的研究和把握，并给予精神上和学习上的关怀。在教学过程中要正确处理好主导性和主体性的关系，充分调动学生学习的积极性和主动性，要善于发现学生的闪光点和学生的个体差异，要学会欣赏学生、肯定学生、平等对待每一位学生。在尊重学生和信任学生的基础上，建立一种平等和谐的师生关系，并通过交流互动、积极引导、平等对话来实现师生思想和行为上的同频共振，实现教学相长。最后是懂得责任。"好老师应该懂得，选择当老师就选择了责任，就要尽到教书育人、立德树人的责任，并把这种责任体现到平凡、普通、细微的教学管理之中。"②没有责任感的教师是谈不上仁爱情怀的。这里讲的责任就是教书育人、立德树人的责任，正是因为有了这样的责任意识和职业使命感，思政课教师才会焕发出对学生、对岗位的真挚的爱，才会激发出用一辈子备一堂课、用一辈子在三尺讲台默默奉献的力量，才有了敢于攻坚克难不断创新的勇气。总的看，思政课教育教学本来就是一项饱含爱与深情的事业，思政课教师只有具有温暖的仁爱情怀，才能让思政课成为一门有温度的课。

---

① 习近平：《做党和人民满意的好老师——同北京师范大学师生代表座谈时的讲话》，《人民日报》2014 年 9 月 10 日。

② 习近平：《做党和人民满意的好老师——同北京师范大学师生代表座谈时的讲话》，《人民日报》2014 年 9 月 10 日。

### （三）思维要新就是要求思政课教师要有开拓创新的业务本领

习近平总书记指出："思政课教学是一项非常有创造性的工作，要学会辩证唯物主义和历史唯物主义，善于运用创新思维、辩证思维，善于运用矛盾分析方法抓住关键、找准重点、阐明规律，创新课堂教学，给学生深刻的学习体验。"①可以看出，习近平总书记强调思维要新是从推动思政课教育教学的改革创新的视角出发的。在今天复杂的国际国内形势下，思政课教师要顺应时代潮流，聆听时代声音，提高思维素养，要立足世情、国情、党情、学情、民情和社情的实际，不断推进思政课教育教学的改革创新。

### 1.紧跟时代步伐提升思维能力

思维要新是时代变化的必然要求和思政课程改革创新的内在要求。进入新时代以来思政课教育教学面临许多新情况和新问题，需要思政课教师学会用辩证唯物主义和历史唯物主义的基本原理和基本方法，提升自己的创新思维能力、辩证思维能力，运用矛盾分析的能力，并以此来引领和推动思政课教学的改革与创新。所谓创新思维能力就是指破除迷信、超越常规，善于因时制宜、知难而进和开拓创新能力，它要求人们不墨守成规，在求新、求变中创造性地提出问题和解决问题。思政课教师只有善于开发和运用创新思维能力，才能紧跟时代步伐，更好地回答和解决时代所提出的问题。运用好创新思维能力，要求思政课教师要直面百年未有之大变局下的"时代之问""世界之问"，要关注世界发展大势和中国特色社会主义发展的重大理论和现实问题，关注思想政治教育和思政课教学的理论前沿

---

① 习近平：《思政课是落实立德树人根本任务的关键课程》，人民出版社 2020 年版，第 14 页。

和时政热点问题，关注信息技术和媒体技术发展引起的学习方式的变化等问题，为思政课教学的改革创新提供强有力的支撑。辩证思维能力是唯物辩证法在思维中的集中反映和具体运用，它是用批判的革命的精神分析和解决问题的能力，是用联系的和发展的观点分析和解决问题的能力，是用唯物辩证法基本规律和范畴解决问题的能力。它要求我们客观地而不是主观地、联系地而不是孤立地、发展地而不是静止地、全面地而不是片面地、系统地而不是零散地观察事物，把握事物的本质和发展规律，找到解决问题的方法和途径。运用好辩证思维能力，要求思政课教师要客观辩证地看待中国特色社会主义改革发展中的问题和挑战，善于透过现象看本质，能够从扑朔迷离的复杂现象中把握问题的实质，从局部的变幻中把握总体和大局，正确引导学生客观理性地看世界、看社会主义、看中国共产党，培养和训练学生正确分析问题和解决问题的辩证思维能力。矛盾分析方法是对立统一规律在方法论上的体现，在唯物辩证法的方法论体系中居于核心地位，是我们认识事物的根本方法。矛盾分析方法的核心要求是善于分析矛盾的特殊性，做到具体问题具体分析。中国现阶段的矛盾和问题具有自身的特殊性，所以我们不能苛求以"老祖宗"的方案来解决21世纪中国的所有问题，这就决定了中国共产党必须进行理论创新和实践创新。矛盾分析方法还要求我们要抓主要矛盾，并把它作为打开局面的突破口，以此带动其他矛盾的解决。同时，矛盾分析方法还要求我们坚持"重点论"和"两点论"的统一，看问题既要全面地看，又要看主流、大势、发展趋势等。可见，思政课教师要做到思维要新，就必须认真学习研究马克思主义的辩证唯物主义和历史唯物主义，提升自身的思维能力，否则，推动思政课课堂创新只能是一句空话。

## 2. 以科学思维积极推动思政课课堂创新

思政课教师要牢牢掌握马克思主义的科学思维方法，并把科学的思维方法和能力运用于教学实践，以巨大的勇气积极推动思政课课堂创新。一是教学内容的创新。2021 年版的思政课新教材，充分突出了马克思主义中国化最新理论成果——习近平新时代中国特色社会主义思想进教材的特点。比如在"毛泽东思想和中国特色社会主义理论体系概论"教材中，把习近平在庆祝中国共产党成立 100 周年大会上的重要讲话精神，党的十九届四中、五中全会的重大战略部署，党中央最新精神全面准确有机融入各章节内容中。对新教材的使用，还存在一个把教材体系转化为教学体系的问题，还需要教师对教学内容进行精心设计和有效整合。高校思政课教师要紧跟时代步伐和理论创新步伐，认真研读 2019 年庆祝中华人民共和国成立 70 周年前后的一系列重要文献、2021 年庆祝中国共产党成立 100 周年前后的一系列重要文献以及十九届六中全会通过的《中共中央关于党的百年奋斗重大成就和历史经验的决议》等重要文件，立足于中华民族伟大复兴战略全局和世界百年未有之大变局，围绕思政课教育教学目标，结合学生思想实际来对教学内容整合创新，以更好地引导大学生充分认识马克思主义中国化的理论成果，增强中国特色社会主义道路自信、理论自信、制度自信、文化自信，增进大学生的政治认同、理论认同、思想认同和情感认同。之所以要创新教学内容，主要是因为马克思主义本身就是与时俱进的开放的理论体系，中国特色社会主义现代化建设的伟大实践是马克思主义理论创新的源泉，正是在伟大的实践创新中推动了马克思主义的理论创新。二是教学方法和教学手段的创新。近年来，由于慕课、微课、微电影以及各种学习平台的出现，丰富和弥补了以往教学形式单一、教学手段落后等方面的不足，但也存在着一定娱乐化的现象。这就要求思政课教师要勇于探索，不断推动教学方法的改革和创新。要综合运用启发式、讨论式、问答式的教学方法、专题式教学法、案例式教学法、影视感染法、参观考察法、榜样示范法等，教师可以"八仙过海，各显神通"，这里面有很深的学问需要认真钻研。同时要积极运用现代教育技术手段，建立和完善"互联网＋思政课"教学模式和教学体系，比如"思政课"各门课程的精品课程网站、可视化精品课程网站、各类网络辅教辅学平台等，积极开发和运用慕课、微课、微电影等，做到线上教学与线下教学的有机结合，以调动学生的学习热情和积极性，提高教学的时效性。三是要认真践行"八个统一"的教学要求。这是推动思政课教学改革和创新的基本遵循。习近平总书记在学校思政课教师座谈会上提出，推动思想政治理论课改革创新要坚持政治性和学理性相统一、价值性和知识性相统一、建设性和批判性相统一、理论性和实践性相统一、统一性和多样性相统一、主导性和主体性相统一、灌输性和启发性相统一、显性教育和隐性教育相统一[①]。思政课教师要认真学习和领会这"八个统一"提出的针对性，深刻理解和把握"八个统一"的科学要义和基本要求，以作为推动思政课教学改革创新的重要指导和基本遵循。

### 3.以扎实的科研活动保持创新活力

科研能力是思政课教师专业素养的重要内容，是推动思政课教学创新的重要支撑，也是提高大学生对思政课获得感的重要前提。所谓研究性教学，即是要求"教师要以研究的心态和眼光对待自己所从事的教学活动，要从宏观到微观，从总的教学指导思想到各个具体的教学环节，进行深刻思考和策划，时时加以总结和研究，不断发现和解决自己教学过程中存在的新问题，在解决问题的过程中不断创造出新的教学环节和要素，推进自己的教学活动向着时代要求的方向发展"[②]。思政课教师要对思政课教学内容、教学方法、学生接受状况、面临的形势认真研究，把育人过程提高到

---

① 习近平：《思政课是落实立德树人根本任务的关键课程》，人民出版社 2020 年版，第 17—23 页。

② 钱明辉：《研究性教学——发展性教师的内在教学理论》，科学出版社 2007 年版，第 4 页。

科研的高度进行潜心的挖掘和实践的创新。第一，对教学内容进行研究。一是要对思政课整个课程体系及其整体性进行研究。以马克思主义理论及马克思主义理论学科的整体性为基础，思政课的课程体系及其与马克思主义理论学科的关系也都呈现出整体性的特点。二是要对每门思政课自身的逻辑结构和整体性进行研究。在把握课程体系内在逻辑的基础上来组织教学内容，才能使我们更清楚地把握历史发展的规律，理论发展创新的轨迹，重要结论得出的必然性，以及教学的目的和落脚点。三是要对每门课的教学重点和难点进行研究。努力做到对每一个要点都能准确把握，并在有限时间里向学生阐释清楚。四是要对教学中碰到的热点问题进行研究。这是联系实际的切入点，五是要对相关的教学案例进行研究。根据教学内容，及时选择教学案例进行案例解析和点评，能够强化教学要点，活化教学过程，启发学生辩证思维，提高学生学习政治理论的兴趣，提高学生分析和解决问题的能力。这也要求教师要从科研的高度来进行深入研究，把教学看作一种科研，不断提高自身的理论素养。第二，对教学方法进行研究。思政课教育教学所具有的思想性、政治性和意识形态性的特点，决定了它具有不同于其他课程教学的特殊性，它包含着对学生思想、情感、心理的启迪和诱导，以及行为的导向与规约。教师必须在教学中不断认识教学活动的规律，构建科学、合理和实效的教学方法，才能取得很好的教学效果。特别在"互联网＋"背景下，更要对教学方法和教学手段进行深入研究。一是要对"互联网＋思政课"教学模式进行研究；二是要对传统教学方法的整合创新进行研究；三是要对专题式教学案例式教学方法进行研究；四是要对教学言语的使用进行研究；五是要推动考试方法改革。第三，对大学生的接受状况进行研究。接受理论是当代教育科学研究的一种新视角。研究接受问题是增强思政课教育教学实效性的必然要求。思政课教育教学的接受就是大学生接受马克思主义、毛泽东思想、中国特色社会主义理论体系以及党的路线、方针和政策，认同社会主义法律和接受社会主义道德规范并外化践行的过程。没有这种接受过程，思想转化就无从实现，思政课教育教学也不会取得效果，这就要求思政课教师必须关注学生的接受问题。一是要对思政课教学的接受状况进行调查。调查的目的在于准确把握大学生对思政课教学的接受状况，了解当前教学中存在的问题，从而有针对性地进行教学改革，以提高教学的实效性。二是要对大学生的主体性能动性进行深入研究。接受主体具有接受的能动性、主动性和积极性，他们有接受教育的内在需要，能主动地认同教育目标，能创造性地理解和吸纳教育内容。三是要对大学生的接受标准进行研究。在接受过程中，接受主体总是依据一定的标准进行选择的。他（她）选择接受什么、不接受什么是受其自身的价值观、实际需要、认知水平（思维方式）以及接受主体的情绪和心理状态等影响和支配的。一般来说，主体的价值观是接受的前提，主体的实际需要是接受的原动力，情感是接受的催化剂，意志是接受的重要条件。如果接受主体的价值观与社会倡导的主流价值观具有一致性，个人需要与社会需要相契合，接受主体又具有较强的认知能力，具有良好的情感和意志力，那么其接受的效果和程度都要高得多。如此等等的问题，思政课教师是不是做到了心中有数，是不是能够遵循接受规律，这是需要从科研的高度认真研究的。第四，对思政课面临的新形势进行研究。相对于一般的专业性课程来说，高校思政课兼有知识教育、政治教育、思想教育和行为教育等多项任务，它不仅包括科学理论的讲解，更注重的是教育学生树立正确世界观人生观和价值观，掌握马克思主义的立场、观点和方法。相对一般的文化知识课来说，高校思政课要求从政治视野、战略高度和方向角度认识课程和开展教学活动。一是要对思政课的性质和目的准确把握。高校思政课是对大学生进行全面的、直接的马克思主义理论和思想政治教育的主渠道。思政课是我国社会主义大学性质的体现，反映了国家意识形态，是中国社会主义大学特有的课程，属于思想政治教育的范畴，具有鲜明的政治性和思想性特点。二是要对当前意识形态建设的紧迫性有清醒认识。高校思政课教育教学是意识形态建设的重要阵地。在新时代的历史条件下值得关注的一些问题和倾向，如思想意识多元多样的特点更加明显；各种反马克思主义的社会思潮还在存在和传播；国内外敌对势力会不时制造政治谣言；美国等西方国家加大思想文化渗透；各类势力利用互联网论坛、博客、微博和各种报告会、研讨会、高校讲坛、出版物进行渗透活动升级；意识形态管理仍存在薄弱环节和松软现象等。思政课教师对这些问题有没有高度的敏感性和责任感，能不能做到守土有责和守土尽责，也要从科研的高度上来研究和把握。三是要对习近平总书记相关的重要讲话精神进行研究。近年来，以习近平同志为核心的党中央非常重视思想政治教育和意识形态建设。2013 年 8 月 19 日至 20 日，专门召开了全国宣传思想工作会议，习近平总书记出席会议并发表了重要讲话；2014 年 10 月 15 日习近平总书记在文艺工作座谈会上发表重要讲话；2015 年 12 月 11 日习近平总书记在全国党校工作会议上发表重要讲话；2016 年 2 月 19 日习近平总书记在党的新闻舆论工作座谈会上发表重要讲话；2016 年 4 月 19 日习近平总书记在网络安全和信息化工作座谈会上发表重要讲话；2016 年 5 月 17 日习近平总书记在哲学社会科学工作座谈会上发表重要讲话；2016 年 7 月 1 日习近平总书记在庆祝中国共产党成立 95 周年大会上发表重要讲话；2016 年 12 月 7 日至 8 日，全国高校思想政治工作会议在北京召开，习近平总书记出席会议并发表重要讲话；2017 年 7 月 26 日习近平总书记在省部级主要领导干部"学习习近平总书记重要讲话精神，迎接党的十九大"专题研讨班开班式上发表重要讲话；2018 年 5 月 2 日习近平总书记在北京大学师生座谈会上发表重要讲话；2018 年 5 月 4 日习近平总书记在纪念马克思诞辰 200 周年大会上发表重要讲话；2019 年 3 月 18 日习近平总书记在学校思政课教师座谈会上发表重要讲话；2021 年 7 月 1 日习近平总书记在庆祝中国共产党成立 100 周年大会上发表重要讲话；等等。这一系列重要讲话及其重要精神，思政课教师更应该进行认真研究和深刻领会。思政课教师只有做强做大科学研究，才能实现习近平总书记所要求的思维要新，以推动思政课堂的创新。

### （四）视野要广就是要求思政课教师要有广阔的眼界和视野

习近平总书记要求思政课教师除了具有马克思主义理论功底之外，还要有广阔的视野和眼界，这是思政课教师专业素养的重要内容，包括知识视野、世界视野和历史视野。通过广博的知识视野支撑理论深度，通过宽广的国际视野进行道路、制度和文化等方面的横向比较，通过深远的历史视野讲清理论的历史渊源。

### 1. 要有广博的知识视野

第一，从高校思政课的课程体系来看，大学本科生、硕士研究生和博士研究生必修的思政课课程体系共有 7 门课程，另有几门课程是选择性必修课程，再加上"四史"教育涉及的 4 门课程，课程体系和教学内容是非常庞大的。习近平总书记强调指出："思政课教学涉及马克思主义哲学、政治经济学、科学社会主义，涉及经济、政治、文化、社会、生态文明和党的建设，涉及改革发展稳定、内政外交国防、治党治国治军，涉及党史、国史、改革开放史、社会主义发展史，涉及世界史、国际共运史，涉及世情、国情、党情、民情，等等。这样的特殊性对教师综合素质要求很高。"[①]通常情况下，思政课教师是要承担多门课程的教学任务的，几十年就只上一门思政课程的情况很少见的。可见，思政课教师必须要拥有复合而宽广的知识视野，才能胜任思政课教学工作。苏霍姆林斯基说得好：

---

① 习近平：《思政课是落实立德树人根本任务的关键课程》，人民出版社 2020 年版，第 10—11 页。

"只有当教师的知识视野比学校教学大纲宽广得无可比拟的时候，教师才能成为教育过程的真正能手、艺术家和诗人。"① 习近平总书记指出："学生往往可以原谅老师严厉刻板，但不能原谅老师学识浅薄。……过去讲，要给学生一碗水，教师要有一桶水，现在看，这个要求已经不够了，应该是要有一潭水。"② 这些都要求思政课教师必须具有宽广的知识视野，只囿于某一个单一学科的知识是远远不够的。第二，从马克思主义理论学科建设来看，马克思主义理论一级学科下有马克思主义基本原理、马克思主义发展史、马克思主义中国化研究、国外马克思主义研究、思想政治教育、中国近现代史基本问题研究等多个学科，思政课教师要对这些学科有相当程度的了解，同时还要对其中的一两个学科有深入的研究，这也需要不断地补充和完善自身的知识结构，扩大知识视野。第三，从知识更新的特点来看，"当今世界，科学技术日新月异，知识经济方兴未艾，知识总量呈几何级数增长，知识更新速度大大加快，近50年来人类社会所创造的知识比过去3000年的总和还要多"③。在这种知识出现爆炸性增长的形势下，思政课教师只有不断学习，努力扩展知识视野，才能做到与时俱进，才能肩负教书育人、立德树人的历史使命。第四，再从学生获取信息的特点看，在信息技术高速发展的时代，学生获取信息的途径和状态呈现"多、快、乱"的特点，有的学生获得网络信息的途径和能力甚至远远超越了部分思政课教师。但互联网提供的海量信息是鱼龙混杂、良莠不齐的，其中还有一些虚假的和负面的信息，这就不可避免地会给学生带来诸多困惑和

---

① ［苏］苏霍姆林斯基：《给教师的建议》，杜殿坤编译，教育科学出版社1984年版，第412页。

② 习近平：《做党和人民满意的好老师——同北京师范大学师生代表座谈时的讲话》，《人民日报》2014年9月10日。

③ 《努力成为可堪大用能担重任的栋梁之才 对话中央党校（国家行政学院）教授辛鸣》，中国共产党新闻网：http://renshi.people.com.cn/n1/2021/0907/c139617-32219601.html。

迷惘，这也要求思政课教师要努力去获得和掌握大量网络信息，并能够对大量的网络信息进行整理、分类、整合和辨识，以便能够给学生进行引导和解惑。可见，思政课教师要掌握的知识是多方面的，既要掌握必备的学科知识，比如马克思主义理论、思想政治教育学、心理学等，还要熟悉重要的专业知识，比如哲学、历史学、政治学、经济学、社会学、法学等，同时还要掌握传播学、信息技术学、接受学、美学、文学等的相关知识，还要广泛涉猎其他哲学社会科学以及一些相关的自然科学知识，努力扩展自己的知识视野，只有这样才能在课堂上旁征博引、融会贯通、深入浅出、画龙点睛。

### 2. 要有宽广的国际视野

当今的世界是一个开放的世界，整个世界日益成为一个你中有我、我中有你的命运共同体。引导学生正确认识当今的中国与世界，是思政课教育教学的重要任务，也是培养社会主义建设者和接班人的需要。这就要求思政课教师必须具有宽广的国际视野，能够"立足中国看世界"和"站在世界看中国"。第一，中国正日益走近世界舞台中央。今天的世界面临着"百年未有之大变局"的复杂形势，新兴市场国家和发展中国家群体性崛起。大变局中最显著和最深刻的变化是中国与世界关系的深刻变化，是中国日益走近世界舞台中央成为大变局中举足轻重、不可或缺的重要变量。中国的国际地位和国际影响力日益凸显，学生对世界大变局具体情况和中国国际地位的变化十分关注，需要思政课教师拥有宽广的国际视野，引导大学生正确看待当前世界格局的变化，感悟中国特色社会主义的发展及其对世界的巨大贡献，确立对中国特色社会主义道路自信、理论自信、制度自信、文化自信，坚定走中国特色社会主义道路的决心和信心。第二，经济全球化导致人类交往的世界性更突出。全球市场已经形成一个整体，一荣俱荣、一损俱损，没有哪一个国家可以独善其身。正如习近平总书记指出的："今天，人类交往的世界性比过去任何时候都更深入、更广泛，各国相互联系和彼此依存比过去任何时候都更频繁、更紧密。一体化的世界就在那儿，谁拒绝这个世界，这个世界也会拒绝他。万物并育而不相害，道并行而不相悖。我们要站在世界历史的高度审视当今世界发展趋势和面临的重大问题。"①这也要求思政课教师要站在世界历史的高度，树立世界眼光、把握时代脉搏，把当今世界的风云变幻看准、看清、看透，运用马克思主义立场、观点、方法把一些道理讲明白。第三是中国之治和西方之乱形成鲜明对比。中华民族伟大复兴战略全局和世界百年未有之大变局同步交织、相互激荡。中国顺应历史潮流和时代潮流，始终推动世界各国携手共建人类命运共同体、发展全球伙伴关系、拓展友好合作，走出一条相互尊重、公平正义、合作共赢的国与国交往新路。中国始终坚持和发展中国特色社会主义，坚持以人民为中心的发展思想，把不断满足人民日益增长的美好生活需要作为根本目标。今天的中国，脱贫攻坚战取得了全面胜利，全面建成小康社会的第一个百年奋斗目标胜利实现。而反观西方，特别是某些西方大国从自身利益出发，奉行的还是你输我赢、赢者通吃的老一套逻辑，采取的还是尔虞我诈、以邻为壑的老一套做法。同时还逃避自己应负的历史责任，在应对全球气候变化、突发公共卫生以及反对恐怖主义等全球性问题上，都实行自私自利、短视封闭的狭隘政策。学生非常渴望了解中国之治的原因，这也要求思政课教师要有宽广的国际视野，并通过制度、道路、文化等方面的横向对比，来展示中国的经验和优势，帮助学生识大局、看本质、明方向，进一步增强学生对中国特色社会主义的"四个自信"。因此，习近平总书记指出："要有宽广的国际视野。……要善于利用国内外的事实、案例、素材，在比较中

---

① 习近平：《在纪念马克思诞辰 200 周年大会上的讲话》，人民出版社 2018 年版，第 22 页。

回答学生的疑惑，既不封闭保守，也不崇洋媚外，引导学生全面客观认识当代中国、看待外部世界，善于在批判鉴别中明辨是非。"① 因此，思政课教师要深入学习和把握当代世界经济与政治的基本理论和基本知识，深入学习和把握马克思主义的基本原理，特别是马克思主义的世界历史理论，深入学习和把握习近平总书记和党中央关于时代主题和世界发展大势的重大判断。要时常关注当代世界重大社会问题和国际经济、政治、文化、生态环境等热点问题，关注全球治理问题、当代科学技术前沿问题、当代重大社会思潮和理论热点等，关注当代资本主义社会的发展变化，关注资本主义国家的内外政策及其实质，不断学习拓展自己的国际视野，这样才能在教学中给学生释疑解惑，才能引导学生客观理性地认识当代世界和中国。

### 3.要有深远的历史视野

历史忠实地记录下每一个国家走过的足迹，也给每一个国家未来的发展提供经验和启示。正如习近平总书记强调的那样："历史、现实、未来是相通的。历史是过去的现实，现实是未来的历史。"② 思政课教师要有深远的历史视野，这是由马克思主义理论的品质和思政课教育教学的历史任务决定的。第一，马克思主义的科学性建立在对社会历史发展规律的深刻把握基础上。马克思和恩格斯对人类社会发展规律进行深入研究，对资本主义历史发展的本质作深入考察，创立了唯物史观和剩余价值学说，揭示了人类社会发展的一般规律，揭示了资本主义运行的特殊规律，为人类指明了从必然王国向自由王国飞跃的途径，为广大人民指明了通向自由和解放的道路。要理解和把握马克思主义的精神实质和鲜明特色，需要牢固

---

① 习近平：《思政课是落实立德树人根本任务的关键课程》，人民出版社2020年版，第15页。

② 《习近平谈治国理政》第一卷，外文出版社2018年版，第67页。

树立唯物史观，具有开阔的历史视野。正如习近平总书记指出的："只有在整个人类发展的历史长河中，才能透视出历史运动的本质和时代发展的方向。"①第二，中国特色社会主义具有深厚的历史底蕴。习近平多次讲过，中国特色社会主义不是从天上掉下来的，他指出："中国特色社会主义是在改革开放四十多年的伟大实践中得来的，是在新中国成立七十年的持续探索中得来的，是在我们党领导人民进行伟大社会革命九十多年的实践中得来的，是在近代以来中华民族由衰到盛一百七十多年的历史进程中得来的，是在世界社会主义五百年波澜壮阔的发展历程中得来的，……是在对中华文明五千多年的传承发展中得来的。"②这样深厚的历史底蕴，无论是学习者还是传播者都需要有深远的历史视野。因此，习近平总书记强调："思政课教师的历史视野中，要有5000多年中华文明史，要有500多年世界社会主义史，要有中国人民近代以来170多年斗争史，要有中国共产党近100年的奋斗史，要有中华人民共和国70年的发展史，要有改革开放40多年的实践史，要有新时代中国特色社会主义取得的历史性成就、发生的历史性变革，通过生动、深入、具体的纵横比较，把一些道理讲明白、讲清楚。"③第三，抵制和批判历史虚无主义需要具备深远的历史视野。历史虚无主义肆意歪曲历史，抹黑中国共产党历史，诋毁英雄人物、歪曲历史事件、篡改历史事实。习近平总书记指出："国内外敌对势力往往就是拿中国革命史、新中国历史来做文章，竭尽攻击、丑化、污蔑之能事，根本目的就是要搞乱人心，煽动推翻中国共产党的领导和我国社会主义制度。苏联为什么解体？苏共为什么垮台？一个重要原因就是意识

①　习近平：《在纪念马克思诞辰200周年大会上的讲话》，人民出版社2018年版，第7页。

②　《习近平新时代中国特色社会主义思想学习纲要》，学习出版社、人民出版社2019年版，第24—25页。

③　习近平：《思政课是落实立德树人根本任务的关键课程》，人民出版社2020年版，第15页。

形态领域的斗争十分激烈，全面否定苏联历史、苏共历史，否定列宁，否定斯大林，搞历史虚无主义，思想搞乱了，各级党组织几乎没任何作用了，军队都不在党的领导之下了。最后，苏联共产党偌大一个党就作鸟兽散了，苏联偌大一个社会主义国家就分崩离析了。这是前车之鉴啊！"①鉴于此，思政课作为思想政治教育的主阵地主渠道，有责任坚决抵制和批判历史虚无主义，帮助学生认清历史虚无主义的实质和危害，树立正确的历史观，坚定中国特色社会主义"四个自信"，这更需要思政课教师具有深远的历史视野。为此，思政课教师要不断学习，努力拓展自己的历史视野。一是要坚持以马克思主义的历史唯物主义为指导。坚持历史唯物主义和辩证唯物主义的基本立场、观点和方法，就要善于发掘历史现象背后的历史本质，在历史前进的逻辑中准确把握历史规律。二是要深入学习"四史"。认真学习中国共产党 100 多年的奋斗史，深刻领会中国共产党践行初心使命的伟大历程，深刻把握"四个选择"的历史必然性，把握中国共产党的光荣传统、伟大精神和宝贵经验。认真学习中华人民共和国成立以来的历史，深化对新中国从站起来、富起来到强起来的伟大历程和历史必然性的认识，增进对中国特色社会主义为什么好的认识与理解。认真学习改革开放的历史，深刻理解改革开放 40 多年取得的伟大成就，增强对中国特色社会主义的"四个自信"。认真学习社会主义 500 多年发展的历史，从这个较长的历史过程来分析和考察中国特色社会主义从哪里来，又要往哪里去，充分地认识中国特色社会主义的历史必然性和科学真理性。正如习近平总书记指出的："要认真学习党史、国史，知史爱党，知史爱国。要了解我们党和国家事业的来龙去脉，汲取我们党和国家的历史经验，正确了解党和国家历史上的重大事件和重要人物。这对正确认识党情、国情

---

① 习近平：《关于坚持发展中国特色社会主义的几个问题》，《求是》2019 年第 7 期。

十分重要，对开创未来也十分重要，因为历史是最好的教科书。"① 三是要善于挖掘丰富的历史文化资源。要从中华民族 5000 多年的文明传承历史中挖掘历史文化的精华，从中国共产党百年奋斗历史中挖掘红色革命文化的历史资源，从新中国发展的历史中挖掘社会主义先进文化的历史资源等。"中国革命历史是最好的营养剂。多重温我们党领导人民进行革命的伟大历史，心中就会增加很多正能量。"② 思政课教师只有具有深远的历史视野，才能运用历史眼光去引导大学生认真学习历史、认识历史、不忘历史，鼓舞大学生把个人的理想追求自觉融入中国特色社会主义伟大事业中，不辱使命，报效祖国。

### （五）自律要严就是要求思政课教师要有严于律己的职业修养

思政课教师不仅要有明道和信道的学识和能力，更要有守道和行道的自律和自省。自律是指在没有人现场监督的情况下，自己严格要求自己，自觉遵循法律和道德，并以此约束自己的一言一行，做到慎微慎独。可见，自律既是思政课教师提升自身素质的内驱动力和实践途径，也是思政课教师综合素质的重要组成部分。习近平总书记强调："思政课教师对自己要求要严格，既要遵守教学纪律，也要遵守政治纪律和政治规矩，做到课上课下一致、网上网下一致，不能在课上讲得不错、却在课下乱讲，不能在现实生活中表现不错、却在网上乱说。"③ 自律要严就是要求思政课教师要有严于律己的职业修养。

---

① 《习近平谈治国理政》第一卷，外文出版社 2018 年版，第 405 页。

② 习近平：《论中国共产党历史》，中央文献出版社 2021 年版，第 24 页。

③ 习近平：《思政课是落实立德树人根本任务的关键课程》，人民出版社 2020 年版，第 15—16 页。

## 1.遵守教学纪律、政治纪律和政治规矩

思政课教师"自律要严"首先表现为严格的纪律意识。思政课教育教学鲜明的意识形态性决定了思政课教师必须遵守教学纪律、政治纪律和政治规矩，这是思政课教师必须严格遵循的基本准则。思政课教师是立德树人、为国育才的重要力量，更应该有严于律己的纪律意识，才能成为学生的表率和标杆。2018 年教育部印发的《新时代高校思想政治理论课教学工作基本要求》（以下简称《要求》），对思政课教师必须遵守的教学纪律和政治纪律作了明确的规定。《要求》指出："统一实行集体备课。教研室（组）要依据马克思主义理论研究和建设工程统编思想政治理论课最新版教材和教学大纲定期组织集体备课，准确把握教材基本精神，研究确定教学进度和内容，形成统一的参考教案。思想政治理论课教学科研二级机构要定期组织全员集体备课，集中研讨教学共性问题，促进各门课程有效衔接。要组织教师集中学习党中央重大方针政策和决策部署，及时将党的理论创新最新成果贯穿融入教学，充分体现课程的思想性理论性时效性。"[1]这就要求思政课教师要把思政课最新教材吃透，准确把握教材的基本精神，要服从统一的教学大纲和教学目标，要对教学内容有严格把握，形成统一的集体教案。同时，《要求》还指出："严肃课堂教学纪律。要保证思想政治理论课教师在课堂教学中始终坚持马克思主义立场观点方法，在政治立场、政治方向、政治原则、政治道路上同以习近平同志为核心的党中央保持高度一致，坚定不移维护党中央权威和集中统一领导。进一步加强课堂教学秩序管理，确保学生到课率，为高质量开展教学提供保障。进一步完善教学事故认定及处理办法，把课堂教学纪律的要求落到实处。"[2]

---

[1] 《新时代高校思想政治理论课教学工作基本要求》，中华人民共和国教育部网：http://www.moe.gov.cn/srcsite/A13/moe_772/201804/t20180424_334099.html。

[2] 《新时代高校思想政治理论课教学工作基本要求》，中华人民共和国教育部网：http://www.moe.gov.cn/srcsite/A13/moe_772/201804/t20180424_334099.html。

这就明确要求思政课教师在教学中要遵守政治纪律和政治规矩，要把好教学的政治方向和价值导向，在课堂教学各环节中注意个人言行，不得违背四项基本原则，违背、歪曲党的改革开放决策；不得妄议中央大政方针，破坏党的集中统一；不得丑化党和国家形象，或者诋毁、诬蔑党和国家领导人，或者歪曲党史、国史和军史；在教学中抵御和防范校园传教渗透工作；也不能让掺杂个人情绪的非客观理性的见解和看法随意在课堂上讲授和传播。作为思政课教师，要始终牢记思政课是落实立德树人根本任务的关键课程，要时刻不忘自己所肩负的培养中国特色社会主义合格建设者和可靠接班人的光荣使命，要在政治立场、政治方向、政治原则、政治道路上与以习近平同志为核心的党中央保持高度一致，树立"四个意识"，坚决做到"两个维护"，要旗帜鲜明地与各种消极错误言论作斗争。这就要求思政课教师要时常进行自律和自省，北宋王安石曾言，不患人之不能，而患己之不勉，这就是提醒人们要更多地反省自己的行为，要严格自律，而不要总是盯着别人的问题。同时，思政课教师还要自觉接受学生、教师同行及学校教学督导的监督，学校相关部门要建立多元监督平台并提高监督的科学化水平，严格执行惩戒机制，对于准确认定为违反教学纪律特别是违反政治纪律的教师要及时依法进行处理。

### 2. 做到课上课下一致、网上网下一致

思政课教师"自律要严"不仅体现在遵守教学纪律、政治纪律和政治规矩方面，还体现在课堂内外一致，体现在课上课下一致、网上网下一致。从总体上讲，绝大多数思政课教师能够严格自律、为人师表，能够做到课上课下一致、网上网下一致，但也有极少数思政课教师由于诸多原因，纪律意识不强、政治意识不强，忘记了自己特殊的角色定位和光荣的使命职责，他们在课堂上口无遮拦，毫无约束地大放厥词，尖酸刻薄地骂社骂政府，传播一些错误思想和观点；还有极少数老师在课堂上慷慨

陈词、大唱高调，哗众取宠，在课后却自律不严，在日常生活中举止粗俗，言论过激，毫无政治意识和纪律意识，甚至是违法乱纪，成为说话的"巨人"，行动的"矮子"。在今天这个时代，"互联网是一个社会信息大平台，亿万网民在上面获得信息、交流信息，这会对他们的求知途径、思维方式、价值观念产生重要影响，特别是会对他们对国家、对社会、对工作、对人生的看法产生重要影响"①。特别是各种自媒体如微信、QQ、头条、抖音已经成为广大师生不可缺少的交流和学习平台，高校思政课也普遍采用线上线下相结合的混合式教学方式进行教学。而在疫情比较严重的地方，教师们利用腾讯、钉钉、学习通等网络平台开展线上教学，这确实给我们的学习、工作和生活带来了极大的方便。但也出现了一些令人担忧的事情，极个别教师没有政治纪律和政治意识，从互联网上获得的一些消息、言论和观点，未经认真鉴别和深入推敲就在课堂上散发；还有极少数的教师在微信群、QQ 群或者在微博空间随意发表一些不当言论和消极观点，让学生感觉到这个教师言行不一，完全颠覆了教师在课堂上宣讲的马克思主义理论内容的真理性，给学生带来了思想上的困惑和迷茫。因此，思政课教师要深刻认识到，"互联网不是法外之地，利用网络鼓吹推翻国家政权，煽动宗教极端主义，宣扬民族分裂思想，教唆暴力恐怖活动，等等。这样的行为要坚决制止和打击，决不能任其大行其道"②。因为网络也是公共空间，决不能让上述的那些言论和思想在网络上随意传播。"假若学生看到的是一个'分裂'型人格的教师，当面一套背后一套，课上一套课下一套，网上一套网下一套，说一套做一套，那么培养出来的学生要么走向教育目标要求的反面，要么就容易形成虚伪的双重人格。这对于思想

---

① 习近平：《在网络安全和信息化工作座谈会上的讲话》，人民出版社 2016 年版，第 6 页。

② 习近平：《在网络安全和信息化工作座谈会上的讲话》，人民出版社 2016 年版，第 8 页。

政治教育的本质来说都是极其危险的。"①"思想政治理论课教学的思想政治性特征，要求教师要以自己的优秀品质和模范行为影响学生，要让学生深刻感受到，他们的教师不是空谈理论的吹牛家，而是崇尚现实的实践家；不是台上表演出色的作秀家，而是台下勤奋努力的实干家；不是当面说的崇高伟大，背后做得俗不可耐。"②思政课教师的言行就像一面镜子，他们只有做到言传和身教高度统一，做到人前人后、课上课下、网上网下的统一，才能够为学生树立真善美的榜样，才能使学生在人格塑造中到达知行统一，进而促进学生健康成长为合格建设者和可靠接班人。

### 3. 自觉弘扬主旋律，积极传递正能量

习近平总书记指出："思政课教师掌握着课堂的主导权和话语权，一定要自觉弘扬主旋律，积极传递正能量。"③思政课教师作为马克思主义理论的主要传播者，作为中国特色社会主义"四个自信"的主要宣讲者，"必须坚持巩固壮大主流思想舆论，弘扬主旋律，传播正能量，激发全社会团结奋进的强大力量"④。正面宣传为主，是我们党在长期实践中得出的规律性认识，在实现中华民族伟大复兴中国梦的新征程上，同样需要坚持正面宣传为主，需要弘扬主旋律，传播正能量，为14亿中国人民投身改革开放和现代化建设的伟大实践加油鼓劲。针对一些别有用心的西方媒体和政客借疫情大肆炒作，试图唱衰中国、唱黑中国、唱歪中国的行径，作为一名思政课教师，要高扬主旋律，弘扬正能量，要努力讲好中国故事、中国精神、中国力量、中国气魄、中国智慧、中国方案等。具体在教学过程

---

① 邹秀春：《高校思政课教师要做到"六个要"》，《红旗文稿》2019 年第 23 期。

② 刘丽琼：《思想政治理论课教学接受论》，人民出版社 2009 年版，第 163 页。

③ 习近平：《思政课是落实立德树人根本任务的关键课程》，人民出版社 2020 年版，第 16 页。

④ 《习近平谈治国理政》第一卷，外文出版社 2018 年版，第 155 页。

中，要大力宣传马克思主义、毛泽东思想、中国特色社会主义理论体系、习近平新时代中国特色社会主义思想的真理性科学性，大力宣传中国特色社会主义制度的优越性、中国特色社会主义道路的正确性、中国特色社会主义文化的先进性；大力宣传和颂扬中国共产党领导中国人民 100 多年奋斗所取得的历史功绩和宝贵经验，大力宣传和弘扬中国共产党百年奋斗的征程中所形成的伟大精神和优秀传统；大力宣传和践行爱国主义、集体主义和社会主义，大力宣传和践行社会主义核心价值观；大力宣传和学习在现代化建设的各条战线上涌现出的英雄模范人物；要积极宣传党的好政策好做法，积极宣传中国共产党脱贫攻坚取得的伟大成就，积极宣传中国共产党领导人民在抗疫斗争中取得的重大胜利等，着力回答和阐释好中国特色社会主义为什么好、中国共产党为什么能、马克思主义为什么行的重大理论和现实问题，不断增强学生对中国特色社会主义的道路自信、理论自信、制度自信、文化自信，增强大学生对中国共产党历史、中华人民共和国历史的历史自信，让大学生对他们自己的未来、对中国的发展前景充满自信心。历史和现实一再告诉我们，越是应对巨大挑战和困难，越是深化改革、攻坚克难，越要坚持正面宣传为主，用主流思想引领时代前进，用良好氛围支撑和谐稳定，用进步力量推动社会发展。要提高正面宣传的质量和水平，增强吸引力和感染力。要摸透传播规律、讲究宣传艺术、把握好时、度、效，引导学生多看主流、多看本质、多看光明面，充分发挥正面宣传鼓舞人、激励人的作用。这样才能扛起精神之旗，立起信念之魂，在青年学子的心中播撒真善美的种子，以向上能量引领青年学生。

### （六）人格要正就是要求思政课教师要有高尚的道德修养

人格常有三层含义：一是人的性格、气质、能力等特征的总和；二是个人的道德品质；三是作为具有社会权益和义务的人的资格。一般来讲，人们更多地从第二层解释来理解人格的含义，即主要是从道德的角度去理解的，认为人格是指一个人的道德品质和精神气质的集中反映，与"品格"同义。习近平总书记要求思政课教师人格要正，他指出："有人格，才有吸引力。亲其师，才能信其道。思政课教师要有堂堂正正的人格，用高尚的人格感染学生、赢得学生。……要自觉做到修身修为，像曾子那样'吾日三省吾身'，像王阳明那样'诚意正心'、'知行合一'，自觉做为学为人的表率，做让学生喜爱的人。"① 作为思政课教师，只有自己堂堂正正做人，踏踏实实做事，拥有高尚的道德修养，才能赢得学生，才能感染学生、激励学生。高尚的道德修养是思政课教师人格正的重要基础和组成部分，也是影响和引导学生的积极因素。

**1. 无私奉献、淡泊名利，做教书育人的表率**

思政课教师高尚的道德修养首先体现为无私奉献、淡泊名利，做教书育人的表率。思政课教师作为学生信仰的铸造者和思想的引路人，要有强烈的事业心和高度的责任感，自觉担负起培养新时代社会主义合格建设者和可靠接班人的责任。要热爱思政教育事业，忠诚思政教育事业，要扎根三尺讲台，向学生传授知识、传播思想、传播真理。只有热爱和忠诚，才能够全心全意投入。正如习近平总书记指出的："好老师的道德情操最终要体现到对所从事职业的忠诚和热爱上来。好老师应该执着于教书育人。我们常说干一行爱一行，做老师就要热爱教育工作，不能把教育岗位仅仅作为一个养家糊口的职业。有了为事业奋斗的志向，才能在老师这个岗位上干得有滋有味，干出好成绩。如果身在学校却心在商场或心在官场，在金钱、物欲、名利同人格的较量中把握不住自己，那

---

① 习近平:《思政课是落实立德树人根本任务的关键课程》，人民出版社 2020 年版，第 16—17 页。

是当不好老师的。"① 作为一位思政课教师，要从心底热爱自己的职业，不求名利，不求回报，像蜡烛一样默默地燃烧自己，照亮别人，毫无怨言地从事着太阳底下最崇高最伟大的职业。思政课教学是艰辛的、无止境的创造性劳动，这种劳动的价值大小无法用具体的、准确的量来度衡。思政课教师的工作是"立德树人"，也难以取得立竿见影的成效，所以无法用具体的量和金钱来衡量。但既然选择了思政课教育教学这个神圣的事业，就要在"教书育人"这个人生舞台上默默奉献，不计较自己的名利得失。要把对马克思主义的信仰转化为矢志不渝、无私奉献的精神力量。习近平总书记曾经饱含深情地说："这么大一个国家，责任非常重、工作非常艰巨。我将无我，不负人民。我愿意做到一个'无我'的状态，为中国的发展奉献自己。"② 这是习近平总书记深厚的人民情怀，也是中国共产党全心全意为人民服务的宗旨和精神的体现。作为思政课教师，要不断追求"我将无我，不负人民"的精神境界。思政课教师的高尚道德和人格魅力，加上马克思主义真理的力量，是思政课教学实效性的重要保证。所谓教书育人，为人师表，就是要求教师具有高尚的道德修养，教师在学生心目中应该是知识的化身、品德的楷模。教师的思想品德、作风习惯、处事方法，大到信仰，小到一言一行都会影响学生。在教学中，教师应该热情温暖、亲切可敬、举目稳重、姿态端庄，同时它还应该是和气、文雅、谦虚，不要摆出"教师爷"的架势对学生申斥、辱骂和挖苦，这样会伤害学生的自尊心，起不到育人的作用。所谓学高为师、身正为范，就是要求教师不仅要以深厚的理论功底、思想境界和学识水平去教育和帮助学生，还要以高尚的道德修养和人格魅力去感染学生，要成为学生心目中的社会典范、道德化身、父母替身。这就要求思政课教师一方面要努力提升

① 习近平：《做党和人民满意的好老师——同北京师范大学师生代表座谈时的讲话》，《人民日报》2014 年 9 月 10 日。

② 《习近平谈治国理政》第三卷，外文出版社 2020 年版，第 144 页。

自身的学识水平和理论功底，另一方面要时刻进行自重、自省、自警、自励、自强，不断加强自身的道德修养。只有这样才能用自己的学识和品格去影响学生，才能使思政课教育教学春风化雨，润物无声，才能真正成为教书育人的表率。

### 2.严谨治学、刻苦钻研，做潜心问道的典范

习近平总书记在讲到思政课教师人格要正时还指出："要有学识魅力，用真理的力量感召学生，以深厚的理论功底赢得学生。"① 高校思政课教师要拥有深厚的学识魅力和理论功底就必须严谨治学、刻苦钻研，做潜心问道的典范。思政课教师的发展性素质应该体现在，具有深入学习研究马克思主义理论的执着精神，具有充实完善自己知识结构的强烈愿望，具有在思想政治教育领域开拓创新的积极动机等。说到底就是要求思政课教师要养成问题意识、研究意识、创新意识等，要有敏感性，要不断学习积累思政课教育教学的素材。因为从事思政课教学需要有扎实的理论功底、广博的人文社会知识背景、丰富的教学经验等，这不是一天两天的时间可以做到的，需要的是长久的刻苦钻研，潜心问道。一方面，对马克思主义理论内容及其精神实质的讲解，必须在研究的基础上才具有说服力和感染力；对中国特色社会主义的重大理论和实践问题的讲解也需要我们时常关注时代、关注社会，不断更新和丰富知识。另一方面，思政课教学所具有的思想性、政治性和意识形态性的特点，决定了教师必须深入研究和把握学生成长的规律、教育教学的规律，深入研究怎样教的问题。思政课教学活动从更高境界来说，应该是一种享受，而绝不是"劳役"，更不是"苦役"。"思想政治理论教育教学从本质上看是严肃教育，但这种

---

① 习近平：《思政课是落实立德树人根本任务的关键课程》，人民出版社 2020 年版，第 16 页。

严肃性并不意味着教学的整个形式和过程必然死板、乏味和枯燥，并不意味着这样的教学必然缺少美感。其实透视作为接受客体的思想政治理论课的教学内容，都不乏志存高远的政治胆略、感人至深的政治情怀、独特精妙的政治智慧、光彩照人的政治人格。"① 关键是教师要善于去感悟、去挖掘、去运用，但要做到这一切，也需要教师刻苦钻研、潜心问道。正如习近平总书记所要求的，"老师要有'衣带渐宽终不悔，为伊消得人憔悴'的精神"②。总之，思政课教师严谨治学、潜心问道、崇德向善的人格形象，能够引导大学生崇德修身、踏实肯干，做个勤奋好学的人。

### 3. 一丝不苟、兢兢业业，做踏实工作的榜样

思政课教师的职业使命感还表现在对工作一丝不苟、兢兢业业，始终以饱满的热情、高度的责任感投入到思政课教育教学的事业中。思政课教育教学是一个系统工程，每一个环节都需要教师严肃认真地去做，课前的准备、课中的讲解、课后的交流都要一丝不苟地去认真准备。具体来说要做到"五个精"：一是精心组织和设计。在备课环节，教师要精心组织和设计好教学内容、教学目标、教学重点难点、教学思路、联系实际的切入点、学生思想困惑点、"四个自信"贯穿点等。在组织教学内容时，一定要根据习近平总书记要求的，要在坚定理想信念、厚植爱国主义情怀、加强品德修养、增长知识见识、培养奋斗精神、增强综合素质等六个方面下功夫。优秀的教师能够在课堂上引人入胜地开场、充满激情地阐释、旁征博引地论证、见缝插针地点拨、炉火纯青地升华，既有理论深度高端大气，又有联系实际接地气；既有思想性体现价值引领，又有艺术性

---

① 刘丽琼：《思想政治理论课教学接受论》，人民出版社 2009 年版，第 199 页。

② 习近平：《做党和人民满意的好老师——同北京师范大学师生代表座谈时的讲话》，《人民日报》2014 年 9 月 10 日。

打动人心；既有主旋律和正能量，又有面对问题的客观理性；等等。而要收到这样的效果，是课前精心设计和认真备课的必然结果，课堂上的每一个例子的呈现、每一个高潮的出现，甚至每一句话其实都是教师做了精心的准备和安排的。试想，一个漫不经心、随随便便、从不备课的老师，或者一个教案几十年不变的老师怎么能够收到这样的效果呢！目前，大多数学校的马克思主义学院采取教研室集体备课的形式，会形成一个统一的比较完整的教案和课件，但这只是提供了一个最为基础性的教学课件，绝不是一个万能的、一劳永逸的东西，还需要教师根据自己的实际和学生的特征进行个性化的深化和转化，这也需要教师一丝不苟地进行精心的备课来实现。二是精准把握教学内容。思政课教学具有的优势主要是教学内容的科学性、先进性、崇高性等。我们所宣讲的马克思主义理论是合规律性与合目的性相统一的理论，其鲜明的科学性、人民性、实践性和发展性等特征闪耀着马克思主义真理的光辉；我们所宣讲的中国化的马克思主义理论，特别是习近平新时代中国特色社会主义思想，是当代中国的马克思主义，是21世纪的马克思主义；我们所宣讲的中华民族史、中国共产党历史、中华人民共和国历史、改革开放史以及世界社会主义发展史等，具有宏大的历史视野，包含有宝贵的历史经验和精神财富；等等。这些都是思政课教育教学的优势所在。因此思政课教学要突出"内容为王"这个特点，思政课教师要精准把握马克思主义、中国化的马克思主义的理论观点、历史渊源、精髓要义以及功能价值等，不能歪曲和篡改理论，也不能对理论一知半解和断章取义。要求思政课教师要既懂理论，又懂历史，还要懂现实。三是精美制作教学课件。课件的精美是提高思政课实效性的重要条件手段。特别在现代教育技术高度发达的今天，大学的课堂当然不能只是一支粉笔、一块黑板、一张嘴巴。多媒体教育技术能够提供语言、文字、图像、音乐、视频等多种综合性刺激符号，可以利用多媒体技术手段来再现历史事件、展示历史事实、创设教学情景、解释理论原则、进行设疑释疑和推导分析等。多媒体课件一般配有色彩艳丽的背景和图片，并穿插声音和视频，教学内容以一幅幅有色彩、有动感、有声音的艺术画卷呈现出来，于是便有了故事、有了情节、有了细节，从而使教学内容生动形象起来。四是精妙的教学方法。所谓精妙的教学方法主要表现在灵活多样有效，在于"八仙过海，各显神通"。思政课教师要综合运用启发式、讨论式、问答式的教学方法、专题式教学法、案例式教学法、影视感染法、参观考察法、榜样示范法等。还积极开发和运用慕课、微课、微电影等，做到线上教学与线下教学的有机结合。精妙的教学方法能够使思政课教学"有虚有实、有棱有角、有情有义、有滋有味、有己有人"。五是精彩的语言表达。精彩的语言表现在其生动性、真实性、哲理性和启发性等方面。课堂上，思政课教师的语言非常重要，他要用语言来解释概念、阐发原理、抒发感情、塑造形象，要尽量使自己的教学语言生动形象、丰富多彩、抑扬顿挫、声情并茂、情理交融，这样才有感染力。"在教学中，生动形象的比喻必不可少，幽默诙谐的点缀更显重要，好词佳句的运用画龙点睛，旁征博引的论证扣人心弦，妙语连珠的顺口溜掌声不断，美的语言让学生在课堂上如沐春风，给学生一种美的享受。"① 这就是精彩的语言表达散发出来的魅力。当然，精彩的语言不是天生就在教师头脑中，而是要通过不断学习积累、研究思考所得。这"五个精"充分展示出思政课教师一丝不苟、兢兢业业的职业形象，为广大教师和即将成为思政课教师的大学生树立了踏实工作的榜样。

### 4.严于律己、恪守规则，做遵守纪律的模范

思政课教师高尚的道德还体现为严于律己、恪守规则，做遵守纪律的模范。之前提到的对高校教师具有警示教育意义的师德禁行行为"红

---

① 刘丽琼：《思想政治理论课教学接受论》，人民出版社 2009 年版，第 206 页。

七条"，这是对所有教师包括思政课教师提出的师德禁行条例，思政课教师必须认真遵守。2018 年 11 月，教育部又印发了《新时代高校教师职业行为十项准则》，具体规定了教师职业行为的十项准则："一、坚定政治方向。坚持以习近平新时代中国特色社会主义思想为指导，拥护中国共产党的领导，贯彻党的教育方针；不得在教育教学活动中及其他场合有损害党中央权威、违背党的路线方针政策的言行。二、自觉爱国守法。忠于祖国，忠于人民，恪守宪法原则，遵守法律法规，依法履行教师职责；不得损害国家利益、社会公共利益，或违背社会公序良俗。三、传播优秀文化。带头践行社会主义核心价值观，弘扬真善美，传递正能量；不得通过课堂、论坛、讲座、信息网络及其他渠道发表、转发错误观点，或编造散布虚假信息、不良信息。四、潜心教书育人。落实立德树人根本任务，遵循教育规律和学生成长规律，因材施教，教学相长；不得违反教学纪律，敷衍教学，或擅自从事影响教育教学本职工作的兼职兼薪行为。五、关心爱护学生。严慈相济，诲人不倦，真心关爱学生，严格要求学生，做学生良师益友；不得要求学生从事与教学、科研、社会服务无关的事宜。六、坚持言行雅正。为人师表，以身作则，举止文明，作风正派，自重自爱；不得与学生发生任何不正当关系，严禁任何形式的猥亵、性骚扰行为。七、遵守学术规范。严谨治学，力戒浮躁，潜心问道，勇于探索，坚守学术良知，反对学术不端；不得抄袭剽窃、篡改侵吞他人学术成果，或滥用学术资源和学术影响。八、秉持公平诚信。坚持原则，处事公道，光明磊落，为人正直；不得在招生、考试、推优、保研、就业及绩效考核、岗位聘用、职称评聘、评优评奖等工作中徇私舞弊、弄虚作假。九、坚守廉洁自律。严于律己，清廉从教；不得索要、收受学生及家长财物，不得参加由学生及家长付费的宴请、旅游、娱乐休闲等活动，或利用家长资源牟取私利。十、积极奉献社会。履行社会责任，贡献聪明才智，树立正确义利观；不得假公济私，擅自利用学校名义或校名、校徽、专利、场所等资源谋取个人利益。"① 这十条准则是所有高校教师包括思政课教师必须要遵守的职业准则。除此,作为思政课教师,更要严守教师职业道德和社会基本公德,始终成为遵守纪律的模范,真正做到教书育人,为人师表,真正成为以德立身、以德施教的表率。

① 《新时代高校教师职业行为十项准则》,中华人民共和国教育部网:http://www. moe.gov.cn/srcsite/A10/s7002/201811/t20181115_354921.html。

# 第七章 "四个自信"教育与思政课教学内容的整合创新

思政课是大学生思想政治教育的关键课程。"四个自信"教育作为大学生极为重要的思想政治教育工程，使之在思政课教学中有效融入，是现实而紧迫的重要任务。前已述及，"四个自信"具有政治理论教育、理想信念教育、历史和国情教育、核心价值观教育、中国精神教育等方面的重要价值，这就使"四个自信"教育与思政课教学内容的整合创新有了充分的内在根据。所谓教学内容的整合创新，就是指在思政课教学内容中找到"四个自信"教育的切入点、联系点、贯穿点和落脚点，以期能够在思政课教学中有效融入"四个自信"教育。当然，由于各门思政课知识体系和讲授主题不同，整合创新融入"四个自信"教育的内容也各有侧重。本章主要就"马克思主义基本原理""毛泽东思想和中国特色社会主义理论体系概论""中国近现代史纲要""思想道德与法治"等四门思政课，来探讨"四个自信"教育与思政课教学内容的整合创新问题。

## 一、"四个自信"教育与"原理"课教学内容的整合创新

"马克思主义基本原理"主要讲授反映马克思主义世界观和方法论的最基本的原理，帮助大学生领会和把握马克思主义的根本性质和整体特征以及马克思主义立场、观点、方法，提升运用马克思主义分析问题和解决

问题的能力，增强对社会发展规律的认识和把握，树立共产主义远大理想和中国特色社会主义共同理想。中国特色社会主义是中国共产党和中国人民在马克思主义指导下探索民族复兴道路上取得的伟大成果，马克思主义是中国特色社会主义"四个自信"在理论上的源头活水。

## （一）以马克思主义基本原理奠定"四个自信"的根本理论基础

最新教材《马克思主义基本原理》（2023年版）包括导论和七章内容。"导论"即是阐述"科学的马克思主义观"的问题，具体阐释了什么是马克思主义、马克思主义的产生和发展、马克思主义的鲜明特征、马克思主义的当代价值、自觉学习和运用马克思主义等问题。第一章"世界的物质性及发展规律"，即"辩证唯物主义的世界观"，具体阐释了马克思主义如何看世界、世界的物质统一性、唯物辩证法的总特征、唯物辩证法的基本规律、唯物辩证法本质上是批判的和革命的、在实践中不断增强思维能力等问题。第二章"实践与认识及其发展规律"，即"辩证唯物主义认识论"，具体阐释了科学实践观及其意义、实践的本质与基本结构、认识的本质和发展规律、真理的客观性、绝对性和相对性、真理与价值的辩证统一、认识论与思想路线、实现理论创新和实践创新的良性互动等问题。第三章"人类社会及其发展规律"，即"马克思主义的唯物史观"，具体阐释了社会存在与社会意识的辩证关系、物质生产方式在社会存在和发展中的作用、社会基本矛盾及其运动规律、世界历史的形成发展、社会历史发展的动力、人民群众和个人在社会历史中的作用等问题。第四章"资本主义的本质及规律"和第五章"资本主义的发展及其趋势"，即"马克思主义的资本主义论"，具体阐释了社会化大生产和商品经济一般规律、资本主义生产方式的基本矛盾、资本主义经济制度的本质、资本主义政治制度和意识形态及其本质、垄断资本主义的形成和发展、当代资本主义的新变化及其实质、资本主义的历史地位、资本主义为社会主义所代替的历史必然性等。第六章"社会主义的发展及其规律",即"马克思主义的社会主义论",具体阐释了社会主义500年的历史进程、科学社会主义基本原则、科学社会主义基本原则与中国特色社会主义、经济文化相对落后国家建设社会主义的必然性和长期性、社会主义发展道路的多样性、社会主义在实践中开拓前进必须遵循客观规律等问题。第七章"共产主义崇高理想及其最终实现",即"马克思主义的共产主义论",具体阐释了预见未来社会的科学方法论原则、共产主义社会的基本特征、实现共产主义是历史发展的必然趋势、共产主义远大理想与中国特色社会主义共同理想的辩证关系等问题。我们说马克思主义是"四个自信"在理论上的源头活水,就是指马克思主义科学原理指引我们找到了认识和改造世界的有效路径,进而开创、坚持、发展了中国特色社会主义。可见,马克思主义基本原理奠定了"四个自信"的根本理论基础,对大学生进行"四个自信"教育,首先要从整体上把握马克思主义的基本原理,为大学生坚定"四个自信"奠定坚实的理论基础。

### (二)以马克思主义的唯物史观夯实"四个自信"的哲学基础

"四个自信"教育与"原理"课教学内容的整合,除了从整体上阐释马克思主义基本原理外,还需要从一些具体的方面和问题进行整合创新,以找到贯穿"四个自信"教育的联系点和切入点,从而提高教育的针对性和实效性。而马克思主义的唯物史观为大学生坚定"四个自信"提供最直接的哲学基础,这是贯穿"四个自信"教育的重要联系点和切入点。

辩证唯物主义揭示了我们所生活的世界是一个统一的物质世界,这个物质世界由于内在的矛盾而普遍联系和永恒发展着,而联系和发展必然遵循着不以人的意识为转移的客观规律。唯物史观第一次将辩证唯物主义的观点贯彻到社会历史领域，从此使人们对于社会现象的研究有了科学的方法。马克思指出："人们在自己生活的社会生产中发生一定的、必然的、不以他们的意志为转移的关系，即同他们的物质生产力的一定发展阶段相适应的生产关系。这些生产关系的总和构成社会的经济结构，即有法律的和政治的上层建筑竖立其上并有一定的社会意识形式与之相适应的现实基础。物质生活的生产方式制约着整个社会生活、政治生活和精神生活的过程。不是人们的意识决定人们的存在，相反，是人们的社会存在决定人们的意识。社会的物质生产力发展到一定阶段，便同它们一直在其中运动的现存生产关系或财产关系（这只是生产关系的法律用语）发生矛盾。于是这些关系便由生产力的发展形式变成生产力的桎梏。那时社会革命的时代就到来了。随着经济基础的变更，全部庞大的上层建筑也或慢或快地发生变革。"① 这一段话深刻地概述了唯物史观的基本思想，是我们考察人类社会历史及其发展规律的基本理论依据。马克思主义从社会生活各领域中划分出经济领域，从一切社会关系中划分出生产关系，将其作为决定其他一切关系的基本的、原始的关系，把一切社会关系归结于生产关系，并进一步归结于生产力发展，从而将社会形态的更替和发展看作一种自然历史过程，科学揭示了人类社会发展的规律，从根本上破解了"历史之谜"。马克思和恩格斯运用唯物史观的基本思想，通过对资本主义的经济和阶级关系的分析，揭示了资本主义的历史地位及其发展趋势，自信而又自豪地向世人宣告："资产阶级的灭亡和无产阶级的胜利是同样不可避免的。"② 习近平总书记指出："只有在整个人类发展的历史长河中，才能透视出历史运动的本质和时代发展的方向。"③ 马克思主义的唯物史观所揭示的人类

---

① 《马克思恩格斯选集》第 2 卷，人民出版社 1995 年版，第 32—33 页。
② 《马克思恩格斯选集》第 1 卷，人民出版社 1995 年版，第 284 页。
③ 习近平：《在纪念马克思诞辰 200 周年大会上的讲话》，人民出版社 2018 年版，第 7 页。

社会发展规律表明，社会主义是必然要取得最后胜利的，因为这是比资本主义更高级的发展阶段，具有历史的必然性。

中国共产党正是以唯物史观为自己的哲学基础来开创和建设中国特色社会主义伟大事业的。第一次明确提出唯物史观是我党哲学基础的是毛泽东，他在1921年1月21日给蔡和森的复信中写道："唯物史观是吾党哲学的根据，这是事实，不像唯理观之不能证实而容易被人摇动。"①毛泽东在提出这个观点时，显示了他在深入学习思考基础上对唯物史观科学真理性的坚定信仰。所以，毛泽东自从接受了马克思主义，认为它是解释世界历史的唯一正确的理论之后，便再也没有动摇过，并且在此后领导中国革命和建设的具体实践中，创造性运用和发展马克思主义，开拓推进马克思主义中国化伟大事业，从而领导中国人民取得了新民主主义革命、社会主义革命和社会主义建设的伟大成就，为开创坚持发展中国特色社会主义事业奠定了深厚的基础。新的历史时期我们党科学分析我国社会主要矛盾、果断决定把党和国家工作重心转移到经济建设上来、实行改革开放，都是正确运用唯物史观的结果。我们党在实践中不断回答"什么是社会主义、怎样建设社会主义""建设什么样的党、怎样建设党""实现什么样的发展、怎样发展"这些重大历史性课题，也都是正确运用唯物史观的结果。党的十八大以来，习近平高度重视并一再强调要学习、掌握和运用唯物史观，他指出："历史和现实都表明，只有坚持历史唯物主义，我们才能不断把对中国特色社会主义规律的认识提高到新的水平，不断开辟当代中国马克思主义发展新境界。"②中国特色社会主义"四个自信"是建立在马克思主义唯物史观这个坚实的理论基础之上的，是以对人类社会发展规律的深刻把握作为依据的，是站在真理的制高点上通过把握社会发展的必然性而正

---

① 《毛泽东书信选集》，中央文献出版社2003年版，第11页。

② 习近平：《坚持历史唯物主义不断开辟当代中国马克思主义发展新境界》，《奋斗》2020年第2期。

确预见其发展趋势的。从科学的角度而言，"四个自信"符合历史的前进逻辑与时代的发展潮流，是我们实现伟大梦想、迈向更高发展阶段的强大精神支撑。可见，对"原理"课第三章"人类社会及其发展规律"教学内容进行整合创新，就要强化和讲透"四个自信"是建立在马克思主义唯物史观这个坚实的理论基础之上的，只有在深入学习马克思主义的唯物史观、认清人类社会发展的客观规律和发展趋势的基础上，才能从理论的高度上坚定"四个自信"。

## （三）以马克思主义的政治立场把握"四个自信"的价值内涵

马克思主义政党的一切理论和奋斗都应致力于实现以劳动人民为主体的最广大劳动人民的根本利益，这是马克思主义最鲜明的政治立场。马克思主义以无产阶级的解放和全人类的解放为己任，以人的自由而全面发展为美好目标。作为无产阶级争取自身解放的理论武器，马克思主义在创立之初就明确宣示了为人民大众谋利益的价值指向。马克思和恩格斯在《共产党宣言》中指出："过去的一切运动都是少数人的或者为少数人谋利益的运动。无产阶级的运动是绝大多数人的、为绝大多数人谋利益的独立的运动。"① 共产党人"没有任何同整个无产阶级的利益不同的利益"②，"共产党人可以把自己的理论概括为一句话：消灭私有制"③。《共产党宣言》还指出："代替那存在着阶级和阶级对立的资产阶级旧社会的，将是这样一个联合体，在那里，每个人的自由发展是一切人的自由发展的条件。"④ 这些思想向世界人民表明了马克思主义"为绝大多数人谋利益""为全人

---

① 《马克思恩格斯选集》第 1 卷，人民出版社 1995 年版，第 283 页。
② 《马克思恩格斯选集》第 1 卷，人民出版社 1995 年版，第 285 页。
③ 《马克思恩格斯选集》第 1 卷，人民出版社 1995 年版，第 286 页。
④ 《马克思恩格斯选集》第 1 卷，人民出版社 1995 年版，第 294 页。

类谋利益"的鲜明的政治立场。可以说，马克思和恩格斯创立马克思主义的初心就是为全人类谋解放。

马克思主义的政治立场是中国共产党人初心使命的思想渊源，也是中国共产党进行革命和斗争、探索社会主义道路、全面建成社会主义现代化强国和实现中华民族伟大复兴的实践向度，彰显了中国特色社会主义"四个自信"的价值内涵。中国特色社会主义"四个自信"源于对马克思主义的坚定信仰，源于对马克思主义为广大人民谋利益的政治立场的充分领悟。中国共产党在理论上接受了马克思主义，并确立了马克思主义的信仰后，就非常明确地把马克思主义的"为全人类谋利益""为绝大多数人谋利益"的政治立场作进一步的概括，确立了"全心全意为人民服务"的根本宗旨。她一成立就提出了自己的初心和使命，"中国共产党的初心和使命，就是为中国人民谋幸福，为中华民族谋复兴"①。中国共产党的历史就是一部"为中国人民谋幸福，为中华民族谋复兴"的使命担当史。为了完成这个初心使命，中国共产党领导中国人民经过28年艰苦卓绝的革命斗争，取得了新民主主义革命的胜利，推翻了帝国主义、封建主义和官僚资本主义，成立了中华人民共和国，实现了民族独立和人民解放，为实现中华民族伟大复兴创造了根本社会条件。新中国成立后，中国共产党领导中国人民实现了从新民主主义到社会主义的转变，进行伟大的社会主义革命，推进社会主义建设事业，为实现中华民族伟大复兴奠定了根本政治前提和制度基础。在改革开放和社会主义现代化建设新时期，中国共产党领导中国人民继续探索建设中国特色社会主义的正确道路，不断解放和发展社会生产力，使我国实现了从生产力相对落后的状况到经济总量跃居世界第二的历史性突破，推进了中华民族从站起来到富起来的伟

---

① 习近平：《决胜全面建成小康社会　夺取新时代中国特色社会主义伟大胜利——在中国共产党第十九次全国代表大会上的报告》，人民出版社2017年版，第1页。

大飞跃。党的十八大以来，中国特色社会主义进入新时代，中国共产党领导中国人民砥砺前行，全面建设小康的目标如期实现，党和国家的事业取得历史性成就、发生历史性变革，在此基础上开启了实现第二个百年奋斗目标的新征程，朝着实现中华民族伟大复兴的宏伟目标继续前进，中华民族迎来了从站起来、富起来到强起来的伟大飞跃。中国共产党践行初心使命的百年奋斗从根本上改变了中国人民的前途命运，开辟了中华民族伟大复兴的正确道路，展示了马克思主义的强大生命力，深刻影响了世界历史进程，锻造了走在时代前列的中国共产党。我们为什么要坚定"四个自信"，其内在的价值意蕴就在于"中国特色社会主义道路是实现社会主义现代化、创造人民美好生活的必由之路，中国特色社会主义理论体系是指导党和人民实现中华民族伟大复兴的正确理论，中国特色社会主义制度是当代中国发展进步的根本制度保障，中国特色社会主义文化是激励全党全国各族人民奋勇前进的强大精神力量"①。一句话就是，中国特色社会主义是实现中华民族伟大复兴的必由之路。可见，在"原理"课教学中，特别是在"导论"这部分教学中，要对马克思主义"为绝大多数人谋利益""为全人类谋利益"的鲜明的政治立场进行充分阐释，并结合中国共产党践行初心使命的百年奋斗史，让学生深刻领会中国特色社会主义"四个自信"的价值意蕴，这是"四个自信"教育取得成效的重要关键。

### （四）以共产主义的崇高理想凝聚"四个自信"的强大动力

"马克思主义基本原理"教材的第七章"共产主义崇高理想及其最终

---

① 习近平：《决胜全面建成小康社会 夺取新时代中国特色社会主义伟大胜利——在中国共产党第十九次全国代表大会上的报告》，人民出版社2017年版，第16—17页。

实现"，这是马克思主义的"共产主义论"，通过本章的学习要求青年学生树立共产主义崇高理想，以共产主义的崇高理想凝聚坚定"四个自信"的强大动力。

马克思和恩格斯在揭示人类社会发展一般规律的基础上指明未来理想社会发展的方向，在剖析资本主义旧世界的过程中阐发未来共产主义社会的特点，在社会主义社会发展中不断深化对未来共产主义社会的认识。在这些方法论原则的基础上，他们对未来共产主义社会的一般特征作出科学预见和擘画，即在未来的理想社会中，物质财富极大丰富，消费资料按需分配；社会关系高度和谐，人们的精神境界极大提高；实现每个人自由而全面的发展，人类从必然王国向自由王国飞跃等。这些基本特征内在地包含着社会生产力的高度发展、实现普遍的生产资料公有制、对生产进行有计划的组织和管理、个人消费品按需分配、阶级消亡、国家消亡、战争不复存在、三大差别消失、人与自然高度和谐、劳动不再是单纯的谋生的手段、人类实现由必然王国向自由王国的飞跃等。可见，共产主义是人类最美好最崇高的社会理想，为人类社会的发展指明了根本目标和前进方向。近代以来的世界历史无可辩驳地证明，共产主义具有真理性、现实性和历史必然性。

中国共产党自成立之日起，就把实现共产主义作为自己的奋斗目标和崇高理想。共产主义崇高理想，成为无数共产党人英勇革命不怕牺牲的强大精神动力。在中国青年出版社 1979 年出版的《革命烈士书信》中，收录了 66 位烈士的 86 篇遗书，几乎都直接或间接地表达了对马克思主义、对共产主义的坚定信仰。这里仅简要举几个例子，一个是较早牺牲的年轻共产党员，时年 23 岁的四川彭县人何秉彝，他在《给父母亲的信》中写道："男已决定住上海大学了！这也是有理由，有缘故的。……因为男现在是二十世纪的新青年……这离奇的二十世纪的社会里，便要为二十世纪的社会谋改造，为二十世纪的人民谋幸福……说一句：男已经决定了，无论如何也不能变更了。"① 从中可以看到这何等坚定的共产主义信念。党的一大代表、创始人之一王尽美是因病去世的，年仅 27 岁，他在病危时口述的遗嘱也彰显了对共产主义事业的坚定不移，他"嘱全体同志好好工作，为无产阶级和全人类的解放和共产主义事业的彻底实现而奋斗到底！"② 再看看这对年轻的革命夫妻，年轻的革命父母，年轻的革命烈士，他们面对牺牲和死亡又是何等地从容，对自己从事共产主义事业又是何等地坚定自信。1928 年 10 月 14 日在长沙英勇就义、时年 25 岁的陈觉烈士在《就义前给妻子的遗书》中写道："谁无父母，谁无儿女，谁无情人，我们正是为了救助全中国人民的父母和妻儿，所以牺牲了自己的一切。我们虽然是死了，但我们的遗志自有未死的同志来完成。"③ 而陈觉的妻子赵云霄在陈觉被捕就义前一个月即不幸被捕，只因怀有身孕，才于 1929 年 2 月 11日生下孩子一个半月后英勇就义，23 岁的她在就义当日《给女儿的遗书》中坦然写道："小宝宝，我很明白的告诉你，你的父母是个共产党员，且到俄国读过书。（所以才处我们的死刑。）"④ 他们都才只有 20 多岁的年纪，就因为他们胸怀共产主义的崇高理想，他们才在死亡、牺牲面前如此从容镇定。"从中国共产党成立到中华人民共和国建立这 28 年中，牺牲在战场上和刑场上的革命先烈多达 2000 余万人，而留在《烈士英名录》中的仅有 176 万人，他们从不计较个人的身后事，唯一追求的是祖国的新生和人民的幸福。"⑤ 正是无数像他们这样的共产党人和革命群众不怕牺牲英勇奋斗，才最终开创了中国特色社会主义伟大事业。唯有树立伟大的共产主义

①　《革命烈士书信》，中国青年出版社 1979 年版，第 7—8 页。

②　《革命烈士书信》，中国青年出版社 1979 年版，第 10 页。

③　《革命烈士书信》，中国青年出版社 1979 年版，第 46 页。

④　《革命烈士书信》，中国青年出版社 1979 年版，第 49 页。

⑤　梁柱：《风雨兼程为人民——纪念中国共产党成立 95 周年》，《中国社会科学报》2016 年 6 月 23 日。

远大理想，才能更加坚定"四个自信"。崇高的理想信念是建立在对共产主义科学性和真理性的认识的基础上的，政治上的坚定源于理论上的清醒。因此，我们在教学中要加强对共产主义的理论阐释，并结合中国共产党人为实现共产主义崇高理想而不懈奋斗的英雄事迹进行教学，让学生在增强对共产主义理性认同的基础上坚定共产主义理想信念，增强中国特色社会主义"四个自信"。

### （五）以马克思主义的"望远镜和显微镜"提供"四个自信"的重要法宝

毛泽东在 1936 年 12 月撰写的演讲报告《中国革命战争的战略问题》中指出："我们的眼力不够，应该借助于望远镜和显微镜。马克思主义的方法就是政治上军事上的望远镜和显微镜。"[1] 习近平总书记也指出："我们看世界，不能被乱花迷眼，也不能被浮云遮眼，而要端起历史规律的望远镜去细心观望。"[2] 这里讲的"望远镜和显微镜"就是马克思主义的唯物辩证法。恩格斯指出："马克思的整个世界观不是教义，而是方法。它提供的不是现成的教条，而是进一步研究的出发点和供这种研究使用的方法。"[3] 唯物辩证法的一系列规律和范畴，揭示了世界普遍联系和永恒发展的普遍规律，既是科学的世界观，同时也是我们认识世界和改造世界的基本方法论。对立统一规律告诉我们，认识活动中的主体与客体、感性与理性、具体与抽象、个别与一般等关系，无一不是对立统一的关系。量变质变规律告诉我们，要遵照"量变—质变—新的量变"的客观进程，去认识和把握事物运动变化发展的阶段性与不同发展状态的转化。否定之否定规

---

① 《毛泽东选集》第一卷，人民出版社 1991 年版，第 212 页。

② 《习近平谈治国理政》第二卷，外文出版社 2017 年版，第 442 页。

③ 《马克思恩格斯全集》第 39 卷，人民出版社 1974 年版，第 406 页。

律告诉人们，任何现实事物都将在其发展过程中实现自我否定，周期性地向更高级的存在形态前进，应从前进性和曲折性相统一中把握事物发展本质及其发展方向。唯物辩证法的一系列成对的基本范畴，都体现了对立统一的关系，是矛盾分析方法的具体运用，也对人们深入认识世界和有效改造世界具有重要的方法论意义。这要求我们要客观地而不是主观地、联系地而不是孤立地、发展地而不是静止地、全面地而不是片面地、系统地而不是零散地观察事物，把握事物的本质和发展规律，找到解决问题的方法和途径。要求我们要善于透过现象看本质，能够从扑朔迷离的复杂现象中把握住问题的实质，从局部的变幻中把握住总体和大局。要求我们要善于运用矛盾分析的方法，既能看到众多矛盾相互交织的复杂局势，又能从中找出具有决定性作用的主要矛盾，紧紧抓住问题的症结，掌握事物矛盾斗争转化的根本所在，如此等等。毫无疑问，马克思主义的唯物辩证法是科学的认识方法，是我们认识世界和改造世界的锐利武器。

中国共产党人用马克思主义的唯物辩证法，推动革命、建设和改革开放的各项事业。毛泽东指出："研究问题，忌带主观性、片面性和表面性。所谓主观性，就是不知道客观地看问题，也就是不知道用唯物的观点去看问题。……所谓片面性，就是不知道全面地看问题。……一句话，不了解矛盾各方的特点。这就叫做片面地看问题。或者叫做只看见局部，不看见全体，只看见树木，不看见森林。这样，是不能找出解决矛盾的方法的，是不能完成革命任务的，是不能做好所任工作的，是不能正确地发展党内的思想斗争的。……表面性，是对矛盾总体和矛盾各方的特点都不去看，否认深入事物里面精细地研究矛盾特点的必要，仅仅站在那里远远地望一望，粗枝大叶地看到一点矛盾的形相，就想动手去解决矛盾（答复问题、解决纠纷、处理工作、指挥战争）。这样的做法，没有不出乱子的。"[1]

---

① 《毛泽东选集》第一卷，人民出版社 1991 年版，第 312—313 页。

毛泽东还指出："任何过程如果有多数矛盾存在的话，其中必定有一种是主要的，起着领导的、决定的作用，其他则处于次要和服从的地位。因此，研究任何过程，如果是存在着两个以上矛盾的复杂过程的话，就要用全力找出它的主要矛盾。捉住了这个主要矛盾，一切问题就迎刃而解了。……万千的学问家和实行家，不懂得这种方法，结果如堕烟海，找不到中心，也就找不到解决矛盾的方法。"[1] 抓主要矛盾，坚持两点论和重点论的统一，这对于开创和发展中国特色社会主义事业也提供了极为重要的方法论指导。在党的二十大报告中，习近平总书记把这一世界观和方法论概括为"六个坚持"。坚持人民至上，强调的是要站稳人民立场、把握人民愿望、尊重人民创造、集中人民智慧；坚持自信自立，强调的是坚持独立自主、自力更生，坚持对马克思主义的信仰，坚定道路自信、理论自信、制度自信、文化自信；坚持守正创新，强调的是坚持马克思主义基本原理不动摇，坚持党的全面领导不动摇，坚持中国特色社会主义不动摇，紧跟时代步伐，顺应实践发展，敢于说前人没有说过的话，敢干前人没有干过的事，以新的理论指导新的实践；坚持问题导向，强调的是要聚焦实践中遇到的新问题，不断提出真正解决问题的新理念、新思路和新办法；坚持系统观念，强调的是要善于通过历史看现实、透过现象看本质，把握好全局和局部、当前和长远、宏观和微观、主要矛盾和次要矛盾、特殊和一般的关系；坚持胸怀天下，强调的是要拓展世界眼光，洞察人类发展进步潮流，为解决人类面临的共同问题作出贡献。[2] 这"六个坚持"是习近平新时代中国特色社会主义思想的世界观和方法论，这是对马克思主义的唯物辩证法的具体运用和具体表现。试想，能这样深刻精准地把握和

① 《毛泽东选集》第一卷，人民出版社1991年版，第322页。
② 习近平：《高举中国特色社会主义伟大旗帜 为全面建设社会主义现代化国家而团结奋斗——在中国共产党第二十次全国代表大会上的报告》，人民出版社2022年版，第19—21页。

运用好唯物辩证法，能这样清晰无误地透视事物发展的内在奥秘和规律，我们还有什么理由不自信呢？可见，在"四个自信"教育与"马克思主义基本原理"课教学内容的整合创新上，要充分阐释唯物辩证法的内容、本质特征和认识功能，同时注重挖掘中国共产党开创和发展中国特色社会主义过程中所体现的马克思主义世界观和方法论，这是我们坚定中国特色社会主义"四个自信"的重要法宝。

## 二、"四个自信"教育与"概论"课教学内容的整合创新

"毛泽东思想和中国特色社会主义理论体系概论"主要讲授我们党把马克思主义基本原理同中国具体实际相结合产生的马克思主义中国化理论成果，帮助学生理解毛泽东思想、中国特色社会主义理论体系和习近平新时代中国特色社会主义思想，是一脉相承又与时俱进的科学体系，引导学生深刻理解中国共产党为什么能、中国特色社会主义为什么好、马克思主义为什么行，坚定中国特色社会主义"四个自信"。鉴于目前"习近平新时代中国特色社会主义思想概论"新教材还未正式出版，因此我们还是以2021年版的《毛泽东思想和中国特色社会主义理论体系概论》教材为主，来探讨分析"四个自信"教育与"概论"课教学内容的整合创新问题。

### （一）以马克思主义中国化理论成果滋育"四个自信"

党的二十大报告指出："马克思主义是我们立党立国、兴党兴国的根本指导思想。实践告诉我们，中国共产党为什么能，中国特色社会主义为什么好，归根到底是马克思主义行，是中国化时代化的马克思主义行。……推进马克思主义中国化时代化是一个追求真理、揭示真理、笃行

真理的过程。"①中国共产党人深刻认识到，只有把马克思主义基本原理同中国具体实际相结合、同中华优秀传统文化相结合，坚持运用辩证唯物主义和历史唯物主义，才能正确回答时代和实践提出的重大问题，才能始终保持马克思主义的蓬勃生机和旺盛活力。

在新民主主义革命时期，以毛泽东同志为主要代表的中国共产党人，把马克思列宁主义的基本原理同中国具体实际结合起来，不断探索符合中国实际的革命道路，开辟了农村包围城市、武装夺取政权的正确的革命道路，创立了毛泽东思想。在社会主义革命和建设时期，又提出并坚持了把马克思列宁主义基本原理同中国实际的"第二次结合"，提出了关于社会主义建设的一系列重要思想，丰富和发展了毛泽东思想。《中共中央关于党的百年奋斗重大成就和历史经验的决议》指出："毛泽东思想是马克思列宁主义在中国的创造性运用和发展，是被实践证明了的关于中国革命和建设的正确的理论原则和经验总结，是马克思主义中国化的第一次历史性飞跃。毛泽东思想的活的灵魂是贯穿于各个组成部分的立场、观点、方法，体现为实事求是、群众路线、独立自主三个基本方面，为党和人民事业发展提供了科学指引。"②正是在毛泽东思想的指引下，中国共产党领导中国人民经过28年的浴血奋斗，取得了新民主主义革命的胜利，建立了中华人民共和国，实现了国家独立和人民解放，为实现中华民族伟大复兴创造了根本性社会条件。正是在毛泽东思想指引下，从新中国成立到改革开放前夕，中国共产党领导中国人民完成了社会主义革命，推进了社会主义建设，实现了中华民族有史以来最为广泛而深刻的社会变革，实现了一

---

① 习近平：《高举中国特色社会主义伟大旗帜　为全面建设社会主义现代化国家而团结奋斗——在中国共产党第二十次全国代表大会上的报告》，人民出版社2022年版，第16页。
② 《中共中央关于党的百年奋斗重大成就和历史经验的决议》，人民出版社2021年版，第13页。

穷二白、人口众多的东方大国大步迈进社会主义社会的伟大飞跃,"为实现中华民族伟大复兴奠定根本政治前提和制度基础"①。"党在社会主义革命和建设中取得的独创性理论成果和巨大成就,为在新的历史时期开创中国特色社会主义提供了宝贵经验、理论准备、物质基础"②。由此可见,毛泽东时代提供的"政治前提""制度基础""宝贵经验""理论准备""物质基础"等,为中国特色社会主义的开创发展奠定了深厚的基础,为实现中华民族伟大复兴创造了根本社会条件,也为我们坚定"四个自信"打下了深厚根基。

1978 年 12 月召开的党的十一届三中全会,开启了我国改革开放新时期,实现了新中国成立以来党的历史上具有深远意义的伟大转折。以邓小平同志为主要代表的中国共产党人,围绕着什么是社会主义、怎样建设社会主义这一根本问题,在推进改革开放和社会主义现代化的伟大实践中创立了邓小平理论,成功开创了中国特色社会主义。1989 年党的十三届四中全会以来,以江泽民同志为主要代表的中国共产党人,加深了对什么是社会主义、怎样建设社会主义和建设什么样的党、怎样建设党的认识,形成了"三个代表"重要思想,成功把中国特色社会主义推向 21 世纪。2002 年党的十六大以来,以胡锦涛同志为主要代表的中国共产党人,深刻认识和回答了新形势下实现什么样的发展、怎样发展的重大问题,形成了科学发展观,成功在新形势下坚持和发展了中国特色社会主义。从"成功开创了中国特色社会主义",到"成功把中国特色社会主义推向 21 世纪",再到"成功在新形势下坚持和发展了中国特色社会主义",中国特色社会主义被开创出来、发展起来,充分展示了社会主义的无比优越性。《中

①《中共中央关于党的百年奋斗重大成就和历史经验的决议》,人民出版社 2021 年版,第 9 页。

②《中共中央关于党的百年奋斗重大成就和历史经验的决议》,人民出版社 2021 年版,第 14 页。

共中央关于党的百年奋斗重大成就和历史经验的决议》指出："党领导和支持开展真理标准问题大讨论，从新的实践和时代特征出发坚持和发展马克思主义，科学回答了建设中国特色社会主义的发展道路、发展阶段、根本任务、发展动力、发展战略、政治保证、祖国统一、外交和国际战略、领导力量和依靠力量等一系列基本问题，形成中国特色社会主义理论体系，实现了马克思主义中国化新的飞跃。"①中国特色社会主义理论体系成为改革开放新时期党和人民事业的科学指引。这时期，党领导人民继续探索适合自己特点的正确道路，解放和发展社会生产力，为实现中华民族伟大复兴提供充满新的活力的体制保证和快速发展的物质条件，中国特色社会主义"四个自信"也在这个过程中逐步彰显。

党的十八大以来，以习近平同志为核心的党中央统筹把握中华民族伟大复兴战略全局和世界百年未有之大变局，继续高举马克思主义伟大旗帜，把马克思主义基本原理同中国具体实际相结合、同中华优秀传统文化相结合，面对积淀起来的困难问题，面对复杂多变的严峻形势，以伟大的历史主动精神迎战，以巨大的政治勇气出招，以强烈的责任担当解局，科学分析判断内外形势，统筹国内外两个大局，坚决贯彻党的基本理论、基本路线、基本方略，全面统揽伟大斗争、伟大工程、伟大事业、伟大梦想，围绕着新时代坚持和发展什么样的中国特色社会主义、怎样坚持和发展中国特色社会主义，建设什么样的社会主义现代化强国、怎样建设社会主义现代化强国，建设什么样的长期执政的马克思主义政党、怎样建设长期执政的马克思主义政党等重大时代课题，提出了一系列原创性的治国理政新理念新思想新战略，创立了习近平新时代中国特色社会主义思想，在马克思主义哲学方面，在马克思主义政治经济学方面，在科学社会主义方

---

① 《中共中央关于党的百年奋斗重大成就和历史经验的决议》，人民出版社 2021 年版，第 17—18 页。

面，都作出了许多原创性贡献。《中共中央关于党的百年奋斗重大成就和历史经验的决议》指出："习近平新时代中国特色社会主义思想是当代中国马克思主义、二十一世纪马克思主义，是中华文化和中国精神的时代精华，实现了马克思主义中国化新的飞跃。"①习近平新时代中国特色社会主义思想是中国特色社会主义新时代党和人民事业发展的科学指引。在习近平新时代中国特色社会主义思想科学指引下，党和国家的事业取得了历史新成就，发生了历史性变革，使我们坚定"四个自信"达到了前所未有的高度。

可见，中国共产党的历史，就是一部不断推进马克思主义中国化时代化的历史，是一部不断推进理论创新、进行理论创造的历史。我们在"概论"课教学中，要认真梳理和充分阐释中国共产党推动马克思主义中国化时代化的历史进程和历史经验，用马克思主义中国化的理论成果滋育中国特色社会主义"四个自信"。

### （二）以中国式现代化道路自信支撑"四个自信"

新时代，习近平总书记围绕着全面建设社会主义现代化国家这一重大问题，提出了一系列新思想新观点和新要求，在党的十九届五中全会第二次全体会议上，习近平总书记阐明了我国现代化的五个特征：我国现代化是人口规模巨大的现代化，是全体人民共同富裕的现代化，是物质文明和精神文明相协调的现代化，是人与自然和谐共生的现代化，是走和平发展道路的现代化。②在庆祝中国共产党成立 100 周年大会上的重要讲话中，习近平总书记指出："走自己的路，是党的全部理论和实践立足点，更是

---

① 《中共中央关于党的百年奋斗重大成就和历史经验的决议》，人民出版社 2021 年版，第 26 页。

② 《习近平谈治国理政》第四卷，外文出版社 2022 年版，第 123—124 页。

党百年奋斗得出的历史结论。……我们坚持和发展中国特色社会主义，推动物质文明、政治文明、精神文明、社会文明、生态文明协调发展，创造了中国式现代化新道路，创造了人类文明新形态。"①《中共中央关于党的百年奋斗重大成就和历史经验的决议》再次指出："党领导人民成功走出中国式现代化道路，创造了人类文明新形态，拓展了发展中国家走向现代化的途径，给世界上那些既希望加快发展又希望保持自身独立性的国家和民族提供了全新选择。"②党的二十大报告的第三部分提出以中国式现代化全面推进中华民族伟大复兴，指出："中国式现代化，是中国共产党领导的社会主义现代化，既有各国现代化的共同特征，更有基于自己国情的中国特色。"③党的二十大报告进一步概括了中国式现代化的五个基本特征，指明了中国式现代化的本质要求是："坚持中国共产党的领导，坚持中国特色社会主义，实现高质量发展，发展全过程人民民主，丰富人民精神世界，实现全体人民共同富裕，促进人与自然和谐共生，推动构建人类命运共同体，创造人类文明新形态。"④这些重要论述全面深刻地阐明了中国式现代化的丰富内涵、基本特征和本质要求。

中国式现代化体现出鲜明中国风格、中国气派、中国特色，是对西方资本主义现代化的超越。2021年11月11日，在党的十九届六中全会第二次全体会议上，习近平总书记这样评价中国式现代化道路的世界贡献：

---

① 习近平:《在庆祝中国共产党成立100周年大会上的讲话》，人民出版社2021年版，第13—14页。

② 《中共中央关于党的百年奋斗重大成就和历史经验的决议》，人民出版社2021年版，第64页。

③ 习近平:《高举中国特色社会主义伟大旗帜 为全面建设社会主义现代化国家而团结奋斗——在中国共产党第二十次全国代表大会上的报告》，人民出版社2022年版，第22页。

④ 习近平:《高举中国特色社会主义伟大旗帜 为全面建设社会主义现代化国家而团结奋斗——在中国共产党第二十次全国代表大会上的报告》，人民出版社2022年版，第23—24页。

"我们党领导人民不仅创造了世所罕见的经济快速发展和社会长期稳定两大奇迹，而且成功走出了中国式现代化道路，创造了人类文明新形态。这些前无古人的创举，破解了人类社会发展的诸多难题，摒弃了西方以资本为中心的现代化、两极分化的现代化、物质主义膨胀的现代化、对外扩张掠夺的现代化老路，拓展了发展中国家走向现代化的途径，为人类对更好社会制度的探索提供了中国方案。"①其一，以人民为中心超越了以资本为中心。中国式现代化坚持以人民为中心的发展思想，把增进人民福祉、促进人的全面发展作为出发点和落脚点。而西方资本主义现代化运行是由资本逻辑主导的，而资本逻辑必然是以资本为中心，在经济上是以资本的生产和增值为目的。其二，共同富裕超越了两极分化。中国式现代化道路是建立在社会主义制度的基础上，是坚持全体人民的共同富裕的现代化，而西方资本主义现代化道路是以资本主义私有制为基础的，其生产资料私人占有和社会化大生产之间的固有矛盾不可调和，必然会导致周期性的经济危机和社会的两极分化。其三，"两个文明"协调发展超越了物质主义膨胀。中国式现代化统筹推动物质文明、政治文明、精神文明、社会文明、生态文明协调发展，形成了系统协调的现代文明新形态。而西方资本主义现代化是以资本为中心，为满足资本家攫取剩余价值的需要而产生的物质文明，必然会伴生物质主义膨胀。其四，和平发展超越了对外掠夺。中国式现代化坚持走和平发展道路，在坚定维护世界和平与发展中谋求自身发展，又以自身发展更好维护世界和平与发展。资本主义国家对剩余价值的狂热追求会使其普遍走上对外扩张、殖民掠夺的道路，其现代化的历程充满了"血和肮脏的东西"。总之，中国式现代化打破了"现代化等于西方化"的迷思，用事实证明了实现现代化道路的多样性，拓展了发展中国家走向

---

① 习近平：《以史为鉴、开创未来　埋头苦干、勇毅前行》，《奋斗》2022年第1期。

现代化的思路和途径，为解决人类面临的共同问题提供更多更好的中国智慧、中国方案、中国力量。

所谓中国式现代化道路自信就是对中国式现代化道路的正确性、创新性和超越性的高度自信，是对以中国式现代化道路推进中华民族伟大复兴光明前景的高度自信。中国式现代化道路自信是"四个自信"的重要内容，中国式现代化道路的成功开创，充分展现了中国特色社会主义道路自信、理论自信、制度自信、文化自信。我们在讲授第十一章"四个全面"战略布局关于全面建设社会主义现代化国家的内容时，要把党的十九届五中全会文件、十九届六中全会文件、二十大报告中关于中国式现代化道路这部分内容整合进来，充分阐述中国式现代化的科学内涵、基本特征及其对西方资本主义现代化的超越，深入论证中国式现代化道路自信的科学内涵及其主要依据，以中国式现代化道路自信支撑中国特色社会主义"四个自信"。

## （三）以中国共产党的政党自信增进"四个自信"

所谓政党自信，从主体角度讲，一方面是讲中国共产党对自身的性质和宗旨、初心和使命、价值和生命力的高度自信；另一方面是讲全国各族人民在对党的理论和实践、历史和现实全面正确认知的基础上对中国共产党的高度信任和衷心拥护。习近平总书记说过："当今世界，要说哪个政党、哪个国家、哪个民族能够自信的话，那中国共产党、中华人民共和国、中华民族是最有理由自信的。"[①] 我们党为什么最有理由自信，源于党在长期的革命、建设和改革实践中锤炼形成的一系列优势，这些优势是我们党性质宗旨、初心使命、制度体制、优良传统等的集中体现，也是我们党充满自信的重要依据。第一，政党自信源于马克思主义指导思想的科学

---

① 《习近平谈治国理政》第二卷，外文出版社 2017 年版，第 36 页。

性。历史和人民选择中国共产党绝不是历史偶然，而是科学社会主义理论逻辑和中国社会发展历史逻辑的内在要求。历史和现实都证明，只有用马克思主义理论武装起来的中国共产党才能够担负起民族独立和人民解放、国家富强和人民幸福的历史重任，才能够推动中华民族实现伟大复兴的中国梦。第二，政党自信源于党的人民大众的政治立场。中国共产党自成立之日起，就确立了为中国人民谋幸福，为中华民族谋复兴的初心和使命，坚定地站在了最广大人民群众的一边，站在了历史的正确的一边，从而具备了坚定政党自信的深厚力量。第三，政党自信源于中国特色政治制度的优越性。中国共产党坚持走中国特色的政治发展道路，坚持党的领导、人民当家作主和全面依法治国的有机统一，实行人民代表大会制度、中国共产党领导的多党合作和政治协商制度、民族区域自治制度及基层群众自治制度。这样的制度具有强大的社会整合能力、战略策划定力、决策执行效率和选贤任能机制等，从而具有了无比的优越性。第四，政党自信源于在实践中取得的巨大成就。《中共中央关于党的百年奋斗重大成就和历史经验的决议》系统总结了四个"伟大成就"，即领导人民夺取新民主主义革命伟大胜利、完成社会主义革命和推进社会主义建设、进行改革开放和社会主义现代化建设、开创了中国特色社会主义新时代。中国共产党创造的"革命的世界奇迹"和"发展的世界奇迹"是政党自信最硬核的依据。中国共产党政党自信具有重大的意义，如果没有一个伟大光荣正确的中国共产党，就不可能开创中国特色社会主义，就不可能有中国特色社会主义"四个自信"。正如习近平总书记所说："只要始终不渝坚持党的领导，就一定能够战胜前进道路上的任何艰难险阻，就一定能够办成我们想办的任何事情。"①

政党自信与"四个自信"是相互渗透、相辅相成的。政党自信贯穿于

① 《北京冬奥会冬残奥会总结表彰大会隆重举行》，《人民日报》2022 年 4 月 9 日。

"四个自信"之中，"四个自信"内在地包含着政党自信，没有政党自信，"四个自信"就没有了引领和依托，而"四个自信"又反过来支撑政党自信，政党自信源于中国共产党在实践中的道路创新、理论创新、制度创新和文化创新。"四个自信"说到底就是中国特色社会主义的自信，而中国特色社会主义是中国共产党领导人民开拓出来的。正如习近平总书记在党的二十大报告中所指出的："中国特色社会主义最本质的特征是中国共产党领导，中国特色社会主义制度的最大优势是中国共产党领导。"①从这个意义上来说，坚定"四个自信"，就蕴含着坚定政党自信；坚定政党自信，也包含着坚定"四个自信"。政党自信和"四个自信"内在地统一于中国特色社会主义事业的伟大实践中。在"概论"课教学中，结合第十四章"坚持和加强党的领导"的教学内容，在讲授党的领导是中国特色社会主义最本质的特征，党的领导是中国特色社会主义制度的最大优势的内容时，要把中国共产党政党自信的相关内容整合进去，深入分析论证中国共产党政党自信的科学内涵和重大意义，深入论证中国共产党政党自信与"四个自信"的辩证统一关系，在坚定政党自信的基础上进一步增进"四个自信"。

## 三、"四个自信"教育与"纲要"课教学内容的整合创新

"中国近现代史纲要"，主要讲授近代以来中国人民为争取民族独立、人民解放和实现国家富强、人民幸福而英勇奋斗、艰辛探索并不断取得伟大成就的历史，帮助学生深刻领会历史和人民选择马克思主义、选择中国

---

① 习近平:《高举中国特色社会主义伟大旗帜　为全面建设社会主义现代化国家而团结奋斗——在中国共产党第二十次全国代表大会上的报告》，人民出版社 2022 年版，第 6 页。

共产党、选择社会主义道路、选择改革开放的历史必然性,从而在对历史的深邃思考和真情感悟中坚定中国特色社会主义"四个自信"。可见,"四个自信"教育与"纲要"课教学内容具有内在统一性,从而为教学内容的整合创新奠定了深厚基础。

## (一) 以深厚的历史底蕴支撑"四个自信"

习近平总书记指出:"中国特色社会主义不是从天上掉下来的,而是在改革开放 40 年的伟大实践中得来的,是在中华人民共和国成立近 70 年的持续探索中得来的,是在我们党领导人民进行伟大社会革命 97 年的实践中得来的,是在近代以来中华民族由衰到盛 170 多年的历史进程中得来的,是对中华文明 5000 多年的传承发展中得来的,是党和人民历经千辛万苦、付出各种代价取得的宝贵成果。"[①] 习近平总书记的这段论述深刻揭示了"四个自信"具有深厚的历史底蕴。从整个中国近现代史来看,中国特色社会主义"四个自信"是我们党领导中国人民在成功开创、坚持和发展中国特色社会主义的历史过程中不断积淀起来的。

只有社会主义才能救中国,只有中国特色社会主义才能发展中国,只有坚持和发展中国特色社会主义才能实现中华民族伟大复兴,这是历史的结论和人民的选择。习近平总书记深刻揭示了中国特色社会主义历史脉络和国情基础,深刻阐明了我们党领导中国人民开创和发展中国特色社会主义的历程决不是一帆风顺的,是经历了千辛万苦并付出各种代价才找到中国特色社会主义道路的,是建立在中国深厚历史根基和社会主义改革开放伟大实践基础上的。首先,中华 5000 多年的文明传承奠定了中国特色社会主义深厚的历史文化根基。中华民族在 5000 多年的历史发展中积淀了

---

① 《习近平谈治国理政》第三卷,外文出版社 2020 年版,第 70 页。

丰富、智慧、精彩的思想文化宝库。比如，犯我强汉者，虽远必诛的豪迈壮言和中国气概；天行健，君子以自强不息，地势坤，君子以厚德载物的中国品格；穷达不堕，穷者独善其身，达则兼济天下的中国操守；天人合一，天地与我并生，而万物与我为一的中国高度；宁折不弯，铁可折，玉可碎，海可枯，不论穷达生死，直节贯殊途的中国气节；海纳百川，有容乃大，壁立千仞，无欲则刚的中国气度；千秋万世，为天地立心，为生民立命，为往圣继绝学，为万世开太平的中国理想；富贵不能淫，贫贱不能移，威武不能屈，此为大丈夫的中国性格；等等。上下五千年，悠悠华夏史，中华民族创立的灿烂辉煌的文明，永远是中华儿女不竭奋斗的自信之源、力量之源、智慧之源。其次，中国特色社会主义是中国近现代历史发展的必然。中国近现代史的主流和本质，就是中国人民为实现救亡图存、实现中华民族伟大复兴而英勇奋斗、艰辛探索并不断取得伟大成就的历史。特别是全国各族人民在中国共产党领导下，经过新民主主义革命艰苦卓绝的斗争，赢得民族独立和人民解放，建立中华人民共和国的历史；是新中国成立后，经过社会主义革命、建设、改革，中国逐步发展成持续不断走向繁荣富强、到处充满生机活力的社会主义伟大中国的历史。中国共产党成立，这是开天辟地的大事变。中国共产党一经诞生，就把为中国人民谋幸福、为中华民族谋复兴确立为自己的初心使命，就把实现共产主义作为党的最高理想和最终奋斗目标。从此，中国共产党团结带领中国人民进行的一切奋斗、一切牺牲、一切创造，归结起来就是一个主题：实现中华民族伟大复兴。100多年来，中国共产党开拓推进马克思主义中国化伟大事业，领导人民取得革命、建设、改革的伟大胜利，开创和发展了中国特色社会主义。特别是党的十八大以来，中国特色社会主义迈进了新时代。为了实现中华民族伟大复兴，中国共产党团结带领中国人民，战胜一系列重大风险挑战，实现第一个百年奋斗目标，明确实现第二个百年奋斗目标的战略安排，党和国家事业取得历史性成就、发生历史性变革，为实现中华民族伟大复兴提供了更为完善的制度保证、更为坚实的物质基础、更为主动的精神力量。中华民族迎来了从站起来、富起来到强起来的伟大飞跃，实现中华民族伟大复兴进入了不可逆转的历史进程。中国特色社会主义进入新时代具有极其伟大的意义。历史证明实现中华民族伟大复兴的必由之路只能是坚持发展中国特色社会主义，历史也证明实现中华民族伟大复兴的根本保证必须是坚持中国共产党的领导。

正如习近平指出的："中国特色社会主义，是科学社会主义理论逻辑和中国社会发展历史逻辑的辩证统一，是根植于中国大地、反映中国人民意愿、适应中国和时代发展进步要求的科学社会主义。"[1] 在"纲要"课教学中，结合导言"一、中国近代史综述"开头部分和第一章第一节的教学内容，要深入阐述中华文明5000多年的传承发展，这是中国特色社会主义的"根"和"魂"，这也是帮助学生坚定"四个自信"的重要支撑。结合"纲要"课第八、九、十章的相关内容，深入阐述中国共产党领导中国人民开创、坚持和发展中国特色社会主义的伟大历史，帮助学生深刻领会中国特色社会主义"四个自信"深厚的历史底蕴。

## （二）以高度的历史自信辉映"四个自信"

习近平在党的十九届六中全会第二次全体会议上的讲话中强调："坚定历史自信，自觉坚守理想信念。"[2] 并指出："中国共产党人的历史自信，既是对奋斗成就的自信，也是对奋斗精神的自信。……学习和总结党的历史，就要从中增强道路自信、理论自信、制度自信、文化自信，咬定青山

---

① 《习近平谈治国理政》第一卷，外文出版社2018年版，第21页。
② 习近平：《以史为鉴、开创未来　埋头苦干、勇毅前行》，《奋斗》2022年第1期。

不放松，风雨无阻向前进。"①概括地讲，历史自信最核心的要义就是对党的百年奋斗历史成就和历史贡献的高度自信。《中共中央关于党的百年奋斗重大成就和历史经验的决议》（以下简称《决议》）中概括了中国共产党百年奋斗历史四个时期的理论成就和实践成就，以及百年奋斗的重大意义。在"纲要"课教学中，要结合《决议》的内容和精神，讲透中国共产党百年奋斗的历史成就和历史贡献，以高度的历史自信辉映"四个自信"。

《决议》将党的百年历史划分为四个历史时期：新民主主义革命时期、社会主义革命和建设时期、改革开放和社会主义现代化建设新时期和中国特色社会主义新时代。中国共产党在百年奋斗历程中，坚持把马克思主义基本原理同中国具体实际相结合，同中华优秀传统文化相结合，不断推进理论创新，创立了毛泽东思想、邓小平理论、"三个代表"重要思想、科学发展观、习近平新时代中国特色社会主义思想等马克思主义中国化理论成果，推动马克思主义中国化实现了一次又一次伟大飞跃，极大地丰富和发展了马克思主义，为中国共产党提供了强大思想武器。《决议》指出："一百年来，党坚持把马克思主义写在自己的旗帜上，不断推进马克思主义中国化时代化，用博大胸怀吸收人类创造的一切优秀文明成果，用马克思主义中国化的科学理论引领伟大实践。马克思主义的科学性和真理性在中国得到充分检验，马克思主义的人民性和实践性在中国得到充分贯彻，马克思主义的开放性和时代性在中国得到充分彰显。"②一百年来，中国共产党领导中国人民夺取新民主主义革命伟大胜利、完成社会主义革命和推进社会主义建设、进行改革开放和社会主义现代化建设、开创了中国特色社会主义新时代。《决议》以"四个伟大成就""四个伟大飞跃""两大

---

① 习近平：《以史为鉴、开创未来　埋头苦干、勇毅前行》，《奋斗》2022年第1期。

② 《中共中央关于党的百年奋斗重大成就和历史经验的决议》，人民出版社2021年版，第63页。

奇迹"对党的百年奋斗干成的大事作出了新的概括。"四个伟大成就"是指："一百年来，党领导人民浴血奋战、百折不挠，创造了新民主主义革命的伟大成就；自力更生、发愤图强，创造了社会主义革命和建设的伟大成就；解放思想、锐意进取，创造了改革开放和社会主义现代化建设的伟大成就；自信自强、守正创新，创造了新时代中国特色社会主义的伟大成就。"[1]"四个伟大飞跃"即实现了中国从几千年封建专制政治向人民民主的伟大飞跃，实现了一穷二白、人口众多的东方大国大步迈进社会主义的伟大飞跃，实现了人民生活从温饱不足到总体小康、奔向全面小康的历史性跨越，推进中华民族从站起来到富起来的伟大飞跃，中华民族迎来了从站起来、富起来到强起来的伟大飞跃。"两大奇迹"即"仅用几十年时间就走完发达国家几百年走过的工业化历程，创造了经济快速发展和社会长期稳定两大奇迹"[2]。《决议》还从坚持党的全面领导、全面从严治党、经济建设、全面深化改革开放、政治建设、全面依法治国、文化建设、社会建设、生态文明建设、国防军队建设、维护国家安全、"一国两制"和推进祖国统一、外交工作等 13 个方面，全面总结了党的十八大以来中国共产党带领中国人民取得的伟大成就。《决议》还从五个方面总结了党的百年奋斗历史意义，即党的百年奋斗从根本上改变了中国人民的前途命运，开辟了实现中华民族伟大复兴的正确道路，揭示了马克思主义的强大生命力，深刻影响了世界历史进程，锻造了走在时代前列的中国共产党。《决议》还概括了中国共产党百年奋斗对世界的历史贡献，指出："一百年来，党既为中国人民谋幸福、为中华民族谋复兴，也为人类谋进步、为世界谋大同，以自强不息的奋斗深刻改变了世界发展的趋势和格局。党领导人民

---

[1] 《中共中央关于党的百年奋斗重大成就和历史经验的决议》，人民出版社 2021年版，第 1—2 页。

[2] 《中共中央关于党的百年奋斗重大成就和历史经验的决议》，人民出版社 2021年版，第 63 页。

成功走出中国式现代化道路，创造了人类文明新形态，拓展了发展中国家走向现代化的途径，给世界上那些既希望加快发展又希望保持自身独立性的国家和民族提供了全新选择。"①可见，中国共产党百年奋斗为中国人民、中华民族、马克思主义、人类进步事业都作出了卓越贡献。习近平指出："中国共产党的成就和贡献，不仅是历史性的，也是世界性的。"②"这份令人刮目相看的百年成绩单，是一代又一代中国共产党人用理想和信仰书写的，用鲜血和生命铸就的，用拼搏和奉献赢得的。每一位中国共产党人都有理由为此感到自豪。"③

习近平总书记在党史学习教育动员大会上指出："在新时代，坚定信仰信念，最重要的就是要坚定中国特色社会主义道路自信、理论自信、制度自信、文化自信。党的百年奋斗历程和伟大成就是我们增强'四个自信'最坚实的基础。"④党在百年奋斗中开创了中国特色社会主义道路，形成了马克思主义中国化的理论成果，确立和完善了中国特色社会主义制度，发展了中国特色社会主义文化。可见，党的百年奋斗历史自信是"四个自信"的重要基础，坚定党的历史自信就是坚定"四个自信"，而"四个自信"是党的历史自信的进一步深化和展开，历史自信和"四个自信"交相辉映。在"纲要"课教学中，要结合教学内容把《决议》的内容和精神整合进去，引导学生深刻认识红色政权来之不易、新中国来之不易、中国特色社会主义来之不易，引导学生深刻认识中国共产党为什么能、中国特色社会主义

① 《中共中央关于党的百年奋斗重大成就和历史经验的决议》，人民出版社2021年版，第64页。
② 习近平：《以史为鉴、开创未来　埋头苦干、勇毅前行》，《奋斗》2022年第1期。
③ 习近平：《以史为鉴、开创未来　埋头苦干、勇毅前行》，《奋斗》2022年第1期。
④ 习近平：《在党史学习教育动员大会上的讲话》，人民出版社2021年版，第8页。

为什么好、马克思主义为什么行、中国化时代化的马克思主义为什么行的历史逻辑，以党的历史自信辉映"四个自信"。

### （三）以深刻的历史经验解读"四个自信"

中国共产党非常善于从总结历史经验中汲取智慧力量开创事业新局面，党的每一次重大会议都对过去的工作进行总结。中央党史和文献研究院院长曲青山认为："我们党是一个高度重视总结历史经验、也善于总结历史经验的马克思主义执政党。每到重要历史时刻和重大历史关头，我们党都要回顾历史、总结经验，从历史中汲取继续前进的智慧和力量。在我们党的一百年历史上，曾经先后在1945年制定了《关于若干历史问题的决议》，在1981年制定了《关于建国以来党的若干历史问题的决议》，这两个决议都在我们党的历史上对推进和引领党的事业发展起了重要作用。这次全会通过的《决议》，可以说是我们党的历史上第三个历史决议，我认为，这个《决议》同党作出的前两个历史决议一样，必将对推动全党统一思想、统一意志、统一行动，团结带领全国各族人民以史为鉴、开创未来、埋头苦干、勇毅前行，在新时代坚持和发展中国特色社会主义，实现中华民族伟大复兴，产生重大而深远的意义。"[1]《决议》指出："一百年来，党领导人民进行伟大奋斗，在进取中突破，于挫折中奋起，从总结中提高，积累了宝贵的历史经验。"[2]《决议》把这些宝贵经验概括为"十个坚持"，即坚持党的领导、坚持人民至上、坚持理论创新、坚持独立自主、坚持中国道路、坚持胸怀天下、坚持开拓进取、坚持敢于斗争、坚持统一

---

①　曲青山：《〈决议〉是纲领性文献　政治宣言　行动指南》，中国共产党新闻网：http://cpc.people.com.cn/n1/2021/1112/c64387-32280723.html。

②　《中共中央关于党的百年奋斗重大成就和历史经验的决议》，人民出版社2021年版，第65页。

战线、坚持自我革命。这"十个坚持"实际上回答了中国特色社会主义的领导核心、价值取向、理论指导、力量基点、道路选择、世界视野、发展动力等问题，深化了对共产党执政规律、社会主义建设规律、人类社会发展规律的认识。《决议》在阐释每一历史经验时，使用了"只要……就一定能够"的表达，话语的坚定性彰显了高度的自信。如在阐释坚持理论创新时强调指出："只要我们勇于结合新的实践不断推进理论创新、善于用新的理论指导新的实践，就一定能够让马克思主义在中国大地上展现出更强大、更有说服力的真理力量。"① 这充分彰显了对中国特色社会主义理论体系的高度自信；再如在阐释"坚持中国道路"时强调指出："只要我们既不走封闭僵化的老路，也不走改旗易帜的邪路，坚定不移走中国特色社会主义道路，就一定能够把我国建设成为富强民主文明和谐美丽的社会主义现代化强国。"② 这充分彰显了对中国特色社会主义道路的高度自信；还有在阐释"坚持开拓创新"时强调："党领导人民披荆斩棘、上下求索、奋力开拓、锐意进取，不断推进理论创新、实践创新、制度创新、文化创新以及其他各方面创新，敢为天下先，走出了前人没有走出的路，任何艰难险阻都没能阻挡住党和人民前进的步伐。只要我们顺应时代潮流，回应人民要求，勇于推进改革，准确识变、科学应变、主动求变，永不僵化、永不停滞，就一定能够创造出更多令人刮目相看的人间奇迹。"③ 这充分彰显了中国共产党人奋力开拓、锐意进取的精神品质，是中国共产党历史自信和政党自信的重要向度。

习近平总书记指出："继续把党史总结、学习、教育、宣传引向深入，

① 《中共中央关于党的百年奋斗重大成就和历史经验的决议》，人民出版社 2021 年版，第 67 页。

② 《中共中央关于党的百年奋斗重大成就和历史经验的决议》，人民出版社 2021 年版，第 68 页。

③ 《中共中央关于党的百年奋斗重大成就和历史经验的决议》，人民出版社 2021 年版，第 69 页。

更好把握和运用党的百年奋斗历史经验，弘扬伟大建党精神，增加历史自信、增进团结统一、增强斗争精神，动员全党全国各族人民坚定信心、勇毅前行，为实现第二个百年奋斗目标而不懈努力。"①"十个坚持"的历史经验是对党的百年奋斗实践的规律性认识，是对中国共产党为什么能的深刻回答，更是对中国特色社会主义"四个自信"的重要诠释。要在"纲要"课教学贯穿"四个自信"教育，就要结合《决议》的内容和精神，讲深讲透党的百年奋斗及其历史经验，以深刻而宝贵的历史经验来解读"四个自信"。

## 四、"四个自信"教育与"基础"课教学内容的整合创新

"思想道德与法治"是一门融思想性、政治性、科学性、理论性、实践性于一体的思想政治理论课。主要是对大学生开展马克思主义的人生观、价值观、道德观、法治观教育。学习本课程可以帮助大学生树立正确的人生观和价值观、追求远大理想和坚定崇高信念、传承中华传统美德和弘扬中国精神、培育践行社会主义核心价值观、尊重和维护宪法法律权威，这些都是坚定"四个自信"的重要基础。

### （一）以正确的"三观"厚植"四个自信"

正确的"三观"对大学生健康成长成才具有重要的意义。习近平总书记对这个问题有许多精辟的论述，他把正确的"三观"看作总钥匙，要求青年学生"要树立正确的世界观、人生观、价值观，掌握了这把总钥匙，

---

① 《习近平谈治国理政》第四卷，外文出版社 2022 年版，第 29 页。

再来看看社会万象、人生历程，一切是非、正误、主次，一切真假、善恶、美丑，自然就洞若观火、清澈明了，自然就能作出正确判断、作出正确选择。"① 习近平总书记在北京大学师生座谈会上还指出："青年的价值取向决定了未来整个社会的价值取向，而青年又处在价值观形成和确立的时期，抓好这一时期的价值观养成十分重要。这就像穿衣服扣扣子一样，如果第一粒扣子扣错了，剩余的扣子都会扣错。人生的扣子从一开始就要扣好。"② 这说明正确的世界观、人生观、价值观是大学生健康成长成才的重要基础。在庆祝中国共产党成立 95 周年大会上，习近平总书记要求每一位党员干部都要"拧紧世界观、人生观、价值观这个'总开关'，做到心中有党、心中有民、心中有责、心中有戒，把为党和人民事业无私奉献作为人生的最高追求"③。可见，正确的"三观"能促使大学生更自觉地将个人命运与国家命运紧密相连、把个人梦想与民族复兴紧密相连，并在伟大实践中增强使命担当，坚定"四个自信"。

"思想道德与法治"课程第一章"领悟人生真谛　把握人生方向"，重点就是对大学生进行人生观和价值观的教育，引导大学生思考怎样才能不虚度人生，怎样才能创造出无愧于时代的人生。所谓人生观就是人们关于人生目的、人生态度、人生价值等问题的总观点和总看法。人生目的是回答人为什么活着的问题，人生态度是回答人应当怎样活着的问题，人生价值是回答什么样的人生才有意义的问题，这三个问题紧密相连、相辅相成。人生目的决定人生道路、人生态度和人生价值的选择。一个人如果确立了高尚的人生观，就会满怀希望和激情，热爱生活，珍视生命，勇于拼搏，奉献社会。世界观是人们对于整个世界以及人与世界的关系的总体看法和根本观点。有什么样的世界观就会有什么样的人生观，对人生意义的

① 《习近平谈治国理政》第一卷，外文出版社 2018 年版，第 173 页。
② 《习近平谈治国理政》第一卷，外文出版社 2018 年版，第 172 页。
③ 《习近平谈治国理政》第二卷，外文出版社 2017 年版，第 45 页。

正确理解，必须建立在对世界发展规律的正确认识和理解的基础上。价值观是人们关于价值的根本观点，价值观为人们在社会生活中判断和区分美丑、善恶、荣辱、福祸、利害等提供基本准则。马克思主义认为，高尚的人生目的总是与奋斗奉献联系在一起的，大学生只有把自己的人生目的与国家前途、民族命运、人民幸福联系在一起，才能自觉自愿地把自己的一生奉献于利国利民的事业。服务人民、奉献社会是当代大学生在成长和发展过程中应确立的人生目标和方向，这是以历史唯物主义关于人民群众是历史的创造者的基本观点为理论基础的。服务人民、奉献社会的思想以其科学而高尚的品质，代表了人类社会迄今最先进的人生追求。新时代大学生要能够正确地看待得与失、苦与乐、顺与逆、生与死、荣与辱，要反对拜金主义、享乐主义和极端个人主义，要把为国家和人民事业无私奉献作为人生的最高追求，在服务人民、奉献社会中收获成长和进步。正如习近平总书记指出的："青春是用来奋斗的；……无数人生成功的事实表明，青年时代，选择吃苦也就选择了收获，选择奉献也就选择了高尚。青年时期多经历一点摔打、挫折、考验，有利于走好一生的路。"① 我们在这部分教学中，要把习近平总书记关于青年要树立正确的"三观"的重要论述整合进去，引导大学生更自觉地将个人命运与国家命运紧密相连、把个人梦想与民族复兴紧密相连，以正确的"三观"厚植"四个自信"。

## （二）以正确坚定的理想信念夯实"四个自信"

"思想道德与法治"课程第二章"追求远大理想 坚定崇高信念"，主要讲授理想信念的科学内涵及其重要意义，引导学生增强对马克思主义、

---

① 《习近平谈治国理政》第一卷，外文出版社 2018 年版，第 54 页。

共产主义的信仰，增强对中国特色社会主义的信念，增强对实现中华民族伟大复兴的信心，在为实现中国特色社会主义共同理想而奋斗的过程中实现个人理想，这本身也是"四个自信"教育的内容，更是坚定"四个自信"的重要基础。从"四个自信"教育的视域出发，要求我们在教学中讲清楚理想信念的科学内涵及其重要意义，引导大学生坚定信仰、信念、信心，以正确坚定的理想信念夯实"四个自信"。

理想是人们在实践中形成的、有实现可能性的、对未来社会和自身发展目标的向往与追求。理想是人们的世界观、人生观和价值观在奋斗目标上的集中体现。信念是人们在一定的认识基础上确立的对某种思想或事物坚信不疑并身体力行的精神状态。正确坚定的理想信念能够激励人们为一定的社会理想和生活目标而不断努力追求。习近平总书记指出："长征胜利启示我们：心中有信仰，脚下有力量；没有牢不可破的理想信念，没有崇高理想信念的有力支撑，要取得长征胜利是不可想象的。"[①] 理想指引方向，信念决定成败，理想信念是一个人精神之"钙"，理想信念昭示奋斗目标、催生前进动力、提供精神支柱、提高精神境界。大学生只有树立崇高的理想信念，才能激发起为民族复兴和人民幸福而发奋学习的强烈责任感与使命感。当代大学生要树立正确坚定的理想信念，要切实增强对马克思主义、共产主义的信仰，增强对中国特色社会主义的信念，增强对实现中华民族伟大复兴的信心，把个人理想追求融入党和国家事业之中。第一，我们为什么要信仰马克思主义和共产主义？因为正确坚定的理想信念必须建立在对马克思主义的坚定信仰上，建立在对历史规律的深刻把握上。马克思主义揭示了人类社会发展的规律，为人类社会的发展进步指明了正确的方向；马克思主义科学预测了未来理想社会的发展状况，描绘了共产主义社会是一个物质财富极大丰富、人们精神境界极大提高、实现按

---

① 《习近平谈治国理政》第二卷，外文出版社 2017 年版，第 49 页。

需分配、每个人自由而全面发展的社会；马克思主义第一次站在人民大众的立场上探求人类的自由和解放，指明了依靠人民推动历史前进的人间正道；马克思主义不仅致力于科学地解释世界，而且致力于积极改造世界；马克思主义始终站在时代的前沿，不断回答和解决时代课题，并在新的实践中不断丰富和完善自己。这一切是我们信仰马克思主义、共产主义的科学依据。第二，我们为什么要坚定对中国特色社会主义的信念？因为中国特色社会主义是党领导人民历尽千辛万苦、付出巨大代价才取得的根本成就，它承载着几代中国共产党人、无数仁人志士和亿万人民群众的理想、夙愿和期盼，是中国近现代历史发展的必然选择。中国特色社会主义坚持了马克思主义科学社会主义的基本原则，并使之与中国具体实际、中国历史文化传统和时代要求相结合，是科学社会主义理论逻辑和中国社会发展历史逻辑的辩证统一。我们要坚持和发展中国特色社会主义，要实现中华民族伟大复兴的中国梦，必须坚定对中国特色社会主义的信念。第三，我们为什么要坚定对实现中华民族伟大复兴的信心？因为实现中华民族伟大复兴是中华民族近代以来最伟大的梦想，它体现了中华民族和中国人民的整体利益，是每一个中华儿女共同的梦想。今天，在中国共产党领导下，我们已经找到了实现中华民族伟大复兴的正确道路，这就是中国特色社会主义道路。今天，中国特色社会主义建设取得了举世瞩目的成就，中华民族迎来了从站起来、富起来到强起来的伟大飞跃，这是我们坚信中华民族伟大复兴中国梦一定能够实现的重要依据。可见，正确坚定的理想信念是大学生坚定"四个自信"的重要基础，而"四个自信"本身就是中国特色社会主义信仰体系的重要内容。在教学中贯穿"四个自信"教育，就要引导大学生坚定对马克思主义、共产主义的信仰、坚定对中国特色社会主义的信念，坚定对实现中华民族伟大复兴中国梦的信心，以正确坚定的理想信念夯实"四个自信"。

## （三）以中国共产党革命精神自信深化"四个自信"

所谓中国共产党革命精神是中国共产党领导中国人民在长期的革命、建设和改革过程中所形成的一系列优良传统和革命风范。2021 年 2 月 20 日，习近平总书记在党史学习教育动员大会上指出："在一百年的非凡奋斗历程中，一代又一代中国共产党人顽强拼搏、不懈奋斗，涌现了一大批视死如归的革命烈士、一大批顽强奋斗的英雄人物、一大批忘我奉献的先进模范，形成了井冈山精神、长征精神、遵义会议精神、延安精神、西柏坡精神、红岩精神、抗美援朝精神、'两弹一星'精神、特区精神、抗洪精神、抗震救灾精神、抗疫精神等伟大精神，构筑起了中国共产党人的精神谱系。"[①] 在庆祝中国共产党成立 100 周年大会的讲话中，习近平总书记进一步强调："一百年前，中国共产党的先驱们创建了中国共产党，形成了坚持真理、坚守理想，践行初心、担当使命，不怕牺牲、英勇斗争，对党忠诚、不负人民的伟大建党精神，这是中国共产党的精神之源，一百年来，中国共产党弘扬伟大建党精神，在长期奋斗中构建起中国共产党人的精神谱系，锤炼出鲜明的政治品格。"[②]

关于中国共产党革命精神可以从共性和个性关系上来理解，即是说中国共产党人的精神谱系中不同时期的革命精神有不同的精神形态和具体内涵，但各个精神形态又有着共同的精髓要义。比如新民主主义革命时期形成的建党精神、红船精神、井冈山精神、苏区精神、长征精神、遵义会议精神、延安精神、红岩精神、沂蒙精神、西柏坡精神等；在社会主义革命和建设时期构筑起来的抗美援朝精神、红旗渠精神、大庆精神、铁人精神、雷锋精神、焦裕禄精神、"两弹一星"精神等；在改革开放和社会主

---

① 《习近平谈治国理政》第四卷，外文出版社 2022 年版，第 514 页。

② 习近平：《在庆祝中国共产党成立 100 周年大会上的讲话》，人民出版社 2021 年版，第 8 页。

义现代化建设时期铸就的特区精神、改革开放精神、抗洪精神、女排精神、载人航天精神、抗震救灾精神等；在开创中国特色社会主义新时代时期形成的伟大抗疫精神、脱贫攻坚精神、劳模精神、劳动精神、工匠精神等。把中国共产党各个历史时期的革命精神串接起来，就形成了绵延厚重的中国共产党人的精神谱系。中国共产党革命精神虽然在不同的历史发展时期有不同的精神形态和具体内涵，但其有共同的精髓要义或基本特质，有学者把它概括为：坚定理想、坚守信念；对党忠诚、亲民爱民；不怕牺牲、忠贞报国；艰苦奋斗、无私奉献；敢为人先、开拓进取；实事求是、尊重科学；敢于斗争、敢于胜利；不忘初心、牢记使命等方面。① 中国共产党革命精神熔铸着中国共产党对马克思主义的坚定信仰，蕴含着中国共产党以人民为中心的价值理念，凝结着中国共产党实事求是的思想路线，内含着中国共产党勇于斗争、善于斗争的伟大精神。中国共产党革命精神体现出中国共产党人高度的政治觉悟、坚强的意志品质、高尚的道德情操和优良的工作作风，是中国共产党百年奋斗历程在精神上的集中体现，是中国共产党"为什么能"的重要精神密码。中国共产党革命精神如同基因一样，深深融入了中国共产党、中华民族和中国人民的血脉之中，构筑起了中华民族和中国人民的理想人格和精神家园。

所谓中国共产党革命精神自信就是对中国共产党领导中国人民在长期的革命、建设和改革实践中所形成的革命精神的崇高性、独特性、先进性和价值性的高度自信。中国共产党革命精神是中国共产党革命文化的核心和灵魂，革命精神自信属于革命文化自信的范畴，这是中国特色社会主义文化自信的重要组成部分。习近平总书记指出："我们说要坚定中国特色社会主义道路自信、理论自信、制度自信，说到底是要坚定文化自信。"②

---

① 欧阳淞：《中国共产党革命精神的丰富内涵与时代价值》，《新湘评论》2021 年第 14 期。

② 《习近平谈治国理政》第二卷，外文出版社 2017 年版，第 339 页。

因为"文化自信是更基础、更广泛、更深厚的自信"①。在"思想道德与法治"教学中，结合第三章第一节中"中国共产党是中国精神的忠实继承者和坚定弘扬者"的教学内容，深入阐述中国共产党革命精神的科学内涵、基本特质，阐述中国共产党革命精神自信的内涵及其重大意义，以中国共产党革命精神自信深化"四个自信"。

### （四）以社会主义核心价值观自信涵养"四个自信"

2014年2月24日，习近平总书记在主持十八届中央政治局第十三次集体学习时强调指出："要讲清楚中华优秀传统文化的历史渊源、发展脉络、基本走向，讲清楚中华文化的独特创造、价值理念、鲜明特色，增强文化自信和价值观自信。"② 这里，习近平总书记明确提出了"增强文化自信和价值观自信"的崭新命题，这就要求把对大学生进行社会主义核心价值观自信的教育工作作为新课题着力推进。所谓大学生社会主义核心价值观自信，就是指大学生这一特殊群体对我们国家所倡导的富强、民主、文明、和谐，自由、平等、公正、法治，爱国、敬业、诚信、友善的社会主义核心价值观的高度认同和执着坚守。"四个自信"与社会主义核心价值观自信是内在地统一在一起的，"四个自信"是社会主义核心价值观自信的重要基石，而坚定的社会主义核心价值观自信则是"四个自信"的价值内核。

在"思想道德与法治"教材体系中，社会主义核心价值观教育就是第四章"明确价值要求　践行价值准则"的主要论题和核心内容，其具体内容与"四个自信"紧密相关。社会主义核心价值观"体现了社会主义意识

---

① 《习近平谈治国理政》第二卷，外文出版社2017年版，第36页。
② 《习近平谈治国理政》第一卷，外文出版社2018年版，第164页。

形态的本质要求，体现了社会主义制度在思想精神层面的质的规定性，以其先进性、人民性、真实性站在人类道义制高点上，彰显出独特而强大的价值观优势"①。其一，社会主义核心价值观体现了社会主义的本质属性，是中国特色社会主义道路、理论、制度、文化的价值表达，凝结着全体中国人民共同的价值追求，它渗透于中国特色社会主义经济、政治、文化、社会、生态文明建设的各个方面。其二，社会主义核心价值观深深扎根于中华优秀传统文化的土壤，又广泛吸纳和借鉴了世界文明的有益成果，形成了具有世界视野、又有中国气派的价值观。其三，社会主义核心价值观充分彰显了人民至上的价值立场，它充分尊重人民的主体地位，体现以人民为中心的价值导向，是中国共产党初心使命的具体体现。其四，社会主义核心价值观迸发出的是因真实可信而具有的强大道义力量。中国特色社会主义取得的巨大成功充分验证了社会主义核心价值观的先进性、人民性和真实可信性。这一切都是我们坚定社会主义核心价值观自信的坚实基础。社会主义核心价值观的明确提出，生动展现了中国共产党和中华民族高度的价值自觉和价值自信。对于中华民族和社会主义中国来说，最持久最深层的力量就是社会主义核心价值观。社会主义核心价值观是当代中国发展进步的精神指引，它提供了坚持和发展中国特色社会主义的价值遵循，是我国文化软实力建设的灵魂和重点，是全体人民团结奋斗的"最大公约数"。

如前所说，社会主义核心价值观是社会主义道路、理论、制度、文化的价值表达，所以完全可以说，坚定价值观自信，就是坚定"四个自信"。大学生通过本章内容的学习感悟，在培育和践行社会主义核心价值观的过程中，也必然坚定"四个自信"，努力培养自己成为担当民族复兴大任的时代新人。教师在本章的教学中，要深入阐释社会主义核心价值观的先进性、人民性和真实可信性，促使大学生树立和坚定社会主义核心价值观自信，

---

① 《思想道德与法治》，高等教育出版社 2023 年版，第 122 页。

并以高度的社会主义核心价值观自信涵养中国特色社会主义"四个自信"。

总之，正如习近平总书记反复强调的那样："只要道路正确、理论正确、制度正确、文化正确，只要坚定不移、坚韧不拔、坚持不懈、艰苦奋斗，朝着伟大目标持之以恒前进，风雨如磐不动摇，我们的目标就能够达到，我们的目标也一定能够达到！"[①] 这说明，"四个自信"能够凝聚起强大的中国力量，激发出昂扬的中国精神，展现出强大的政治定力，焕发出坚强的革命斗志，呈现出强烈的中国自信。在思政课教学中融入"四个自信"教育，是历史的使命和责任，是时代的呼唤和要求。

---

① 习近平：《在纪念孙中山先生诞辰 150 周年大会上的讲话》，人民出版社 2016年版，第 12 页。

# 第八章 "四个自信"融入思政课教学的原则和方法

"四个自信"内含丰富的思想政治理论教育价值,在提高大学生思想政治与道德素质、培养能够担当民族复兴大任时代新人方面具有重要基础作用。思政课是落实立德树人根本任务的关键课程。在思政课教学中贯穿"四个自信"教育,是必然要求和题中应有之义。正如习近平总书记强调的那样:"办好思政课,就是要开展马克思主义理论教育,用新时代中国特色社会主义思想铸魂育人,引导学生增强中国特色社会主义道路自信、理论自信、制度自信、文化自信"①。同时,大学生"四个自信"的生成有一定的规律可循,这就为我们加强"四个自信"教育指明了方向。作为思政课教师,要深入研究思政课教学贯穿"四个自信"教育的规律性问题。要遵循方向性、整体性、实效性、渗透性、主体性等原则,要积极探索和应用专题讲授法、内容贯穿法、榜样示范法、影视感染法、典型案例法、社会实践法等多种方法,在思政课教学中有效融入"四个自信"教育,以提高思政课教育教学的实效性和针对性,为落实立德树人根本任务贡献自己的智慧和力量。

---

① 习近平:《思政课是落实立德树人根本任务的关键课程》,人民出版社 2020 年版,第6—7页。

# 一、"四个自信"融入思政课教学的基本原则

所谓原则，一般来讲是指说话或做事所依据的法则或标准。这里讲的基本原则主要是指思政课教学中贯穿"四个自信"教育时所必须遵循的法则或标准。前面已经分析了"四个自信"的育人价值以及融入思政课教学的重要意义，但在具体的教学实践中，我们还需要进一步认识和掌握贯穿"四个自信"教育的基本原则，以便明确"四个自信"教育的标准和要求，努力增强教育的针对性和实效性。下面主要阐述方向性原则、整体性原则、求实性原则、主体性原则、渗透性原则等。

## （一）方向性原则

"方向原则是反映思想政治教育本质的根本原则。"[①] 所谓方向性原则就是"指要有明确的社会主义和共产主义的方向，要与中国共产党的纲领和宗旨相一致"[②]。党和人民长远奋斗目标是实现共产主义，近期奋斗目标是实现"两个一百年"奋斗目标，党的根本宗旨是全心全意为人民服务。对大学生进行"四个自信"教育要以此为方向目标，要一切服从和服务于中国特色社会主义伟大事业，服从和服务于实现中华民族伟大复兴。方向性原则是思想政治理论课教学的首要和根本的原则，当然也是在思政课教学中贯穿"四个自信"教育的根本原则，是思想政治教育的学科本质和灵魂，这是由马克思主义教育和社会主义大学的本质决定的。马克思主义是中国特色社会

---

① 张耀灿、陈万柏：《思想政治教育学原理》，高等教育出版社 2001 年版，第158 页。

② 张耀灿、陈万柏：《思想政治教育学原理》，高等教育出版社 2001 年版，第158 页。

主义大学最亮丽的底色，坚持社会主义和共产主义的方向是保持社会主义思想政治教育的本质要求，有正确的统一的政治方向才能有统一的思想和行动。对大学生进行"四个自信"教育不能背离这一原则，这个原则要求我们在进行"四个自信"教育过程中，要引导学生正确认识"中国特色社会主义，是科学社会主义理论逻辑和中国社会发展历史逻辑的辩证统一，是根植于中国大地、反映中国人民意愿、适应中国和时代发展进步要求的科学社会主义"①。让学生不断增强中国特色社会主义道路自信、理论自信、制度自信、文化自信，牢固树立中国特色社会主义共同理想和共产主义远大理想，树立全心全意为人民服务的观念，将自身的成长成才与国家发展的"两个一百年"奋斗目标结合起来，成为合格的社会主义建设者和接班人。作为思想政治理论课教师，在进行"四个自信"教育时首先政治要强，就是"要善于从政治上看问题，自觉用新时代中国特色社会主义思想武装头脑，在大是大非面前保持政治清醒"②。要坚信马克思主义理论的真理性，充分意识到"信马讲马"是思政课教师的天职，做马克思主义的信奉者、科学理论的传播者、优秀品德的践行者、正确舆论的引导者。"思政课教师只有自己信仰坚定，对所讲内容高度认同，做学习和实践马克思主义的典范，才能讲得有底气，讲深讲透，才能有效引导学生真学、真懂、真信、真用。"③

## （二）整体性原则

整体性是马克思主义理论科学体系的固有特性，也是大学生学习马克

---

① 《习近平谈治国理政》第一卷，外文出版社 2018 年版，第 21 页。

② 习近平:《思政课是落实立德树人根本任务的关键课程》，人民出版社 2020 年版，第 12—13 页。

③ 习近平:《思政课是落实立德树人根本任务的关键课程》，人民出版社 2020 年版，第 12 页。

思主义理论的重要方法，更是开展思政课教育教学的基本原则。整体性原则要求将研究或工作的客观对象看作一个由多方面多层次要素有机地结合起来的整体，要在整体与部分相互依赖、相互制约的辩证关系中揭示客观对象的内在特征和运动变化规律。在思政课教学中贯穿"四个自信"教育要坚持整体性原则，要注意把握好三个方面的整体特质和基本要求。一是"四个自信"阐述的整体性。坚定中国特色社会主义"四个自信"，就是要通过学习感悟，在内心深处坚定地相信"中国特色社会主义道路是实现社会主义现代化、创造人民美好生活的必由之路，中国特色社会主义理论体系是指导党和人民实现中华民族伟大复兴的正确理论，中国特色社会主义制度是当代中国发展进步的根本制度保障，中国特色社会主义文化是激励全党全国各族人民奋勇前进的强大精神力量"①。"四个自信"中各个"自信"，既相对独立，又相辅相成，是一个有机整体，四者统一于中国特色社会主义伟大实践之中，体现出成功的实现途径、科学的行动指南、根本的制度保障、强大的精神力量这四位一体的有机构架。二是"四个自信"融入思政课教学的整体性。"四个自信"本身的整体性要求我们在融入思政课教学时要注意把握好整体性原则，尽管在各门思政课教学中融入"四个自信"教育在内容和角度上各有侧重，但要体现出其内在的有机统一性。比如，在"毛泽东思想和中国特色社会主义理论体系概论"课教学中，结合章节内容重点向学生讲清"四个自信"的科学内涵和重要意义。在"中国近代史纲要"课教学中，则可以从历史发展的必然性角度向学生阐明，中国特色社会主义是近代以来中国人民和中国共产党经过反复比较作出的正确选择，说明"四个自信"有深厚的历史依据。在"马克思主义基本原理"课教学中，可以结合马克思主义的基本立场、观点、方法，从学理层

---

① 习近平:《决胜全面建成小康社会　夺取新时代中国特色社会主义伟大胜利——在中国共产党第十九次全国代表大会上的报告》，人民出版社 2017 年版，第 16—17 页。

面论述"四个自信"深厚的理论基础和思想底蕴,帮助学生树立起对"四个自信"的理论自觉。"思想道德与法治"课可以在有关理想信念教育、价值观教育的章节教学中,科学地融入"四个自信"的教学内容,增强大学生对社会主义的信仰,引导他们树立崇高的理想信念。在"形势与政策"课教学中,则可以从时事政策、国外局势变化和国际对比角度,来阐述和印证"四个自信"。各门课程要形成紧密联系、相互支撑的整体课程教学体系,努力做到"形散而神不散"。三是"四个自信"教育方法的整体性。要从整体上积极探索和应用专题讲授法、内容贯穿法、榜样示范法、影视感染法、典型案例法、社会实践法等多种方法,对学生进行"四个自信"教育。要努力做到理论与实践相统一、课内与课外相统一、线上与线下相统一、显性与隐性相统一等。

### (三) 求实性原则

求实原则,也就是实事求是原则,是指思想政治教育始终要坚持理论联系实际,一切从实际出发。实事求是原则既是马克思主义的基本原则,又是党的思想路线的核心内容,当然也是一切工作尤其是思想政治教育工作的科学思想方法和工作方法。在思政课教学中贯穿"四个自信"教育,也必须要遵守这一基本原则。要求我们在教学中要注意三点。一是要理论联系实际,从学生实际出发。要求我们在进行"四个自信"教育过程中,要对边疆民族地区大学生对"四个自信"的认知、认同、接受和内化等具体情况进行深入的调查分析,研究边疆民族地区大学生"四个自信"的生成机制和规律,同时还要对学生的整个思想状况、学习现状、成长环境和成长规律等进行深入研究,尽量做到心中有数和有的放矢。二是要正视现实中存在的矛盾和问题。"千教万教,教人求真;千学万学,学做真人"这句话反映了思政教育的真谛。我们讲要坚定中国特色社会主义"四个自信"，并不意味着我国社会中就不存在任何问题和矛盾。我们坚持正面教育与和正面引导，坚持弘扬主旋律和传播正能量，并不意味着要回避矛盾和问题。比如社会还存在着这样那样一些行业不正之风、有些党员干部背叛初心腐败堕落以及黄赌毒等社会丑恶现象，以及改革发展中存在的一些短板和问题等。在涉及这些问题的时候，要加以正确引导，分析问题存在的原因及其危害，同时讲清楚中国共产党领导中国人民解决这些问题和矛盾的决心和举措，要引导学生用马克思主义的矛盾分析方法，分清主流和支流，要用大量的真实故事、真实数据和发展成绩，来充分佐证和支撑"四个自信"。三是教学方法上讲求实效。在思政课教学中贯穿"四个自信"教育时，一方面，需要将"四个自信"相关内容融入教育活动灌输给学生，这是提升学生理论水平和政治素养的前提。当然课堂灌输不能照本宣科，生搬硬套，老生常谈，泛泛而论，而是要采取启发式、问答式、讨论式的方法，营造活泼健康的教学氛围。另一方面，要注重实践教学，开辟"四个自信"教育的第二课堂。要结合实际开展丰富多彩的有关"四个自信"教育的社会实践活动。要加强和有关事业单位、博物馆、纪念馆和各类爱国主义教育基地的合作，建立"请进来"和"走出去"相结合的体制机制，定期邀请专家学者和革命老前辈入校开展"四个自信"的专题讲座，定期组织学生到爱国主义教育基地、现代化的工厂和美丽的新农村等地参观学习，在实践中开展情境教学。在活动结束后，让学生感受参观所得，查阅相关资料，撰写实践报告，通过这样的深入认知和思考，加深对"四个自信"理论知识的把握，让学生在参观中感悟，在感悟中升华，这样有助于大学生树立对中国特色社会主义道路、理论、制度和文化的自信，成长为合格的新时代青年和社会主义接班人。

### （四）渗透性原则

"思想政治教育的渗透性原则，是指思想政治教育要遵循人的思想'综合影响'形成和'渐次发展'规律，融入到各种教育因素及方式之中，以循序渐进和潜移默化的状态进行。"① 从大学生"四个自信"的生成过程来看，横向上要受到外部社会生活的各种事物和内部个体心理的各种因素的综合影响；纵向上会有一个或多个由量变到质变的阶段和渐次发展的过程。对大学生进行"四个自信"教育也要遵循这个规律，要如杜甫的《春夜喜雨》所描述的那样："好雨知时节，当春乃发生。随风潜入夜，润物细无声。"要借助各种教学或教育方法和载体把"四个自信"的内容渗透在其中，把显性教育与隐性教育结合起来，尽可能地做到见缝插针。渗透性原则强调自然性、隐蔽性、渐进性和具体性等特征。渗透性原则的运用可以从下面几个方面思考。一是教学渗透。即是借助常规思政课堂教学，在四门思政课教学中适时贯穿和渗透，将"四个自信"的内容与课堂教学的内容有机结合并融会贯通，提升教学的思想性和政治性。二是情感渗透。苏联教育家苏霍姆林斯基指出："教育是人与人心灵上的最微妙的相互接触。"推动"四个自信"教育绝不是简单的知识传授，而是一个灵魂和信仰的塑造过程。在这个过程中，模范教师的榜样示范作用显得非常重要。模范教师就像一面旗帜，他们思想品德高尚、理论功底深厚、政治信仰坚定、教育理念先进，他们的言行能够使学生产生思想上和情感上的共鸣。比如学校每年评比出来的先进教师、卓越教师、年度影响力人物等，可以结合这些模范教师的励志故事进行教学，他们对社会主义和共产主义的坚定信仰和真挚情感会自然地传递给学生。学生对模范教师的人格

---

① 张耀灿、陈万柏：《思想政治教育学原理》，高等教育出版社2001年版，第163页。

魅力、精神品质的欣赏或者崇拜，会激发他们自身积极的态度，使之在学习中能够认同，在认同中自觉内化和外化践行。再者，"四个自信"的相关理论并非冷冰冰、干巴巴的概念体系和结构，而是综合体现中华民族和中国最广大人民群众的情感和意愿，体现了中国人民对实现中华民族伟大复兴中国梦的追求，因而能够激发广大人民群众建设社会主义实现民族复兴中国梦的意愿和情感的力量，具有真理的力量和信仰的魅力。三是实践渗透。如前所述，社会实践是思政课教学的重要一环，是思政课的第二课堂，它能在很大程度上激发学生的参与热情，是渗透性原则的最好注释。通过指导学生参加社会实践，让他们在参观学习和志愿者服务活动中感悟改革开放和社会主义建设取得的伟大成就，感悟社会主义制度的巨大优越性，感悟中国共产党的初心使命及其践行初心使命的历程等，这是大学生"四个自信"生成的重要条件。四是环境渗透。高校要高度重视营造有利于"四个自信"教育的校园和学院文化环境，以此来感染、陶冶、熏陶大学生。比如在营造校园文化环境方面，校园里的一座有历史有故事的建筑，一尊伟人的雕像，一块纪念碑石，一条先哲走过的弯弯小径，都以其自身隐含的教育因素，潜移默化地发挥其育人功能。同时要发挥高校各个职能部门功能，建立一种无时不在、无处不在的"四个自信"教育的系统机制，把"全员育人、全方位育人、全过程育人"的工作落到实处。

## （五）主导主体原则

所谓主导主体原则就是在进行"四个自信"教育时要始终坚守教师的主导作用和学生的主体地位，坚持发挥教师主导作用与尊重学生主体地位相结合。教师主导作用的有效发挥，是确保"四个自信"有效融入思政课的关键。思政课教师要从落实立德树人根本任务关键课程的高度，从培养合格建设者和可靠接班人的高度，去认识"四个自信"教育的重要意义，要以多样化的教学方法和活动激发学生学习兴趣和调动其内在的学习动机，自觉推动"四个自信"进课堂、进教材和进学生头脑，并以"四个自信"进学生头脑为根本出发点和落脚点。教师主导作用的发挥依赖教师自身教学观念、理论素养和教学能力的提升，这就对思政课教师在思想、道德、学识、能力、作风、纪律等方面提出了更高的要求，他们必须按照习近平总书记强调的"政治要强，情怀要深，思维要新，视野要广，自律要严，人格要正"的要求来努力提升自己的能力素养。另一方面，教师应充分尊重学生的主体地位，根据学生的特点和思想实际，有针对性地创新教学方法，激发学生学习的积极性和主动性。在思政课教学中融入"四个自信"教育，要尊重和突出学生的主体地位，综合运用课堂主题演讲、分组讨论、集中讨论、实践体验等方式方法，组织学生相互辩论，倡导学生积极参与，启发学生深入思考，让他们在平等的交流中获得认识，在独立的思考中提高认识，在共同的参与中接受教育，这样才能把"四个自信"的理论、知识和情感转化为学生内在的思想道德素质，使"四个自信"在润物细无声之中滋养学生思想的心田。

## 二、"四个自信"融入思政课教学的主要方法

高校思政课是对青年大学生进行系统的马克思主义理论教育和社会主义核心价值观教育的主渠道，是坚守高校马克思主义意识形态的主阵地，理所当然也是进行"四个自信"教育的重要平台。中国特色社会主义新时代的思政课教育，要求我们从战略高度审视"四个自信"教育的重大意义和现实价值，牢牢把握"四个自信"教育与思政课教学相互之间的内在关联，探索"四个自信"融入高校思政课教学过程的方法路径，打牢大学生坚定"四个自信"的坚实基础，为实现中国梦汇聚起磅礴的青春力量。要

积极探索和应用专题讲授法、内容贯穿法、榜样示范法、影视感染法、国际比较法、实践感悟法、自主教育法等多种方法，在思政课教学中有序融入"四个自信"教育。

### （一）专题讲授法

专题讲授法是指在"思政课"教学计划中安排相关专题讲授活动，全面系统深入地讲授中国特色社会主义"四个自信"的理论和现实问题。专题讲授法要求专题设计的切入点要做到科学合理，教学内容的筛选提炼要全面生动，要结合当前世界发生百年未有之大变局的复杂形势，结合中国特色社会主义伟大实践和中华民族伟大复兴的历程，结合习近平总书记关于"四个自信"的重要论述，结合党的十九大精神、十九届四中全会精神、十九届五中全会精神、二十大精神等，结合思政课教材现有教学内容和大学生学习生活思想的实际等，把中国特色社会主义"四个自信"的科学内涵、理论基础、文化基因、历史依据、实践基础、世界视野以及坚定"四个自信"的重大意义等问题，以专题讲授的方式呈现给学生，要把中华民族奋发向上的民族精神和时代精神融于专题教学内容之中，让学生在专题内容的学习中形成对于"四个自信"的认知、认同、内化和外化践行。根据上述要求，可以设计讲授这样一些专题："中国特色社会主义道路自信与中国奇迹""中国共产党的理论创新与理论自信""中国特色社会主义制度的优越性与制度自信""中国特色社会主义文化自信是最基础的自信""'四个自信'与中华民族伟大复兴""'四个自信'的理论基础与时代价值""'四个自信'的民族与历史记忆""坚定'四个自信'的中国特色社会主义实践基础"等。

关于"中国特色社会主义道路自信与中国奇迹"专题，重点讲清楚中国特色社会主义道路开辟的历史过程、形成的中国特色、内涵的丰富特色、取得的伟大成就、存在的比较优势、具有的国际影响等。关于"中国共产党的理论创新与理论自信"专题，重点讲清楚中国特色社会主义理论创新和发展过程、鲜明理论特色、重要精神实质、突出价值取向、深厚实践成效、深远世界意义等。关于"中国特色社会主义制度的优越性与制度自信"专题，重点讲清楚中国特色社会主义制度建立符合中国具体国情具有的历史必然性，符合社会主义本质要求体现社会主义建设规律性，遵循人类社会发展规律具有巨大优越性和强大生命力等。关于"中国特色社会主义文化自信是最基础的自信"专题，重点讲清楚中华5000多年的文明传承以及优秀的传统文化、中国共产党领导中国人民在长期的革命斗争中形成的革命文化和社会主义先进文化的丰富内容及其重大价值。关于"'四个自信'与中华民族伟大复兴"专题，重点讲清楚实现中华民族伟大复兴中国梦的内涵实质、"四个自信"是实现中国梦的重要精神力量和动力源泉。关于"'四个自信'的理论基础与时代价值"专题，重点讲清楚中国特色社会主义的历史渊源和来龙去脉，是"从哪里来"，要"到哪里去"，具体"怎么去"等重大理论与历史问题，讲清楚"四个自信"与实现伟大民族复兴和个人全面发展的密切关系。关于"'四个自信'的民族与历史记忆"专题，重点讲清楚党的百年奋斗史，就是党在中国新民主主义革命、社会主义革命和建设、改革开放的不同时期，领导中国人民奋斗、牺牲、建设、发展的历史，就是中国特色社会主义"四个自信"形成的历史。关于"坚定'四个自信'的中国特色社会主义实践基础"专题，重点在于介绍和宣传中国特色社会主义伟大实践及其取得的辉煌成就。教师对这些专题的系统深入讲授，有利于培养大学生对马克思主义的信仰、对社会主义的信念、对实现中华民族伟大复兴的信心和对党和政府的信任，确立坚定正确政治方向，树立崇高理想和为人民服务宗旨，成长为中国特色社会主义的合格建设者和可靠接班人。

## （二）内容贯穿法

内容贯穿法是指在"思政课"教学中，或者从"四个自信"的基本内涵，或者从主要依据、精神特质层面，在教学中渗透和贯穿，实现用"四个自信"培养人的良好效果。关于这个问题，我们参考顾海良教授的观点来阐述"思政课"如何贯穿"四个自信"教育问题：一是从国家社会建设发展的伟大成就和建设实践经验总结中，夯实坚定中国特色社会主义"四个自信"的现实根据；二是从改革开放40多年的历史回顾和科学总结中，建构坚定"四个自信"的社会基础；三是从党百年奋斗对中华民族伟大复兴作出的巨大贡献中，深耕坚定"四个自信"的历史基础；四是从中国特色社会主义理论体系的创新发展过程中，深化坚定"四个自信"的理论基础；五是从世界各国政治经济制度的国际比较中，开阔坚定"四个自信"的理论视野；六是从当今世界经济政治格局的大变局中，认识坚定"四个自信"的时代特征；七是从中华民族伟大复兴的宏伟目标中，进一步增强坚定"四个自信"的责任感；八是从大学生自身成长的体验中，逐步增强坚定"四个自信"的内在需要。[①] 从这里，我们可以清晰地看出各门思政课教学如何贯穿"四个自信"的具体思路，就是在教学中要注意总结和体会，要讲清讲透"四个自信"的主要依据、精神特质，力求道理明晰，强化"四个自信"的理论认同。"四个自信"教育重在理念、思维、意识的培养，并不只是知识信息的简单传授。高校教师进行"四个自信"教育时，在遵循教学大纲、明确教学目的的前提下，必须要对教学内容进行筛选和加工提炼，把"四个自信"的内容适时贯穿于教学中。

---

① 顾海良：《学习党的十八大精神　推进高校思想政治理论课建设》，《思想理论教育导刊》2013年第1期。

将"四个自信"教育融入思政课教学全过程，需要深入研究精心整合四门思政课程的教学内容，根据前面章节所述的教学内容整合的要求，既要体现每门课程自身的特色，又要结合"四个自信"理论问题，还要善于结合国内外复杂的形势，来全面解读中国特色社会主义道路、理论体系、制度创新与文化独特性等内容。比如"中国近现代史纲要"课，旨在通过系统阐述近现代中国革命、建设、改革的历史进程及其内在规律，使学生深刻领会历史和人民选择马克思主义、选择中国共产党、选择社会主义道路和选择改革开放的历史必然性。在教学中要把这"四个选择"与"四个自信"进行充分融合，要从中华民族5000多年、世界社会主义500多年、新中国成立70多年和改革开放40多年的宽广历史视野中，来展现党领导人民艰辛奋斗中开辟中国特色社会主义道路、探索创新中创立中国特色社会主义理论体系、改革实践中构建和发展中国特色社会主义制度、传承创造中发展中国特色社会主义文化的光辉历程和辉煌成就；要引导青年大学生真切体会到中国特色社会主义的伟大实践，反映了科学社会主义理论逻辑和中国社会发展历史逻辑的统一，"四个自信"有充分的根据和理由。"思想道德与法治"课，旨在通过对大学生进行思想品德和社会主义法治教育，引导大学生形成正确的人生观、价值观、道德观和法治观。在教学中要将这"四观"教育与"四个自信"进行充分融合，引导学生树立和践行社会主义核心价值观，坚定社会主义和共产主义的伟大理想信念，将个人价值实现与民族国家发展紧密结合起来，增强对中国特色社会主义的道路认同、理论认同、制度认同、文化认同，"不断增强对伟大祖国、中华民族、中华文化、中国共产党、中国特色社会主义的认同"①。"马克思主义基本原理"课，帮助学生把握马克思主义的立场、观点、方法，正确认识人类社会发展客观规律。在教学中要将马克

---

① 《新时代爱国主义教育实施纲要》，人民出版社2019年版，第3页。

思主义基本原理与"四个自信"进行充分融合。以马克思主义哲学为基石，教育和引导学生深刻认识当代资本主义的新变化和实质，深刻认识社会主义代替资本主义的历史必然性，从而增强"四个自信"，坚定理想信念。"毛泽东思想和中国特色社会主义理论体系概论"课旨在通过对马克思主义中国化的历史进程和基本规律，以及马克思主义中国化的三次历史飞跃及其理论成果的讲授，引导大学生正确认识马克思主义中国化理论成果，坚定在党的领导下走中国特色社会主义道路的信念。教学中要将马克思主义中国化的"三次飞跃"与"四个自信"相融合，特别要系统讲解习近平新时代中国特色社会主义思想，将中国特色社会主义理论体系的科学内涵、基本特征、时代特色作出全面归纳，为学生在深刻理解"四个自信"基础上坚定"四个自信"提供知识和学理基础。"形势与政策"课通过国际比较，揭示在风云变幻的国际竞争与对抗中，中国如何做到"风景这边独好"。同时在"形势与政策"的教学中，还要引导学生认识中国共产党和中国政府对人民群众普遍关心的就业、住房、教育、医疗等问题的政策取向和实施效果，引导学生不断增强中国特色社会主义"四个自信"。

### （三）榜样示范法

榜样示范法或曰以身垂范法，是指教师以自身的行为表现、人格魅力、智慧精神来感染教育学生，让课堂充满"四个自信"的精气神，传递有利于坚定当代大学生理想信念的正能量。教师要以饱满的坚定正确的政治热情和严谨认真的科学态度、充满自信的深情去讲授"四个自信"的相关理论知识和灵魂精神。教师在教学中要始终注重以马克思主义科学理论武装人，以符合党和人民利益和客观实际的正确舆论引导人，以充满理想信念的高尚精神塑造人。习近平总书记说过："教师承载着传播知识、传播思想、传播真理，塑造灵魂、塑造生命、塑造新人的时代重任。"①"要让有信仰的人讲信仰。对马克思主义的信仰，对社会主义和共产主义的信念，只有首先在思政课教师心中扎下根，才能在学生心中开花结果。"② 教师是学生心目中的智者、示范者、敬爱者，甚至是权威者，教师政治信仰、思想观念、道德品质、人生态度都对学生具有重要的影响感染和示范引导作用。特别是思政课教师，贯穿"四个自信"教育要求他们具有深厚的马克思主义理论素养，要有坚定的社会主义和共产主义理想信念，要有宽广学识和求学态度，要有过硬的政治素养，要有高尚无私的道德品质，要有服务和奉献的精神等，这样才能在政治上、思想上、精神上、人格上对学生产生潜移默化的榜样示范作用。

要发挥教师言传身教引领示范作用，要求思政课教师要做到五个方面的模范。一是做学习马克思主义理论的模范。"四个自信"深厚的理论基础就是马克思主义，教师掌握和讲授马克思主义理论的高度、深度和力度直接影响"四个自信"教育的效果。宣传真理，自己首先必须热爱真理、追求真理和坚持真理。思政课教师必须认真学习马克思主义理论，学习毛泽东思想和中国特色社会主义理论体系，特别要结合当前国内外复杂形势，深入学习习近平新时代中国特色社会主义思想，要对"四个自信"的科学内涵、理论基础、历史依据、文化依据和现实基础等有深入的学习研究，才能在课堂上有底气有热情地讲好"四个自信"。二是做坚定"四个自信"的模范。要做"四个自信"的宣讲者，教师自己必须首先是"四个自信"的坚定信仰者。"面对当下生机勃勃的中国道路，优越先进的中国制度，与时俱进的中国理论，厚重智慧的中国文化，深谙于此的老师们

---

① 习近平：《思政课是落实立德树人根本任务的关键课程》，人民出版社 2020 年版，第 12 页。

② 习近平：《思政课是落实立德树人根本任务的关键课程》，人民出版社 2020 年版，第 12 页。

实在没有理由不自信。"① 教师只有始终坚定"四个自信",授课才会有底气,才能有足够的动力去种好自己的"责任田"。思政课教师只有对所讲内容高度认同和自觉信仰,才能讲得有底气,讲深讲透,才能有效引导学生真学、真懂、真信、真用。三是做执行党的路线方针政策的模范。教师在教学中要坚定不移地宣传和贯彻党的路线方针政策,并引导学生同破坏党的路线方针政策的行为作斗争,引导学生增强"四个意识",坚定"四个自信",坚决做到"两个维护",自觉用习近平新时代中国特色社会主义思想武装头脑,在大是大非面前保持政治清醒。四是做讲道德守纪律的模范。习近平总书记要求思政课教师要有家国情怀、传道情怀和仁爱情怀,并认为教师在课堂上展现的情怀最能打动人,甚至会影响学生一生。他要求教师要有堂堂正正的人格,用高尚的人格感染学生、赢得学生。要求教师自觉做到修身修为,像曾子那样"吾日三省吾身",像王阳明那样"诚意正心"、"知行合一",自觉做为学为人的表率,做让学生喜爱的人。他还要求思政课教师既要遵守教学纪律,也要遵守政治纪律和政治规矩,做到课上课下一致、网上网下一致。五是做刻苦钻研开拓创新的模范。思政课教师除了具有马克思主义理论功底之外,还要有知识视野、国际视野和历史视野。"思政课教学涉及马克思主义哲学、政治经济学、科学社会主义,涉及经济、政治、文化、社会、生态文明和党的建设,涉及改革发展稳定、内政外交国防、治党治国治军,涉及党史、国史、改革开放史、社会主义发展史,涉及世界史、国际共运史,涉及世情、国情、党情、民情,等等。这样的特殊性对教师综合素质要求很高。"② 只有刻苦钻研开拓创新,才能使自己的教学跟上时代,只有不断备课、常讲常新才能取得较

---

① 胡宇齐:《讲好思想政治课首先要坚定"四个自信"》,《北京日报》2016年12月14日。

② 习近平:《思政课是落实立德树人根本任务的关键课程》,人民出版社2020年版,第10—11页。

好教学效果。思政课教师做到上述这五个方面的模范，就能够在政治上、思想上、精神上、人格上对学生产生潜移默化的榜样示范作用。

### （四）影视感染法

影视感染法是指通过相关的理论教学片、纪录片、电影电视等各种影视资料的播放和展示，让学生从生动形象、具体丰富的历史进程、真实事例、时代人物、辉煌成绩以及相关数据中，来感受和领会"四个自信"的科学内涵、理论逻辑、自信根据及其无穷魅力。现代教育技术的迅速发展，为我们提高课堂教学水平提供了丰富的技术条件和手段，我们要以高水平的教育技术手段，把党领导中国人民经过长期奋斗开辟中国特色社会主义道路、建立和完善中国特色社会主义制度、推进马克思主义中国化时代化大众化、发展中国特色社会主义文化、不断推进中华民族伟大复兴的艰辛伟大历程展现出来，把中国特色社会主义的科学性、先进性、人民性和创新性等展示出来，把一代代中国共产党人实事求是、开拓创新、求真务实、与时俱进的精神风貌展示出来，把中国改革开放和社会主义现代化建设的辉煌成就展示出来，把中国特色社会主义制度的优越性及其在抗疫斗争中的巨大作用展示出来，震撼学生心灵，感染学生精神，深化学生认知。

比如"中国近现代史纲要"这门课，从"风云变化的八十年"，到"翻天覆地的三十年"，再到"辉煌的历史征程"，全面系统阐述了近现代中国人民为实现中华民族伟大复兴进行不屈斗争的伟大历程，深刻揭示了中国人民选择马克思主义、选择中国共产党、选择社会主义道路和选择改革开放的历史必然性，这些内容本身就是"四个自信"生成的历史依据。但这一历史发展的跨度是180多年，除了课堂上教师系统讲授外，有必要选择那些具有宏大视野和较长历史跨度的视频资料来辅助教学。在这方面可以选择《自从有了共产党》《复兴之路》《辉煌中国》以及电影资料《开天辟地》《长征》《建国大业》等。其中大型文献片《自从有了共产党》以中国共产党成立以来重大事件为主题的电影、电视、照片、录音、文字等各种形式的档案和当时的新闻报道资料,以时间为顺序,用编年体例,借助档案文献把历史娓娓细说,真实记录了党的历史上 600 多件重大事件,具有很强的精神感染力。大型纪录片《复兴之路》围绕千年变局、峥嵘岁月、中国新生、伟大转折、世纪跨越、继往开来 6 个主题,反映自 1840 年以来,中国艰难曲折的民族复兴之路和中国人民在中国共产党领导下取得的伟大成就,在全球视野中展现中国道路,在全景历史中浓缩复兴之旅,具有很强的心灵震撼力。电视纪录片《辉煌中国》以圆梦工程、协调发展、创新活力、绿色家园、共享小康、开放中国为主题,全面展示以习近平同志为核心的党中央团结带领全国各族人民砥砺奋进,作出巨大努力,取得巨大成就,片中展示的一个个超级工程,让学生感受"中国制造"的强大威力,惊叹"中国创造"的迅猛速度,心底定是无比自豪和激动,"中国万岁""爱我中华""四个自信"的情愫油然而生。

"马克思主义基本原理"系统阐述马克思主义哲学、马克思主义政治经济学、科学社会主义等内容,引导学生走向马克思主义广阔的科学理论天空,领悟马克思主义的科学性、革命性、实践性、人民性、发展性等特征,感悟内化马克思主义的立场、观点、方法,这是大学生坚定"四个自信"、坚定社会主义和共产主义理想信念的重要基础。在教学中可以选用《不朽的马克思》《马克思是对的》等影视资料来辅助教学。2 集电视纪录片《不朽的马克思》,再现了马克思和恩格斯及其战友们为人类解放事业奋斗终身的光辉事迹和马克思主义对人类社会进步产生的巨大影响。17岁的马克思立下了"为人类而工作"的宏大志向,他执着追寻真理,他与旧世界反动势力作坚决斗争,无论路途怎样曲折和遭遇多么不幸,马克思的钢铁意志和坚定目标始终没有动摇。马克思在崎岖的科学道路上不断攀登，他执著科学研究，作出两个伟大发现，创作《资本论》巨著，为全世界无产阶级和被压迫人民谋求解放锻造了科学的理论武器。有理论深度、有实践温度的通俗理论对话节目《马克思是对的》，包括《你好，马克思》《洞悉世界的眼睛》《不朽的〈资本论〉》《解放全人类的胸怀》《千年思想家》5集内容，集艺术性、思想性、科学性于一身，给人耳目一新之感，且具强大魔力，使观众仿佛置身历史现场与马克思展开对话。有序组织学生收看这类优秀的对话节目，让学生一起重温马克思的故事，学习马克思的思想，践行马克思"为人类而工作"的理想信念，理解习近平总书记所说的"不忘初心，方得始终"的深刻含义，从而在学生心中播下红色信仰的种子，必定会结出正能量的丰富成果，其教学的实效性是不言而喻的。

"毛泽东思想和中国特色社会主义理论体系概论"课，阐述马克思主义中国化伟大事业的理论与实践，阐述马克思主义中国化理论成果的主要内容、精神实质、历史地位和指导意义；重点阐述新时代马克思主义中国化最新成果，即习近平新时代中国特色社会主义思想的形成过程、主要内容、指导作用和历史地位。这些教学内容本身是"四个自信"教育的题中应有之义，大学生学习"毛泽东思想和中国特色社会主义理论体系概论"课，就是要理解掌握党的基本理论，提高马克思主义的理论水平和政治思想觉悟，坚定马克思主义信仰，坚定中国特色社会主义"四个自信"，为新时代中国特色社会主义事业的更大发展贡献力量。在教学中可以选择《正道沧桑——社会主义500年》《不忘初心　继续前进》等视频资料辅助教学。电视系列片《正道沧桑——社会主义500年》共50集，全面系统展示了社会主义"五百年的探索，五百年的理想，五百年的接力，五百年的拓展"。纵观世界社会主义500年、中国共产党100年、新中国70多年、改革开放40多年的历史，无不有力证明了社会主义代表着人类社会发展方向，证明了只有社会主义才能救中国，只有中国特色社会主义才能发展中国。正如该片的主题曲所唱的："这条路越走越宽广，这条路越走越阳光，这条路凝聚我们的力量，这条路能实现中国梦想。"学生观看视频能深刻认识到：相信马克思就是选择真理，信仰社会主义和共产主义就是选择人类美好的未来，坚定"四个自信"中国梦必将实现。政论专题片《不忘初心 继续前进》，包括《举旗定向》《人民至上》《攻坚克难》《凝心铸魂》《强军路上》《合作共赢》《永立潮头》等7集内容，全面展现党的十八大以来以习近平同志为核心的党中央治国理政新理念新思想新战略，真实展示十八大以来中国经济社会全面发展的生动实践和巨大成就，充分展现以习近平同志为核心的党中央继往开来、逐梦前行的勇气、担当、智慧和中国共产党人不忘初心、砥砺奋进的壮阔征程。有专家评论："《不忘初心 继续前进》画面丰富饱满，信息密度大，解说词铿锵有力，透出自信的气度，传达出从容大气、豪迈激越的情怀。"① 这样的视频资料让人观之荡气回肠，思之心驰神往，这是激励当代大学生坚定"四个自信"、不忘初心、砥砺前行的有声教科书。

毫无疑问，上述所呈现的影视资料在大学生"四个自信"教育中发挥着非常重要的作用。当然如何在教学中穿插应用，如何引导学生用心观看，还需要不断探索研究。我们认为，课堂上的介绍和适量适时的播放是发挥教师主导性、调动学生主体性的重要环节，没有这个环节，教师的主导作用不易体现，学生的主体性不易发挥。在具体操作上，既可以是完整播放一集或一个理论教学资料片的方式，也可以在课件中链接相关视频穿插在教学内容中适时向学生播放展示。同时，还可以通过网络辅助教学平台，把相关影视资料上传到网络平台，作为自主学习的任务让学生观看，并适时开展观后感交流活动，当然这种交流活动也要在教师主导下进行，

---

① 《5年中国故事激励我们永葆初心、砥砺前行》，央视新闻网：http://news.cctv.com/2017/10/13/ARTIuNEZ5WJpHn3pec3VjMlU171013.shtml。

这样就能实现课内课外、线上线下有机结合，使"四个自信"教育产生更好的教学效果。

## （五）国际比较法

国际比较法就是在思政课教学中结合相关教学内容，从世界视野和国际对比的角度来寻找"四个自信"的重要底气和重要支撑。思政课教学既要讲究理论性和政治性，更要注重课程的开放性与灵活性。要在思政课教学中有效贯穿"四个自信"教育，要求思政课教师不仅需要讲清楚中国特色社会主义道路、理论、制度和文化的理论底色和实践成就，更需要从全球视野和国际比较的角度，尤其是对比资本主义国家的道路、理论、制度和文化发展的实际状况，来丰富课堂教学内容，开阔学生视野，增强教学的针对性和实效性。在硕士生的"中国特色社会主义理论与实践研究"、博士生的"中国马克思主义与当代"以及本科生的"毛泽东思想和中国特色社会主义理论体系概论"等课程的教学中，都可以从国际对比的角度来讲清楚中国特色社会主义的初心使命和显著优势，增强学生对中国特色社会主义"四个自信"。

一是从中国经济成就及其对世界经济的贡献讲好"四个自信"。从世界视野和国际比较的角度，用大量的数据和事实来阐述和论证如下结论：中国成为经济全球化健康发展的推动者和引领者，中国经济发展取得举世瞩目的巨大成就，中国日益成为世界经济发展的主要引擎。今天的中国对世界经济的贡献率超过了美国、欧元区和日本贡献率的总和，位居世界第一位。中国长期持续发展进步并取得伟大成就，使中国日益成为国际形势发展的"稳定锚"、世界经济持续增长的"发动机"、全球和平发展的"正能量"。我们的教学就是要在讲清楚这些重大问题的基础上引导学生坚定"四个自信"。二是从中国特色社会主义政治发展成就及对世界的影响讲好

"四个自信"。中国特色社会主义政治发展道路是党团结带领人民长期奋斗选择和创造的成果，有科学的马克思主义指导思想，有一整套严谨的制度安排，有坚定不移以人民为中心的价值取向，有依靠人民群众组织建立起来的有效实现形式，有可靠的人民群众的推动力量。在教学中重点从中国的制度安排及其优势来讲好"四个自信"，联系党的十九届四中全会通过的《决定》全面系统地阐述中国制度的13条显著优势，回答"中国特色社会主义为什么好"这个重大问题。反观当代资本主义陷入系统性危机的事实，特别是以美国为代表的所谓自由民主国家，正承受着严重的政治衰败，其政党政治不过是统治阶级内部不同派别之间的政党恶斗，权力制衡演化为简单化的"否决政治"，国家发展的重大议题不可能达成共识而成为长期争议的拉锯战。三是从批驳当代错误社会思潮和坚定文化自信角度讲好"四个自信"。在教学中要引导学生正确分析和把握当代社会思潮的本质、特点和影响以及思想文化领域斗争的新特点。要讲清楚西方宣扬所谓"西方中心论"，认为西方文化价值观"普世"而优越于其他文化文明，强势推行文化霸权主义，其目的就是向其他国家输出其价值观。其实各国文化都扎根于本国本民族土壤之中，都有自己的本色、长处、优点，都有自己存在的价值，是世界文化丰富灿烂的源泉。"中国特色社会主义文化，源自于中华民族五千多年文明历史所孕育的中华优秀传统文化，熔铸于党领导人民在革命、建设、改革中创造的革命文化和社会主义先进文化，植根于中国特色社会主义伟大实践。"[①]中华优秀传统文化博大精深、灿烂辉煌，为中华民族千百年来发展壮大提供了丰厚滋养，也为人类文明进步作出了伟大贡献，这是我们坚定文化自信的深厚基础。四是从创新社会治理的中国方案及对世界的贡献角度讲好"四个自信"。西方一些国家在社

---

① 习近平：《决胜全面建成小康社会 夺取新时代中国特色社会主义伟大胜利——在中国共产党第十九次全国代表大会上的报告》，人民出版社2017年版，第41页。

会治理政策和措施上存在诸多弊端，比如说过度的自由化与市场化扩大了市场经济的弊端，政府在社会治理过程中丧失了主导权，一些国家社会公共政策不可能真正落到民生上；资本市场的高速自由运转以及花样翻新的"金融创新"，使得社会财富变化莫测，贫富差距急剧扩大。还有就是失控的政党政治竞争降低了社会治理效能，过度张扬的个人主义导致社会共识的缺失等。中国创新社会治理的主要举措中，始终从广大人民群众最关心最直接最现实利益问题出发，牢牢抓住教育、就业、健康等民生基本保障问题。紧紧抓住治理的重点问题，带领人民持续向贫困宣战，坚决打赢脱贫攻坚战，"贫困人口从 2012 年年底的 9899 万人减到 2019 年年底的 551 万人，贫困发生率由 10.2% 降至 0.6%，连续 7 年每年减贫 1000 万人以上。到今年 2 月底，全国 832 个贫困县中已有 601 个宣布摘帽，179 个正在进行退出检查，未摘帽县还有 52 个，区域性整体贫困基本得到解决。"① 通过这些对比，让学生深刻感受到中国特色社会主义坚持了为最广大人民谋利益和共同富裕的价值追求，站在了人类道义的制高点上，这是坚定"四个自信"的最硬核的理由。五是从解决生态环境问题的中国智慧及对世界的贡献讲好"四个自信"。针对日益恶化的生态环境和解决生态环境问题面临着的利益、制度、技术、合作、观念等多方面的障碍，全球生态危机在资本主义私有制框架内无法得到彻底解决。中国坚持马克思主义关于人与自然关系的重要思想，逐步形成了社会主义生态文明观。中国在解决生态问题的过程中，始终坚持绿色发展的新理念，加快推进生态文明建设，提出建设美丽中国与共建地球美好家园的理念。并从加快转变经济发展方式、加大环境综合治理、加快推进生态修复、全面促进资源节约利用、倡导绿色消费、完善生态文明

---

① 习近平：《在决战决胜脱贫攻坚座谈会上的讲话》，人民出版社 2020 年版，第 3 页。

制度体系等方面发力推进。作为全球生态文明建设的重要参与者、贡献者、引领者，中国的生态文明建设理念和经验正在为全世界可持续发展提供重要借鉴。当然，国际对比的角度还有很多，需要教师在教学中去提炼概括，以取得更好的教学效果。

### （六）实践感悟法

实践感悟法是指通过各种实践教学活动，把"四个自信"教育渗透在学生亲身实践的"第二课堂"中，引导学生在社会实践中感悟和增强"四个自信"。2015 年中央宣传部教育部印发的《普通高校思想政治理论课建设体系创新计划》中指出："努力强化实践教学，建设与课堂教学相互促进的思想政治理论课第二课堂教学体系。"[1]2018 年教育部印发的《新时代高校思想政治理论课教学工作基本要求》中，进一步明确了思政课实践教学要"作为课堂教学的延伸拓展"的政策定位，并强调"要制定实践教学大纲，整合实践教学资源，拓展实践教学形式，注重实践教学效果"。[2]习近平总书记 2019 年 3 月 18 日在学校思想政治理论课教师座谈会上指出："马克思主义是在实践中形成并不断发展的，要高度重视思政课的实践性，把思政小课堂同社会大课堂结合起来，在理论和实践的结合中，教育引导学生把人生抱负落实到脚踏实地的实际行动中来，把学习奋斗的具体目标同民族复兴的伟大目标结合起来，立鸿鹄志，做奋斗者。"[3]加强学生"四个自信"教育也需要引导学生积极投身社会实践，在实践中检验理

---

① 《普通高校思想政治理论课建设体系创新计划》，中华人民共和国教育部网：http://www.moe.gov.cn/srcsite/A13/moe_772/201508/t20150811_199379.html。

② 《新时代高校思想政治理论课教学工作基本要求》，中华人民共和国教育部网：http://www.moe.gov.cn/srcsite/A13/moe_772/201804/t20180424_334099.html。

③ 习近平：《思政课是落实立德树人根本任务的关键课程》，人民出版社 2020 年版，第 21 页。

论，在实践中辨明是非，在实践中感受发展，让学生在实践活动中认识新中国 70 多年、改革开放新时期 40 多年发展的巨大变化，感知在党和人民奋斗中中国社会主义建设取得的巨大成就，从而产生耳闻目睹的触动和心理沉思的感悟，加强对中国特色社会主义建设理论、道路、制度和文化的认同，这是促使大学生坚定中国特色社会主义"四个自信"，提高思政课教学实效性的重要举措。

实践感悟法有着宽广的学习锻炼视野，要充分整合校内外"四个自信"教育资源，结合大学生成长发展实际，拓宽丰富大学生"四个自信"教育实践活动的类型和路径。从校内实践教学活动来说，一是组织大学生阅读马列经典原著、观看红色影视视频、听取相关讲座，和大家分享自己的心得体会，讲出自己对"四个自信"的感悟。二是利用重大节日开展实践教学活动。比如可以利用青年节、建党节、国庆节等重大节日，这些节日蕴含着极为丰富的"四个自信"教育资源，可以通过举办"四个自信"相关的阅读、创作、演讲、演艺等活动，帮助大学生深化对"四个自信"的理论与精神的领会，推动"四个自信"进头脑。三是组织学生开展以"四个自信"为主题的党日活动、团日活动和主题教育活动。当然，这些活动的开展需要思政课教师、班主任、辅导员等密切配合。从校外的实践教学活动来说，一是组织学生走进博物馆、纪念馆、展览馆等，在爱国主义教育的浓郁氛围中思考感悟，从一幕幕惊心动魄的斗争画面，从一个个英勇无畏的模范英烈，从一只只坚实巨大的进步足印，从一项项改天换地的伟大成就中，感悟中国共产党团结带领人民牺牲奋斗的艰辛历程，激发大学生坚定"四个自信"的理性自觉与情感升华。比如，云南师范大学马克思主义学院在 2018 年 6 月就组织学院师生一同去"中共云南一大会址""蒙自西南联大纪念馆"等多地进行参观，让学生在实践中感受中国革命的不易，感受中国共产党的苦难辉煌，从而激发学生的爱国热情，促进大学生对马克思主义理论的学习。二是组织学生到工厂、企业和社会主义新农村等地参观学习，让大学生从这些活生生的现实范例中，感受社会主义条件下人民群众为社会发展作突出贡献的伟大壮举和取得的伟大成就，这些都是大学生坚定"四个自信"的重要支撑。三是组织学生开展各类踏入社会、服务人民的志愿者活动、三下乡活动、各种公益活动等，让大学生在服务奉献过程中感受创造的伟大、劳动的光荣，获得心灵的净化、觉悟的提高，从而理解我国社会主义制度的优越性，激发爱国主义深厚情感，由衷认同中国特色社会主义，坚定"四个自信"。四是组织学生利用寒暑假机会，宣讲党和国家的路线方针政策和发展的大好形势，宣讲习近平新时代中国特色社会主义思想的科学内涵和伟大功勋。五是指导学生开展暑期社会调查活动，教师在课堂教学时布置学生在暑期开展各类社会调查，让学生结合个体成长、家族变迁、家乡发展，深切感受新中国成立 70 多年来取得的历史性成就，深刻领会中国特色社会主义制度的巨大优越性。可见，对大学生进行"四个自信"教育，不仅在于我们在课堂上讲授的理论的科学性、真理性和人民性等，还在于大学生能否感受到马克思主义、中国特色社会主义对国家繁荣富强、民族昌盛复兴、人民生活质量提高所产生的巨大影响力、推动力。通过各类形式的实践活动，保证"四个自信"教育全方位多角度展开和深入，保证"四个自信"教育似"春雨润物"渗透学生心田。

### （七）自主教育法

自主教育法是指在教师的指导下，学生利用各种媒介和学习平台进行自主学习和自我教育。"互联网+"时代的到来推动了教育教学的改革创新，也为大学生自主学习"四个自信"的相关理论和知识提供了较好的平台和技术手段。习近平总书记 2016 年 12 月在全国高校思想政治工作会议上指出："做好高校思想政治工作，要因事而化、因时而进、因势而新。……

要运用新媒体新技术使工作活起来，推动思想政治工作传统优势同信息技术高度融合，增强时代感和吸引力。"① 在"互联网+"时代，网络信息和学习资源非常丰富，比如慕课、微课、公众号等，大学生可以搭乘"互联网+"的快车，随时随地获取各种学习资源进行自主学习。在思政课教学中贯穿"四个自信"教育当然也要积极顺应时代潮流，充分利用新媒体新技术，引导大学生利用网络平台进行自主学习和自主教育，发挥大学生自主学习的主体性。

一是引导学生利用专门的马克思主义学习网站进行自主学习和自我教育。比如说，马克思主义研究网、中国社会科学网、中国共产党新闻网、新华网、人民网、求是网、复旦大学中国研究院网站等，这些官方网站为大学生提供了许多关于"四个自信"的网络学习资源。教师可以布置学生阅读这些网站上关于"四个自信"方面的相关文章，并借助网络教学平台定期交流学习心得。二是引导学生利用慕课平台自主学习和自我教育。慕课（MOOC）即大规模在线开放课程，是网络技术高度发展与教育理念发展更新融合而生的新型教学范式和方法，其开放、灵活、互动、共享的优势和特点对高校思政课教学改革具有积极的借鉴意义。比如"超星尔雅"慕课平台，就是一座真实的互联网大学，上面拥有海量的教学资源，有吉林大学、北京师范大学等高校名师团队推出的马克思主义理论全套学习课程。学生只需要注册一个账号即可开始学习，教师结合教学内容布置学生在超星学习通上观看"四个自信"相关教学视频和教学资料。三是引导学生利用各电视台和电台等媒体进行自主学习和自我教育。电视台和电台一般都会有一些相应的马克思主义学习的节目，这些节目形式多样灵活、方法新颖独到，能够激发大学生自主学习马克思主义的兴趣。例如，湖南教育电视台推出的《社会主义"有点潮"》，就引发无数网友广泛热议和点

---

① 《习近平谈治国理政》第二卷，外文出版社 2017 年版，第 378 页。

赞好评。该节目从片名题材到内容甄选、表达方式，都充满正能量和亲和力，每集的题目设定也都非常具有吸引力。比如，"乌托邦岛是座什么岛""《共产党宣言》是本什么书""阿芙乐尔号为什么会开炮""南湖的红船为什么能乘风破浪""中国特色社会主义'特'在哪里""中国梦是个什么梦"，每集都力图在用讲故事的方式把理论呈现出来，受到大学生的喜爱。这些，都是学生进行"四个自信"自我教育的最好材料。四是建立授课班级的 QQ 群或微信群。通过 QQ 群或微信群编选转发"四个自信"教育内容，吸引大学生积极参与，引导大学生自主学习和自我教育。当然，要引导大学生自主学习和自主教育，必须培养他们的信息定位与收集能力、信息整合与甄别能力、学习内化能力以及政治敏锐性和政治鉴别力。

# 附录　大学生坚定"四个自信"现状调查问卷

感谢您能抽出几分钟时间来参加本次答题，现在我们就马上开始吧！

1.请问您的年级？（　　）

A.大一　B.大二　C.大三　D.大四　E.研究生

2.请问您的政治面貌？（　　）

A.中共党员　B.共青团员　C.群众　D.民主党派党员

3.有无学生干部经验？（　　）

A.有　B.无

4.你了解中国特色社会主义"四个自信"的具体内容吗？（　　）

A.了解　B.不了解　C.说不清

5.你了解中国特色社会主义道路是实现社会主义现代化的必由之路，是创造人民美好生活的必由之路吗？（　　）

A.了解　B.不了解　C.说不清

6.你了解"道路自信"是指对中国特色社会主义道路正确性的高度自信吗？（　　）

A.了解　B.不了解　C.说不清

7.你了解中国特色社会主义理论体系包含的邓小平理论、"三个代表"重要思想、科学发展观以及习近平新时代中国特色社会主义思想的理论内容吗？（　　）

A.了解　B.不了解　C.说不清

8. 你了解"理论自信"是指对中国特色社会主义理论体系科学性、真理性的高度自信吗？（　　）

A. 了解　B. 不了解　C. 说不清

9. 你了解中国特色社会主义制度的基本内容及其显著优势吗？（　　）

A. 了解　B. 不了解　C. 说不清

10. 你了解"制度自信"是指对中国特色社会主义制度优越性的高度自信吗？（　　）

A. 了解　B. 不了解　C. 说不清

11. 你了解中国特色社会主义文化包含的中华优秀传统文化、革命文化和社会主义先进文化的内容吗？（　　）

A. 了解　B. 不了解　C. 说不清

12. 你了解"文化自信"是指对中国特色社会主义文化先进性的高度自信吗？（　　）

A. 了解　B. 不了解　C. 说不清

13. 你了解"四个自信"的精神实质就是对中国特色社会主义的自信、中国共产党治国理政能力的自信、实现"两个一百年"奋斗目标和中华民族伟大复兴的目标自信吗？（　　）

A. 了解　B. 不了解　C. 说不清

14. "道路自信"是实现途径，能"定标"；"理论自信"是行动指南，能"定向"；"制度自信"是根本保障，能"定心"；"文化自信"是深厚根基，能"定魂"。你了解这四者之间的内在关系吗？（　　）

A. 了解　B. 不了解　C. 说不清

15. 你相信中国特色社会主义道路是实现社会主义现代化的必由之路，是创造人民美好生活的必由之路吗？（　　）

A. 非常相信　B. 相信　C. 说不清

16. 你赞同我国必须坚持走中国特色社会主义道路，既不走封闭僵化

的老路，也不走改旗易帜的邪路吗？（　　）

A.非常赞同　B.赞同　C.说不清

17.你相信马克思主义是科学真理吗？（　　）

A.非常相信　B.相信　C.说不清

18.你相信中国特色社会主义理论体系是指导党和人民沿着中国特色社会主义道路实现中华民族伟大复兴的正确理论，是立于时代前沿、与时俱进的科学理论吗？（　　）

A.非常相信　B.相信　C.说不清

19.你相信中国特色社会主义制度是当代中国发展进步的根本性制度保障，是具有鲜明中国特色、明显制度优势、强大自我完善能力的先进制度吗？（　　）

A.非常相信　B.相信　C.说不清

20.你读过党的十九届四中全会通过的《中共中央关于坚持和完善中国特色社会主义制度　推进国家治理体系和治理能力现代化若干重大问题的决定》吗？（　　）

A.读过　B.没有读过

21.你了解我国国家制度和国家治理体系具有的 13 个方面的显著优势吗？（　　）

A.了解　B.不了解　C.说不清

22.你相信中国共产党和中国人民能够为对人类更好的社会制度的探索提供中国方案吗？（　　）

A.非常相信　B.相信　C.说不清

23.你赞同我国必须坚持公有制为主体、多种所有制经济共同发展的基本经济制度，不能搞私有化和单一公有制吗？（　　）

A.非常赞同　B.赞同　C.说不清

24.你赞同我国必须坚持人民代表大会制度，不能搞西方的"三权分

立"的选择吗？（　　）

　　A.非常赞同　B.赞同　C.说不清

　　25.你赞同我国必须坚持中国共产党领导的多党合作和政治协商制度，要积极借鉴人类政治文明有益成果，但绝不能照搬西方政治制度模式吗？（　　）

　　A.非常赞同　B.赞同　C.说不清

　　26.你赞同中国特色社会主义文化积淀着中华民族最深层的精神追求，代表着中华民族独特的精神标识吗？（　　）

　　A.非常赞同　B.赞同　C.说不清

　　27.你赞同坚守社会主义核心价值观，就是坚守我们民族的精神家园和理想信念吗？（　　）

　　A.非常赞同　B.赞同　C.说不清

　　28.你赞同中国特色社会主义文化是激励全党全国各族人民奋勇前进的强大精神力量吗？（　　）

　　A.非常赞同　B.赞同　C.说不清

　　29.你赞同我国必须坚持马克思主义在我国意识形态领域的指导地位，不能搞指导思想多元化吗？（　　）

　　A.非常赞同　B.赞同　C.说不清

　　30.你赞同共产党人要坚持"不忘初心，继续前进"，就是要坚持"中国特色社会主义道路自信、理论自信、制度自信、文化自信"，其中，文化自信是更基础、更广泛、更深厚的自信吗？（　　）

　　A.非常赞同　B.赞同　C.说不清

　　31.你认为在当今世界，哪个政党、哪个国家、哪个民族最有理由自信？（　　）

　　A.中国共产党、中华人民共和国、中华民族　B.不知道　C.说不清

　　32.在思想政治理论课教学中老师有没有开设过"四个自信"专题

教育？（ ）

A.有过 B.没有 C.不清楚

33.在"思想道德与法治"课堂教学中，老师会强调坚定"四个自信"对坚定个人理想信念的重要性吗？（ ）

A.经常会 B.偶尔会 C.不清楚

34.在"中国近现代史纲要"课堂教学中，老师会从历史发展的必然趋势的角度阐明"四个自信"的历史必然性吗？（ ）

A.经常会 B.偶尔会 C.不清楚

35.在"马克思主义基本原理"课堂教学中，老师会用马克思主义基本原理阐明"四个自信"的内在依据吗？（ ）

A.经常会 B.偶尔会 C.不清楚

36.在"毛泽东思想和中国特色社会主义理论体系概论"课堂教学中，老师会强调"四个自信"对中国特色社会主义事业蓬勃发展的重要性吗？（ ）

A.经常会 B.偶尔会 C.不清楚

37.在"形势与政策"课堂教学中，老师会联系时政说明和分析"四个自信"吗？（ ）

A.经常会 B.偶尔会 C.不清楚

38.在你们的专业课上，老师会将"四个自信"的内容融入教学中吗？（ ）

A.经常会 B.偶尔会 C.不清楚

39.学校是否会经常组织社会实践活动(例如参观红色爱国主义基地)，以增强大学生坚定"四个自信"？（ ）

A.经常会 B.偶尔会 C.不清楚

40.学校是否会通过创建浓郁的校园文化，以增强大学生坚定"四个自信"？（ ）

A.经常会　B.偶尔会　C.不清楚

41.你认为学校各个职能部门（包括科研处、团委、组织部、学生会、宣传部、后勤管理等）在发挥"四个自信"教育方面的作用怎么样？（　　）

A.作用发挥得很好　B.作用发挥一般　C.没有发挥作用

42.你赞同习近平总书记对思想政治理论课教师提出的"政治要强""情怀要深""思维要新""视野要广""自律要严""人格要正"的素质要求吗？（　　）

A.非常赞同　B.赞同　C.说不清

43.你认为本校思想政治理论课教学对学生坚定"四个自信"的作用（　　）

A.思想政治理论课教学效果好，对坚定"四个自信"有重要作用

B.思想政治理论课教学效果一般，作用不大

C.说不清，不感兴趣

44.你认为影响大学生坚定"四个自信"的主要因素有哪些？（　　）多选题

A.各种不良的社会思潮影响，如历史虚无主义、新自由主义等

B.改革发展中出现的一些问题的影响，如腐败、收入差距、生态问题等

C.自身知识面狭窄，特别是对近现代以来的中国历史缺乏深入的了解

D.思想政治理论课教学的针对性、实效性不够

E.网络上各种不良信息的影响

F.其他

45.你认为学校应该通过哪些方法和途径让学生学习了解和坚定"四个自信"？（　　）多选题

A."四个自信"专题讲座　B.思想政治理论课教学

C.在专业课课堂中贯穿学习　D.在社会实践中真实感受

E. 在各种社团活动中感受提升 F. 参观爱国主义教育基地

G. 班级开展主题党日 H. 参加党校学习活动

I. 通过网络平台进行自我教育

# 主要参考文献

一、图书

《马克思恩格斯选集》第 1—4 卷，人民出版社 1995 年版。

《毛泽东选集》第一——四卷，人民出版社 1991 年版。

《邓小平文选》第一——三卷，人民出版社 1994、1993 年版。

《习近平谈治国理政》第一卷，外文出版社 2018 年版。

《习近平谈治国理政》第二卷，外文出版社 2017 年版。

《习近平谈治国理政》第三卷，外文出版社 2020 年版。

《习近平谈治国理政》第四卷，外文出版社 2022 年版。

《习近平新时代中国特色社会主义思想三十讲》，学习出版社 2018 年版。

《习近平新时代中国特色社会主义思想学习纲要》，学习出版社、人民出版社 2019 年版。

《习近平新时代中国特色社会主义思想学习问答》，学习出版社、人民出版社 2019 年版。

习近平：《论中国共产党历史》，中央文献出版社 2021 年版。

《历史是最好的教科书——学习习近平同志关于党的历史的重要论述》，中共党史出版社 2014 年版。

《十八大以来重要文献选编》（上），中央文献出版社 2014 年版。

《十八大以来重要文献选编》（中），中央文献出版社 2016 年版。

《社会主义"有点潮"》，人民出版社、湖南人民出版社 2017 年版。

《中共中央关于党的百年奋斗重大成就和历史经验的决议》，人民出版社 2021 年版。

习近平:《思政课是落实立德树人根本任务的关键课程》,人民出版社 2020 年版。

《中共中央关于坚持和完善中国特色社会主义制度 推进国家治理体系和治理能力现代化若干重大问题的决定》,人民出版社 2019 年版。

习近平:《决胜全面建成小康社会 夺取新时代中国特色社会主义伟大胜利——在中国共产党第十九次全国代表大会上的报告》,人民出版社 2017 年版。

习近平:《高举中国特色社会主义伟大旗帜 为全面建设社会主义现代化国家而团结奋斗——在中国共产党第二十次全国代表大会上的报告》,人民出版社 2022 年版。

习近平:《在庆祝中国共产党成立 100 周年大会上的讲话》,人民出版社 2021 年版。

《毛泽东书信选集》,中国人民解放军出版社 1984 年版。

《革命烈士书信》,中国青年出版社 1979 年版。

王毅、彭志恩:《中国共产党最有理由自信》,人民日报出版社 2018 年版。

赵继伟:《马克思主义意识形态接受论》,武汉大学出版社 2009 年版。

陈先达:《马克思与信仰》,中国人民大学出版社 2018 年版。

陈先达:《伟大的马克思 做新时代马克思主义者》,天津人民出版社 2019 年版。

陈先达:《马克思主义信仰十讲》,人民出版社 2018 年版。

陈先达:《理论自信 做坚定的马克思主义信仰者》,吉林人民出版社 2016 年版。

周玉:《社会主义核心价值体系大众化研究》,人民出版社 2012 年版。

冯刚:《高校马克思主义大众化研究报告·2009》,光明日报出版社 2009 年版。

冯刚、张东刚:《高校马克思主义大众化研究报告·2010》,光明日报出版社 2010 年版。

张东刚:《高校马克思主义中国化时代化大众化研究报告·2011》,光明日报出版社 2011 年版。

朱光潜:《谈修养》,当代世界出版社 2019 年版。

简奕、杨新:《信仰的底色——红色基因解码》,人民出版社 2018 年版。

马代绍俊:《信仰的力量》,航空工业出版社 2018 年版。

王向明:《为什么要信仰共产主义》,中国人民大学出版社 2013 年版。

侯波：《马克思主义大众化思想与规律性研究》，中国社会科学出版社 2011 年版。

任仲文：《学习马克思》，人民日报出版社 2018 年版。

高占祥、王青青：《信仰力》，北京大学出版社 2012 年版。

徐川等：《顶天立地谈信仰——原来党课可以这么上》，人民出版社 2017 年版。

靳诺：《博导说　在人大听思想政治理论课》，中国人民大学出版社 2019 年版。

杨德山、朱一鸣：《"四史"专题讲座》，中共中央党校出版社 2021 年版。

《共产党员的信仰》，人民日报出版社 2017 年版。

林小波：《坚定"四个自信"六讲》，人民出版社 2016 年版。

刘丽琼：《思想政治理论课教学接受论》，人民出版社 2009 年版。

刘丽琼：《接受理论视阈中的马克思主义大众化研究》，人民出版社 2016 年版。

张耀灿、陈万柏：《思想政治教育学原理》，高等教育出版社 2001 年版。

张耀灿等：《思想政治教育学前沿》，人民出版社 2006 年版。

张耀灿、徐志远：《现代思想政治教育学科论》，湖北人民出版社 2003 年版。

张耀灿、郑永廷、吴潜涛、骆郁廷等：《现代思想政治教育学》，人民出版社 2006 年版。

吴庆麟、胡谊：《教育心理学——献给教师的书》，华东师范大学出版社 2003 年版。

孙秀芳：《新中国高校思想政治理论课程体系演进研究》，合肥工业大学出版社 2015 年版。

陈秉公：《21 世纪思想政治教育工作创新理论体系》，吉林教育出版社 2000 年版。

## 二、论文

习近平：《思政课是落实立德树人根本任务的关键课程》，《求是》2020 年第 17 期。

习近平：《以史为鉴、开创未来　埋头苦干、勇毅前行》，《奋斗》2022 年第 1 期。

陈金龙：《新时代思想政治理论课建设的思维方法》，《思想理论教育》2019年第 4 期。

冯刚、高静毅：《思想政治理论课教学研究 2018 年度聚焦与展望》，《思想理论教育导刊》2019 年第 5 期。

冯刚、张欣：《深刻把握思想政治理论课理论性与实践性相统一的价值意蕴》，《新疆师范大学学报》（哲学社会科学版）2019 年第 5 期。

靳诺：《习近平新时代中国特色社会主义思想的精神特质和理论品格》，《学习时报》2018 年 1 月 5 日。

张梅：《高校思想政治理论课守正创新简论》，《学校党建与思想教育》2019年第 5 期。

陈垠亭：《在全面把握思想政治理论课特性中深化教学改革》，《思想理论教育导刊》2017 年第 9 期。

徐成芳：《社会主义大学思政课教学规律问题研究》，《思想理论教育导刊》2017 年第 9 期。

刘建军：《论高校思想政治理论课教育教学的"八个统一"》，《教学与研究》2019 年第 7 期。

佘双好：《以更加坚定的信心办好思政课》，《马克思主义理论教学与研究》2021 年第 1 期。

冯刚等：《深刻把握新时代思政课"八个统一"的建设规律》，《中国高等教育》2019 年第 9 期。

刘书林：《思想政治理论课改革创新的行动纲领》，《文化软实力》2019 年第 4 期。

丁涛、李悦、刘颖：《建党百年来"四个自信"的生成逻辑》，《东北财经大学学报》2022 年第 1 期。

段治文：《中国共产党百年历史进程与"四个自信"》，《观察与思考》2021 年第 6 期。

张鎞：《"四个自信"，何以可能——一个历史唯物主义的理性审视》，《海派经济学》2021 年第 2 期。

欧阳淞：《中国共产党革命精神的丰富内涵与时代价值》，《新湘评论》2021年第 14 期。

曲青山：《我国制度优势在抗击疫情中的力量彰显》，《人民日报》2020 年 6 月 17 日。

程建平：《思想政治道德知识内化规律探微》，《河西学院学报》2002 年第 3 期。

陈宝生：《以"三巡六创优"为抓手 办好新时代学校思政课》，《中国教育报》2019 年 4 月 9 日。

何孟飞：《深刻认识把握"三个规律" 提升思想政治理论课教学的亲和力》，《思想政治课研究》2018 年第 2 期。

田鹏颖：《高校思想政治理论课要坚持政治性和学理性相统一》，《中国高等教育》2019 年第 9 期。

黄元全：《高校思想政治理论课教师角色意识探析》，《思想理论教育导刊》2010 年第 4 期。

胡宇齐：《讲好思想政治课首先要坚定"四个自信"》，《北京日报》2016 年 12 月 14 日。

秋石：《意识形态工作要紧紧抓在手上》，《求是》2014 年第 4 期。

陈先达：《"姓马"与"信马"》，《光明日报》2014 年 1 月 13 日。

刘建军：《思政课教师要做有深广情怀的人》，《中国教育报》2019 年 4 月 4 日。

邹秀春：《高校思政课教师要做到"六个要"》，《红旗文稿》2019 年第 23 期。

顾海良：《学习党的十八大精神 推进高校思想政治理论课建设》，《思想理论教育导刊》2013 年第 1 期。

辛向阳：《从世界观和方法论高度认识把握习近平新时代中国特色社会主义思想》，《中共中央党校（国家行政学院）学报》2022 年第 6 期。

吴家庆：《牢牢把握习近平新时代中国特色社会主义思想的世界观和方法论》，《毛泽东研究》2022 年第 6 期。

齐卫平：《〈历史决议〉：中国共产党百年奋斗历史认知的建构》，《俄罗斯研究》2022 年第 1 期。

陈金龙：《从第三个历史决议看中国共产党的历史自信》，《马克思主义与现实》2022 年第 2 期。

任理轩：《坚定历史自信 增强历史主动》，《学习月刊》2023 年第 1 期。

齐卫平：《思政课教学发挥好党的十九届六中全会〈决议〉教育功能的思考》，《思想理论教育导刊》2022 年第 1 期。

韩振峰、王露：《中国共产党坚定历史自信的理论探析》，《党政研究》2022年第6期。

王学斌：《中国共产党提出"历史自信"的五重依据》，《社会主义论坛》2022年第2期。

邢海峰、张珑凡：《从党的二十大报告看中国共产党历史自信的建构演进机理》，《实事求是》2022年第6期。

陈金龙：《中国共产党第三个"历史决议"的情感意蕴》，《江苏社会科学》2022年第1期。

尚庆飞、沈绍卿：《在新的赶考之路上坚定历史自信增强历史主动》，《江苏社会科学》2022年第6期。

刘建军、张韬喆：《坚定文化自信 加强革命精神研究》，《中国高等教育》2018年第19期。

朱磊：《论习近平关于革命精神重要论述的创新性》，《长江论坛》2021年第4期。

闫寒：《习近平对新时代中国共产党政党自信的引领和塑造》，《大庆社会科学》2022年第6期。

蔡志强：《政党自信成就中国道路》，《思想理论教育》2017年第10期。

于德：《中国共产党政党自信的生成逻辑探源》，《科学社会主义》2021年第5期。

杨叶平：《中国共产党政党自信的四重根基》，《理论导刊》2020年第6期。

张乾元：《中国共产党自信的底气从何而来》，《人民论坛》2020年第7期。

张润峰：《论中国式现代化道路的生发逻辑与独特内涵》，《马克思主义中国化研究》2022年第2期。

艾四林：《坚定中国式现代化道路自信》，《中国社会科学报》2022年11月25日。

彭文君：《论中国特色社会主义现代化道路自信》，《浙江工业大学学报》（社会科学版）2020年第4期。

丁春福、冯贺：《中国共产党探索社会主义现代化道路的历史演进和基本经验》，《大连干部学刊》2022年第7期。

何爱国：《中国式现代化新道路的文明内涵、基本特征与重大意义》，《理论与现代化》2021年第5期。

田旭明、李智利：《中国式现代化道路的发展伦理智慧》，《湖湘论坛》2022年第3期。

任平：《论中国式现代化的辩证法》，《吉林大学社会科学学报》2022年第6期。

周文、施炫伶：《中国式现代化与人类文明新形态》，《广东社会科学》2023年第1期。

左伟：《超越西方现代化：中国共同富裕的内在逻辑与现实优势》，《中央社会主义学院学报》2023年第1期。

杜怀瑾：《历史唯物主义视域下中国式现代化道路的三重超越》，《新东方》2022年第5期。

毕照卿、张占斌：《中国式现代化对资本逻辑的驾驭与超越》，《思想教育研究》2023年第1期。

徐涛：《中国式现代化新道路及其对西方现代化的超越》，《实事求是》2021年第5期。

刘培卿：《中国式现代化新道路对西方现代化模式的反拨与超越》，《行政与法》2023年第1期。

黄建军：唯物史观视野下中国式现代化的历史坐标与世界意义》，《马克思主义研究》2022年第6期。

董亚平：《习近平"四个自信"思想的辩证关系和时代价值》，《邓小平理论研究》2017年第2期。

王钰鑫：《中国特色社会主义"四个自信"逻辑意蕴》，《广西社会科学》2017年第11期。

谢晓娟、郭安宁：《从"四个自信"的角度看大学生价值观教育》，《学校党建与思想教育》2017年第2期。

荣开明：《正确认识"四个自信"》，《思想教育》2017年第6期。

隋翀、马昭、王婷玉：《"四个自信"为核心的大学生理想信念教育探索与实践》，《山东青年》2017年第8期。

胡海利、暴文婷：《新时代高校思想政治教育核心价值取向之"四个自信"的逻辑展演》，《思想教育》2019年第8期。

金辉：《"四个自信"：中国特色社会主义的新视域》，《唯实》2019年第10期。

陶林:《理解中国共产党政党自信的六个维度》,《南京理工大学学报》(社会科学版)2021年第6期。

刘向军、董夏伯:《坚定中国特色社会主义"四个自信"的四个比较方法维度》,《思想理论教育导刊》2020年第2期。

荣开明:《论中国特色社会主义"四个自信"的几个基本问题》,《社会科学动态》2019年第3期。

陈燕:《以"四个自信"引领边疆民族地区高校思政课教学改革与实践》,《广西民族师范学院学报》2021年第4期。

韩喜平:《论中国特色社会主义理论自信的生成逻辑》,《学术论坛》2019年第4期。

何志华、贾绘泽:《中国特色社会主义制度自信的十大基础和依据》,《理论观察》2018年第9期。

武昕、康秀云:《社会主义核心价值观自信的三重释义》,《思想政治教育研究》2018年第8期。

董朝霞:《文化自信的根本在于核心价值观自信》,《北京师范大学学报》(社会科学版)2017年第5期。

陶文昭:《社会主义发展史是增强"四个自信"的重要基础》,《中国党政干部论坛》2020年第8期。

沈壮海:《文化自信之核是价值观自信》,《求是》2014年第18期。

谢晓娟、郭安宁:《从四个自信的角度看大学生价值观教育》,《学校党建与思想教育》2017年第2期。

白显良:《加强大学生"四个自信"教育的几点思考》,《思想教育研究》2016年第9期。

戴木才:《论坚定社会主义核心价值观自信》,《马克思主义研究》2018年第8期。

胡孝四:《以"四个自信"引领新时代大学生的理想信念》,《北京青年研究》2018年第4期。

# 后　记

　　本书是笔者主持的 2019 年度国家社科基金高校思政课研究专项"'四个自信'教育与高校思政课教学改革创新研究"的最终成果。作为课题组成员，云南省委党校党史教研部张晨影老师、云南中医药大学马克思主义学院张丽娜老师、云南师范大学马克思主义学院庞申伟博士、云南师范大学马克思主义学院钱明辉教授参与了本书的撰写工作。具体分工情况如下：第一、二、五、六、七、八章由刘丽琼撰写，第三章由张晨影、张丽娜撰写，第四章由庞申伟、钱明辉撰写，全书由刘丽琼统稿定稿。

　　在本书即将出版之际，真诚感谢在本书撰写和出版过程中给予大力支持的单位和个人。感谢云南师范大学科技处、云南师范大学马克思主义学院给予的出版经费支持；感谢云南民族大学张建国教授、云南大学张巨成教授、昆明理工大学王海云教授、云南中医药大学熊官旭教授、曲靖师范学院吕偲教授等专家对本书的认真指导；感谢人民出版社的各位专家，特别是崔继新主任和编辑为本书出版付出的努力。此外，在本书写作过程中，还参考了许多同行专家的研究成果，在此一并表示诚挚的谢意。

刘丽琼

2023 年 5 月 15 日

责任编辑：崔继新　雷梦芹
封面设计：王春峥
版式设计：东昌文化

**图书在版编目（CIP）数据**

"四个自信"教育与高校思政课教学改革创新研究／刘丽琼　等　著 . ——
　北京：人民出版社，2024.10
ISBN 978 - 7 - 01 - 026390 - 8

I. ①四… 　II. ①刘… 　III. ①高等学校 - 思想政治教育 - 教学改革 -
　研究 - 中国 　IV. ① G641

中国国家版本馆 CIP 数据核字（2024）第 051208 号

"四个自信"教育与高校思政课教学改革创新研究

SIGEZIXIN JIAOYU YU GAOXIAO SIZHENGKE JIAOXUE GAIGE CHUANGXIN YANJIU

刘丽琼　等　著

**人民出版社** 出版发行
（100706　北京市东城区隆福寺街 99 号）

北京建宏印刷有限公司印刷　新华书店经销

2024 年 10 月第 1 版　2024 年 10 月北京第 1 次印刷
开本：710 毫米 × 1000 毫米 1/16　印张：20.5
字数：275 千字

ISBN 978 - 7 - 01 - 026390 - 8　定价：98.00 元

邮购地址 100706　北京市东城区隆福寺街 99 号
人民东方图书销售中心　电话（010）65250042　65289539